障害支援と関係の教育学

専門性の権力をめぐって

村田観弥●著

生活書院

はじめに

　路面に白墨で書かれた楕円は、十五歳の少女が倒れた位置を生々しく伝えている。「おい、この花をさしてくれないか」通りすがりの女子生徒が、教師に頼まれて何人か立ち止まった。少し躊躇したが、すぐにしゃがんで、花束を解いて、花のひとつひとつを花瓶へとさしていく。その脇を、長い列は校門に呑みこまれていく。手に参考書やプリントを持って、歩きながら読んでいる子も多い。そうだ、今日もまた試験が続いているのだった。試験初日だった六日にも、生徒たちは頭を「試験一色」にして、重苦しい気分で校門を通過していったことだろう。生徒たちに目をこらしてみると、一瞥もくれずに参考書やプリントに目を落としたまま、校門を通過していく子らがいる。中には。楕円の白墨の後(ﾏﾏ)を踏んでしまう子もいて、私は胸が痛んだ（保坂展人＆トーキング・キッズ 1990: 7）。

　1990年7月6日、神戸市にある兵庫県立高塚高校は、期末テストの初日だった。午前8時30分、遅刻者を締め出すため教師によって閉められる校門に挟まれ、15歳の女子生徒が命を落とした。筆者は、その前年に近隣の高校を卒業しており、当時この事件に大きな衝撃を受けた。その年の9月に発刊されたルポルタージュ『先生、その門を閉めないで――告発・兵庫県立高塚高校「圧死事件」』には、現場の教師たちの言葉が記録されている。

　7月6日。試験の予定をくり下げて行われた全校集会の席で、校長は居合わせた報道陣を驚かせるように、こんな発言をしている。「日頃から『生命を大切に』と訴えてきただけに、偶然とはいえ、貴い生命が失われたことについては、皆さんに申し訳ない。君たちにお詫びする」（中略）「皆さんがせめて十分早く起きれば、先生方が大きな声を出さなくてもいい。一分の時間を節約すれば、どれだけの時間が生まれるのか。責任を転嫁するつもりはな

いが、諸君にいま一度、生活態度の見直しをはかってほしい。最近になって、諸君らが西神中央でぶらぶらしていると聞いている。諸君自身が自ら、自己の見直しをしてほしい」（前掲書：18-19）。

同校教師の次のような声もある。

> いや、予想出来なかったというよりは、入ってくる生徒を切るわけですよね。切るためには、相当強く押さないと生徒は入ってくるでしょ。ぼくも、その場面を見たわけじゃないですから、詳しくは言えませんけど。八時半のチャイムによって厳密に遅刻をとろうとすれば、どこかで集団を切らなければならないですよ。ほんの少し早足で来れば間に合うのに、それをしない。男の子に多いですな（前掲書：27-28）。

事件当日から3日間、学校は試験を予定どおり行った。当時、学校は非難の対象にはなったが、そこで働く彼らにどれほどの罪の意識があったのだろうか。どこかひとごとのように聞こえるその発言からは、学校の秩序を守るため校則を遵守させ、社会への順応を目的に生徒を管理する「教育者」の姿が浮かび上がる。疑念を抱くことなく、従順に職務を遂行していたということなのであろう。アレント，H（1969/1994）が記述した『イェルサレムのアイヒマン』のごとく、彼らは組織の中で与えられた職務を忠実にこなすことに、精一杯だったのだ。これは、教師という教育の専門家像の断片であり、かつての筆者も同様であったかもしれない。この事件は、筆者の生まれ育った地域で起こった。その3年後、筆者は事件近隣の出身校に教育実習に行き、その翌年、別の近隣の普通科高校の常勤講師として就職している。ゆえに、この事件は筆者が教師としての人生を歩むに当たり、良くも悪くも原点となる出来事であった。

本論は、専門性に付帯する権力について、教育の視点から検討するものである。権力についての議論は、教育学において主要なテーマのひとつとされてきた。教育は二つの点で権力と重大な関わりがあるとされる。ひとつ目は、

社会的関係の一種である教育的関係の秩序を維持し、教育組織を運営するためには権力が必要とされる点である。教育的関係を基本とする教育組織は、支配－服従の関係を含んでおり、権力が必要に応じて行使される。二つ目は、公教育が公権力の規制と援助により成立、運営されている点である。公教育の維持・運営を巡り、教育政策の決定・実施、教室での授業に至るまでの重層的権力作用の構造が形成されている（教育と権力『新教育学大事典』細谷俊夫〔編集代表〕第一法規出版 1990: 79）。

　藤田（2000）によると教育統制の形態は、①専門的統制　②官僚的統制　③住民統制　④市民的統制　⑤自主的統制　⑥市場的統制　の６つに分類できるが、国民教育制度の下、学校教育が拡大し、教育の定型化・標準化が進んだ現代社会では、官僚的統制と専門的統制が教育の基本型となっているとされる（藤田 2000: 248-250）。アルチュセールが、近代の支配的国家イデオロギー装置が「学校＝家庭」であると論じたように、近代以降の社会存立の要に位置するミクロの権力作用は、「学校＝家庭」における教育である（寺崎 1997: 91）。

　かつて、教育における権利の問題は、国家と国民との対抗関係で議論されることが多かった。しかし、戸波（2001）によると、1980年代以降の校内暴力・いじめ・体罰・学級崩壊・不登校といった学校内部の人権問題が顕著に見られるようになったことで、教育問題は、教師と子ども・親との対抗関係にある権力性の問題として把握しなければならない、とされるようになった（戸波 2001: 118）。さらに、教師の専門的教育指導能力の不足の問題も議論されるようになる（戸波 2001: 111）。教師／教育は、自覚的にも無自覚的にも政治と密接に結びついている、とする宿谷（2012）は、教師の権力性や専門性の限界を軽視ないし無視し、その結果として教師による子どもの人権の侵害を放置し、教育内容の決定の問題をあいまいなまま放置したとする国民教育権論に対する批判を挙げている。

　フーコーが『監獄の誕生』（1975/1977）において、従順な身体を作るための規律・訓練の権力装置として「学校」を挙げたことは周知の事柄であるが、マクロ権力に対してミクロ権力で述べていくという権力論における手法は、教育学でも広くなされている。本論においても教育学的伝統に倣い、マ

クロとミクロの問題を結びつける切り口として「障害」に焦点を当てる。特に本論では、障害支援の専門性に着目する。「障害」を巡る、筆者を含めた関係者間の諸相を議論の俎上に載せるが、その背後には、制度化された専門家（つまりマクロ権力）との関係がある。そして、「障害」や「支援」の「関係」は、「自己」と「他者」との関わりの暴力性という最も原初的な「関係」に結びつく。本論は、身近な問題である「障害」を端緒に、教育／支援の専門家一般に関わる「関係」の問題について、論を試みるものである。

障害支援と関係の教育学
専門性の権力をめぐって

目次

はじめに　*3*

序　章

第1節　本研究の目的　*13*
　　1　問題と目的　*13*
第2節　「障害」を「支援」するとは　*18*
　　2　本論における「障害」とは　*18*
　　3　本論における「支援」とは　*20*
第3節　関係の運動　*25*

第1章　障害支援の専門家はいかにして作られるのか

第1節　「特別支援教育が専門である」とは　*36*
第2節　自己を解きほぐすための研究方法　*38*
　　1　なぜ、一人称研究か　*38*
　　2　自己を示すこと　*39*
　　3　歴史的主体の解体　*43*
第3節　特別支援教育専門家の主体形成①（第1期：1990年後半～「障害」との出会い）　*46*
第4節　特別支援教育専門家の主体形成②（第2期：2000年代前半～中盤　重度障害児童生徒との関わり）　*49*
第5節　特別支援教育専門家の主体形成③（第3期：2000年代中盤　国立特殊教育総合研究所での研修）　*51*
　　1　公教育における理想の障害支援の専門家像　*51*
　　2　抵抗する専門家像　*63*
　　3　現在から見て第3期に捨象されていると思われること　*68*
第6節　特別支援教育専門家の主体形成④（第4期：2000年代後半～理想の専門家像と逸脱する教師）　*71*
第7節　障害支援の「専門家である」こと　*74*
　　1　主体形成の要件と専門性の整理　*74*
　　2　研究論文という呼びかけ　*78*

第2章 「関係」と「障害」の構築過程

第1節　実践研究データについて　*82*
  1　研究実践の場　*82*
  2　研究協力者　*83*
  3　研究手続き　*84*
  4　データ　*84*
第2節　Aと筆者の関係の整理　*85*
  1　Aとの関係における筆者の役割の変容　*85*
  2　関係の分類　*90*
  3　3つの副題材　*91*

第3章　相互教育における主体形成の関係論的再考

第1節　関係性の違いとは？　*93*
第2節　発達支援と相互教育の実践的分析　*94*
  1　相互教育における主体概念の再考　*94*
  2　発達支援の専門家育成　*96*
  3　相互教育の実践的分析　*97*
第3節　関係論的主体形成の検討　*98*
  1　共同体内の関係から主体として形作られる筆者　*98*
  2　Aとの関係からみる筆者の「学び」　*100*
  3　「土下座」の意味づけとその変遷　*101*
第4節　関係と物象化　*107*
  1　主体と関係の「物象化」　*107*
  2　歓待の思考と流動的関係　*111*
第5節　教育的挑戦を続けるために　*113*

第4章　「発達障害」概念の様相

- 第1節　概念より捨象されたもの　116
- 第2節　「発達障害」概念とは何か　120
- 第3節　筆者が見る世界の鮮明化　122
  1. 筆者の視角変化に伴うA像の変容　122
  2. 葛藤要因となる筆者の固執　123
- 第4節　「発達障害」概念の多義的な作用　124
  1. 翻訳機能　125
  2. 緩衝機能　131
  3. 拘束機能　135
  4. 同定－繋属機能　138
- 第5節　「正常」を守るための概念　143
- 第6節　障害という「こと」　145

第5章　障害支援の包摂と排除──「場」の権力作用と合理的配慮

- 第1節　権力への固執　150
- 第2節　インクルーシブ教育と「合理的配慮」の問題　153
- 第3節　2つの教育的文化の規範　159
- 第4節　「秩序維持」に働く作用　163
  1. 予防的措置　163
  2. Aへの「自己抑制の要求」　164
- 第5節　筆者の「自己抑圧」　166
- 第6節　「葛藤の回避」のための作用　168
  1. 筆者の不安の増大　168
  2. 筆者の「葛藤」への対処　170
  3. 虚像の瓦解　174
- 第7節　寛容の強制　176
  1. 自己排除　176
  2. 無関心化　178
- 第8節　社会適応のイデオロギー　179

第6章　専門家像の脱構築

- 第1節　筆者が捨象したもの　*184*
- 第2節　「専門性の権力」の脱構築的解釈　*189*
- 第3節　関係論的障害観　*195*
- 第4節　支援の専門家に求められる関係　*200*
  - 1　他者性との出会いを「引き受ける」とは　*200*
  - 2　専門家を守る緩やかな秩序　*202*
- 第5節　葛藤できる「場」の構築　*204*
  - 1　「場」の力　*204*
  - 2　「場」の力と専門家の関係　*209*
- 第6節　関係に埋没する　*215*

終　章

- 第1節　本論の総括　*223*
- 第2節　おわりに　*225*

謝辞　*230*
初出一覧　*231*
引用文献　*232*

序　章

第1節　本研究の目的

1　問題と目的

　筆者はこれまで、「教育とは何か」「教師とは何者なのか」といった問いを抱き続けてきた。勿論、その答えは現在も見つかっていない。しかし、問い続けなくてはならないと考えている。本論を貫徹する最も大きな主題は、「教育における支援の専門性とは何か」である。特に「障害」という事象に係る専門家に焦点を当てる。本論でいうところの「教育」とは、学校教育のみを指すのではない。また、個体に内在するとされる能力を高めるため、ある一定の価値基準に従い、その道程を定めて働きかけることでもない。白水（2011）は、教育（education）の語源 educatio について、動詞 educere（外に引き出す）の対応ではなく、educare（養い育てる）であり、「能力を引き出すこと」という原義は誤説であると斥ける。そして、「食べること」を通した「生」そのものへと視野を伸展させる。本論でもこの立場に依り、教育を「人が生きること」との視点から論じることとする。筆者は、これまで長きに亘り教師として「障害支援」に携わってきた。それは、体系化された知識の伝達や右肩上がりの発達観といった、筆者にとって自明であった教育観を突き崩した経験であり、まさに「生きること」そのものへの深慮の機会となった。さらに、その場に専門家として在ることを再考する契機でもあった。

　本論で問題とするのは、「障害」という事象を専門家がどのように捉えるのかとの観点である。教育に限らず、今日の国内の実践現場では、医学・心理学的な視点が多く導入されていることに疑いの余地はないだろう。そして、それらの方法が「障害」があるとされる人々を対象化し、専門概念によって説明する行為であることについては、言を俟たない。機能的合理性が追求さ

れる現代社会においては、有効な手段といえる。しかし、有用性のみが称揚され、その副作用については医療社会学等の一部の言及に留まり、広く議論されているとは言い難い。フーコーは、『狂気の歴史』(1972/1975) で以下のように述べる。

> 精神病をつくりだしている澄みきった世界では、もはや現代人は狂人と交流してはいない。すなわち、一方には理性の人が存在し、狂気に向かって医師を派遣し、病気という抽象的な普遍性をとおしてしか関係を認めない。他方には狂気の人が存在し、やはり同じく抽象的な理性、つまり秩序、身体的で精神的な拘束・集団による無名の圧力・順応性の要求たる理性を介してしか理性の人と交流をもたない。両者のあいだには共通な言語は存在しない、むしろもはや存在しないのである（フーコー , M. 1972/1975: 8）。

> 視線は一つの客体に向けられているのであり、それは、すでに形作られている理論的推論による真実のみを介して、この客体に達する。狂人は狂気の抽象化、いわば上澄みを移し取られたような形でしか視線に現れないのである（前掲書 : 464-465）。

> 狂気は客体となっているのだ。しかも、特異な地位を与えられて。（中略）認識にとっての事象－人間のなかにある最も内面的な、だが同時に人間の視線に最もさらされているもの－となった狂気は、透明な大いなる構造として作用する。（中略）狂気をもとにして、また人間がそこで把握する客体としての地位をもとにして、人間は少なくとも理論的には、客観的な認識にとって完全に透明になることができなければならない、という意味である（前掲書 : 482）。

フーコーは、ルネサンス期は見慣れた存在として日常にあった「狂気」が、17〜18c 後半（彼のいう古典主義時代）にかけて、「理性」の側の恐怖に由来する「非理性」への分析と介入を通し、治療の対象として「客体化」される過程を明らかにした。理性的存在である近代主体と、「他者」として分

断された「狂気」の析出は同時に成立する。フーコーは、人間に関する多くの学問が、欠如や異常性を学問の根源としていることを明らかにする（中山 1996: 60）。特に、医療に着目した『臨床医学の誕生』（1963/1969）に代表される「医療化のまなざし」は、医療制度を「専門家依存」として否定的に捉えたイリイチの視点とも共通する。

　イリイチは、『専門家時代の幻想』（1978/1984）において、人を顧客と定め、必要（ニーズ）を決定し、問題解決を促し、素人を訓練する専門家権威に対し、懐疑的、後見的態度を持たない限り「技術（テクノ）ファシズムへの堕落」へと向かう、と警鐘を鳴らす。また、『生きる思想』（1977/1991）においては、産業化された結果の豊かさに依存する人々が、自力で行動し、創造的に生きる自由と力を収奪され、社会的・政治的無力感に襲われていることを「現代的な意味での貧困」と名付けた。そして、専門家の定義や意見、政策に対し抵抗する運動を提唱している。フリードソン（1970/1992）は、特殊な秘儀的知識と高い人道的意図を持つ専門家の意見に素人の意見は従属する、という前提が専門職化の進んだヒューマンサービスの領域においては、イデオロギーとして成り立っていることを指摘している。これらは、専門家支配による市民の「不能化」を言明している。

　医療と親和性が高く、密接に関わる障害支援の領域でも同様の問題が指摘される。オリバー（1990/2006）は、障害者が依存的な存在となるのは、身体的・精神的能力ゆえではなく、福祉国家の構造的基盤（経済的・政治的・専門職的）により「無力化」されているからだと説く。横須賀（2011）は、障害者と専門職の関係は、障害者が直面する様々な問題を解決するという目的を達成するために意図的に作られた関係であり、対等な関係ではないとする。知識・情報・技術の有無による格差と、何かをする権限の有無が障害者と専門職との間に権力関係を発生させ、専門職が支配し、障害者は服従する関係になるという。

　このような専門家支配の問題は、言うまでもなく、学究の世界においても当てはまるであろう。"調査結果は研究者に領有され、結局学会での業績競争の資源になるだけという批判"もある（上野千鶴子 2011: 288）。しかし、管見ではあるが、研究者が研究対象者に対して権力的関係にあることを認識し、

研究者態度の問題性を自覚した上で、自身の研究について俯瞰的考察を加えるという研究方法についてはほとんど見当たらない。これは、研究者の認識活動とは独立した世界が存在し、「科学」とは、そこから関係することなく観察可能な対象より構造や秩序を把握すること、とする研究者の常識が広く正当とされてきたからであろう。

　一方、昨今では、研究者の倫理的態度が問題とされ、正規の研究として認許されるには、倫理審査による承認が求められるようになってきている。しかしこれも、「受けることが是」とする形骸化の趣がある。審査は研究者の免罪符ではない。審査を受けることによって、研究者の態度が保証されるのではなく、研究における倫理とは何かという問いに対し、研究者自身が真摯に向き合う姿勢が要諦となる。審査という形式に晒されても倫理的責任から逃れられることはない。しかもこの態度は、研究者こそが研究を統制すべきであり、その研究対象となる存在は保護されるべきであるとする「関係の非対称性」を顕在化させる。しかし、研究する側とされる側という非対称な関係性から生じる権力の問題や、異他性を否定し、研究対象として隔離する暴力性などについて、研究の倫理性がいかに担保されうるのか、の議論がこれまで徹底されてきたとは言い難い。

　無論、教育実践を研究主題とすることは、常にこのような問題と対峙せねばならないということである。臨床教育学を提唱した河合隼雄は、「臨床的」であることは"自分が「現象のなかに生きる」ことで得た知見によって理論を考えることである"と述べ、"もっとも大切なことは、研究者が研究しようとする現象に自らかかわっており、「客観的観察者」の立場をとらないことから出発することである"と述べている（河合 1995: 13-14）。先のフーコーが示したように、未知の事象を他者として対象化し、客体として捉えることの限界を考える必要が生じたとき、研究者はいかにして他者と出会うのか、という難問に突き当たる。

　本論における研究は、常に主客の問題を念頭に置き実施される。客体化し、分断するという研究の営為を「他者の客体化問題」として提示した際、「それではどのように世界に接近し、把握するのか」との困難が生じ、それとは別の仕方で事象に迫る方法が要請される。本論は、支援者の倫理的態度を問

うと同時に研究者の倫理も主題とする。そこで、筆者自身を関係の網の目の中から主体形成される専門家（支援者・研究者）として捉えることで、主客の問題、他者の対象化の問題の再考を試みる。この難問こそが、専門性とは何かという問いに繋がる。

　高度に細分化される後期近代社会においては、専門性への信頼・委託は礼賛され、専門家は敬仰の対象となる。しかし一方で、そこでは思考を停止した安易な他者理解が消費されているのではないか、本当に他者と出会えているのだろうか、という疑問が生じる。もし、そうだとするならば、専門家であることは、誰にとってどのような意味があるのか、との問いが生起しても不思議ではない。勿論、脱専門家する世の中を目指すというのは現実的ではない。バーガー＆ルックマン（1966/1977）は、社会知識の在庫は、社会全体にとって有意味な知識と、特定の役割にとってのみ意味を持つに過ぎない知識によって構成されていると述べる。分業の発達は、特殊な作業を増大させ、容易に習得でき、伝授しうる規格化された解決法を要求する。解決法は、一定の状況に関する専門化された知識と手段－目的関係に関する知識を要求し、それによって状況が社会的に規定されるという。一定の諸個人が、特殊な知識を蓄積し、彼らの専門領域に専念できる社会的組織を必要とするため、社会は彼らに在庫知識の諸部門を割り当てる。彼らの役割はそこの管理者である。知識が専門家によって専有されていることにバーガーとルックマンは当然自覚的であり、知識がある特定の集団によって担われていること、それらが「利害」によって拘束されていることにも意識的であった（千田 2001）。この理論では、専門家の存在は社会的要請であり、制度として対象化された知識を媒介する役割をもつ、社会システムにおける必然的存在である。

　例えば、医学・心理学領域で斎藤（2009）は、小沢牧子の「心の専門家」が「心の市場」を作り出し、管理する側すらも自覚していない巧妙な管理システムを構築しているとの主張に対し、部分的に賛同しながらも、小沢は主張する言葉の一貫性を追及するあまり、"いささかイデオロギーのほうに振れすぎている（斎藤 2009: 121）"と批判する[1]。斎藤は、心理学ブームは消費者の側に潜在していたものであり、臨床心理士や精神科医すらも"体よく消費されているに過ぎない"と述べる。"もう僕たちは、後戻りできないの

序章

だ（前掲書 2009: 116)"として、心の市場化が回避できない以上、システムの中で資格化した心の専門家は必要だとする立場を取る。

　これらの議論を踏まえ、むしろ、その問題に向き合うことで新たな専門家像を提示できないか、とするのが本論の主旨となる。特に本論で着目する専門性とは、「障害支援の専門性」である。この専門性は、教育・医療・看護・心理・福祉等の多領域に亘って有用性が提示されている。まず、障害支援の専門家と呼ばれる人たちがどのように世界を把握しているか、その方法にはどのような特徴があるのか、「支援」を専門にするとはいかなることなのか、を示すことで専門性の実相を掘り下げ、本論を展開する。何が障害／非障害を分けているのか、何が正常／異常とされ、何がトラブルとされるのか、秩序維持を最優先とする権力の影響はあるのか、あるのならばその何が問題なのか、それらの権力性を抑えることが必要だとするならば、専門家に求められる態度とはどの様なものなのか。これらについて検討し、最後に諸問題を乗り越えるため専門性の持つ意味の脱構築を図り、新たな専門家像の提起を試みる。

第2節　「障害」を「支援」するとは

1　本論における「障害」とは

　本論が「障害」について焦点化する理由は、「障害」を取り巻く問題こそが、専門性の持つ問題としての他者の対象化や支援者支配を先鋭化する事象ではないか、と考えるからである。他者によって規定され、他者に所有される存在として成立させられる一方、そのような眼差しによって自己をも規定してしまう、このような傾向が鮮明に現れるのが「障害」であり、「障害者」とされる人々である。近年の当事者や家族の主張からは、支援する専門家の視座では自明とされてきた事柄の問題性が明らかにされている。

　例えば、脳性麻痺当事者である熊谷晋一郎（2008）は、自身の子ども時代のリハビリ経験について、悪夢だったと述べる。"うまくいかないときは、「努力・工夫の仕方が間違っている」と、心理や人格に原因を帰せられ、指で体の一部をつつかれながら（中略）一つひとつの筋肉の使い方まで指南を

受け"、"「また無理難題を押し付けられて、できなかったら責められる」という不安、恐怖心、怒りの感情"が生じるなかで、全身の筋肉から送られる身体感覚がバラバラになり、幽体離脱するような感覚になった、と語る。さらに、"怒りや恐怖心だけがたしかな存在感で自分のなかにあり、自分や目の前のトレーナーを痛みつけたい衝動が、律動的に立ち現れてきた。"と回顧している（熊谷 2008: 200-204）。主著『リハビリの夜』（2009）では、身体感覚とトレーナーとの関係のあり方から、身体への介入の暴力性について詳述されている。

障害児教育においては、障害者の親である最首悟（1996）が、"日本の公教育は伝統的に教化であり、調教である。特殊教育といわれる障害児教育では、そのことがより露になる（最首 1996）"と言明している。障害当事者である安積遊歩（1996）は"養護学校の中で実践される、「その身体は矯正、加療が必要なのだ」という否定感には敏感にならずにはいられなかった"と述べ、"養護学校教育の中で、私は、障害の全くない体、あるいはほとんど障害のない体にならない限り、生きる価値はないのだと、日々思わされていった"と追想している（安積 1996）。

"訓練と道具による障害の克服は、努力と苦痛と犠牲をいくら支払っても追求する価値のあることだとする見方は、我々が暮らすこの社会＝文化が不断に再生産する圧倒的に強固な考えである（石川 1999a）"。問題の要因を個別の「障害」に還元し、障害者を操作的に扱うことによる問題解決を是とする構造に対し、批判する議論が耳目を集めるようになったのは、国内では障害当事者の主権回復運動などを経た 1990 年代に入ってからである。現在でもリハビリテーション・モデルが障害支援においての主要な方策であるといっても過言ではないだろう。抑圧者や差別者であることは、告発されることで初めて自覚される。「障害」の問題は、現前しない限り意識の俎上に載せにくい。一方で最も身近な問題ともいえ、教育実践研究としての本論の主題にふさわしいと考える。

現在、「障害」についての定義は、2001 年に WHO が提示した ICF（International Classification of Functioning, Disability and Health：国際生活機能分類）モデルが最も知られているであろう。「障害」の概念化についての説

明としては、従来大きく分けて2つの考え方がある。ひとつは、生物学的要因として個体に還元して障害を説明する立場、で「医学モデル」と呼ばれる。ICFでは以下のように説明される。"障害とは、疾病・外傷・その他の健康状態が直接的な原因となっておこる個人的問題としてとらえ、その結果、専門職による個別的な治療というかたちの医療を必要とする"。もうひとつは、障害学に代表される社会構築的な見方である。こちらは「社会モデル」と称される。"障害は、個人に帰属するものではなく、状況が複雑に集まったものであり、その多くは社会環境によって作り出されるものである"。ICFモデルは"これらの2つの対立するモデルの統合に基づいている"とされる[2]。しかし、結局そのパースペクティブは、個人への焦点化の域に留まり、個体能力向上のための環境改善として矮小化されており、この二つは統合不可能とする指摘もある（杉野2005）。

本論では、「障害」をどのように捉えるかについて、生物学的実在物か社会的構築物とするかの二項対立に収斂する立場はとらない。その存在に関わる真偽は一旦留保し、第6章にて検討する。まずは、実際に「障害」という概念が我々の日常生活世界で使われる事実に焦点を当てる。そこでは、そのどちらもが錯綜して用いられ、様々な事象との関係の中で往復循環すると仮定する。問題は、その区別がいかに定められているのか、誰がどのように用いているのか、それはどのような行為を要請し、また態度や振る舞い、状況を産出するのか、そして、支援者と被支援者の関係にどのような影響を与えているのか、にある。つまり本論での議論は、その区別の有無や存在の真偽は主題とはならない。専門家による障害概念の生成や操作、態度の実相に焦点を当てることで、障害支援という営為の意味を探求し、「障害」を取り巻く人々の関係の一端を開示することが狙いである。「障害」が「問題」として個々の関係より現れている以上、我々ひとり一人の「間」にある事柄であり、それは、〈私〉の問題であるともいえる。同時にこれは〈私〉を捉え直す教育的試みとも結びつく。

2 本論における「支援」とは

では、次に「支援」についてである。「人を支援する」とは、どういう営

みなのだろうか。近年、国内で成立した法律だけ見ても「発達障害者支援法（2005年施行）」「高齢者虐待防止・介護者支援法（2006年施行）」「原発事故子ども・被災者支援法（2012年施行）」「障害者総合支援法（2013年施行）」「子ども・子育て支援法（2015年施行）」「生活困窮者自立支援法（2015年施行）」など、社会的弱者とみなされる人々への政策には「支援」の二文字が使われることが一般的である。「障害」を取り巻く現状を見ても、「自立支援」「就労支援」「移行支援」「発達支援」「個別支援」「支援計画」などの言葉が飛び交っている。教育の現場でも特殊教育が特別支援教育に変わり、「子どもを支援する」といった言葉が日常的に使われるようになった。

　大野（2003）は、このような状況を「支援ばやり」と揶揄し、"支援という記号が蔓延している。子育て支援、母親支援、自立支援、地域生活支援、野宿生活者支援、拉致家族支援、イージス艦支援、支援費……など、まさに支援の大合唱である。支援さえ言えば「はい、一丁あがり」では怖いではないか。問題はそれを必要としている人びとに制度的支援（公的責任）となって届いているのかどうか"と憂いている。大野は、"現行制度では支援には社会的処遇の主たる機能が付与されておらず、自立のためのプラグマティックな手段や技能として捉えられている"ことを問題とし、"生き方や育て方や人間としてのありよう""育ち合うといった関係性の快楽"が上意下達な行政処分的な性質として捉えられることを単なる記号に過ぎないとして、「支援のスキル化」に警鐘を鳴らす。

　このように我々が日常的に使用する「支援」には、行政措置的な意味が含意される場合が多いといえるだろう。では、実際に行政により施される支援とはどのようなものなのか。ここでは、「発達障害者支援法」を例にする。以下、いくつかの条文を提示する（下線筆者）。

　　第1条　この法律は、発達障害者の心理機能の適正な発達及び円滑な社会生活の促進のために発達障害の症状の発現後できるだけ早期に発達支援を行うことが特に重要であることにかんがみ、<u>発達障害を早期に発見し、発達支援を行うことに関する国及び地方公共団体の責務を明らかにする</u>とともに、学校教育における発達障害者への支援、発達障害者の就労の支援、発達障

者支援センターの指定等について定めることにより、発達障害者の自立及び社会参加に資するようその生活全般にわたる支援を図り、もってその福祉の増進に寄与することを目的とする。

　第5条の3　市町村は、児童に発達障害の疑いがある場合には、適切に支援を行うため、当該児童についての継続的な相談を行うよう努めるとともに、必要に応じ、当該児童が早期に医学的又は心理学的判定を受けることができるよう、当該児童の保護者に対し、第十四条第一項の発達障害者支援センター、第十九条の規定により都道府県が確保した医療機関その他の機関（次条第一項において「センター等」という。）を紹介し、又は助言を行うものとする。

　第23条　国及び地方公共団体は、発達障害者に対する支援を適切に行うことができるよう、医療、保健、福祉、教育等に関する業務に従事する職員について、発達障害に関する専門的知識を有する人材を確保するよう努めるとともに、発達障害に対する理解を深め、及び専門性を高めるため研修等必要な措置を講じるものとする。

　各条文から読み取れるのは、専門家による医学・心理学的観点からの障害の早期発見・早期療育を促進することが「支援」の目的とされており、そのための専門機関の設置や人材確保が行政の責務とされている点である。このように行政が定める支援とは、専門機関における専門家の職務であり、「障害支援」をそのようなものと意義付けてもおおよそ差し支えないだろう。以下の「障害者総合支援法」でも、「障害支援」は専門家の役割でありその職責を担うものの育成が行政に課せられる。

　第二条第二項第三号　障害者等に関する相談及び指導のうち、専門的な知識及び技術を必要とするものを行うこと。

　第七十八条　都道府県は、厚生労働省令で定めるところにより、地域生

活支援事業として、第七十七条第一項第三号、第六号及び第七号に掲げる事業のうち、特に専門性の高い相談支援に係る事業及び特に専門性の高い意思疎通支援を行う者を養成し、又は派遣する事業、意思疎通支援を行う者の派遣に係る市町村相互間の連絡調整その他の広域的な対応が必要な事業として厚生労働省令で定める事業を行うものとする。

　一方、平成22年度に厚生労働省障害者総合福祉推進事業として出された「障害者相談支援ガイドライン作成とその効果的な普及・活用方策のあり方検討事業報告書（平成23年3月）」では、「障害支援」の専門家が配慮すべき事項として、「エンパワメント」と「アドボカシー」が挙げられている。やや長くなるが重要なので引用する。

　　（1）エンパワメントについて
　　相談支援の構造は、「支援者」と「利用者」などと呼ばれ、「支援する者」と「支援される者」という関係構造をなしています。（中略）支援者は専門家として利用者に何らかの利益を供与する関係です。その関係は、力のある者と力のない者との関係を基本とします。支援者の社会的立場や専門性などが時として権威と結びつき、利用者の利益享受の期待を助長し、加えて支援者のパターナリズムや慈善的善意が利用者との関係を歪め依存関係をつくる場合も往々にありました。利用者の自立性（自律性）を阻害し、結果として主体性を軽んじる結果にもなりました。そこでは、利用者の主体性の危機を招くことや、時に対等性が損なわれ、支援されることによる当然の利益享受さえも失われることが起こる弊害もありました。不利益を得ることとなった利用者である障害者は、社会的弱者と呼称されることとなり、明確な差別の構造がいつの間にか作られてきました。（中略）相談支援において専門性の高い知識や技術が必要な場合も当然ありますが、専門性故に、利用者の主体性や自律性が損なわれてはなりません。障害者が自分の生活を自分で作るという積極的な動機を失い、家族や専門家に依存するという傾向（「パワレス（力を失っている状態）」）に陥ってはならないのです。（中略）支援者と利用者の関係が対等であり、いかなる時も、支援をされる者ではなく自ら利用する者と

序章

いう主体性が基本にある相談支援です。

(2) アドボカシーについて
（略）ここで注意しなければならないのは、本人ないし家族が望んだ特定（計画）相談による本人中心の（生活）支援計画は、その利用者に能力障害の重い人たちが多いことから、専門家によるパターナリズムによる相談支援、ないし専門職主導と呼ばれる相談支援が展開される危険があるということです。それは、「私は障害福祉の専門家、あなたよりも知識があり、経験も豊富です。あなたの幸せとしては、このような生活をすることが考えられます」といった一方的な提案型支援計画となることがあります。このような相談支援を排除して、本人中心の相談支援に徹することが重要です。この相談では、本人のストレングスに注目し、エンパワメントを引き出す本人中心の相談支援を行うのです。（中略）相談支援専門員が、利用者の立場に立って調整協議していくことこそ真のアドボカシーではないでしょうか。

このように「支援」には権力性が付帯しており、支援－被支援の関係が一方的なものにならないよう留意することが行政側からも示されている。

一方、今田（2000）では、"支援とは、何らかの意図を持った他者の行為に対する働きかけであり、その意図を理解しつつ、行為の質を維持・改善する一連のアクションのことをいい、最終的に他者のエンパワーメントをはかる（ことがらをなす力をつけることである）（今田 2000: 11）"と定義されている。それに依れば、「支援」は行政措置的に配慮される専門家の専売特許ではなくなる。人が人を「支え」、「援ける（助ける）」という営みは、我々の「生」から切り離せない日常的な関係の中にある行為ともいえる。

森岡（1994）は、自律した「個人」が互いに契約を結んで社会を構成していくという原理に疑問を持ち、完全に自律できにくい人間同士が互いに「ささえあう」という社会原理の可能性を指摘する。個人は、様々な社会の「関わり合い」のネットワークに織り込まれつつ生きており、その「関わり合い」のうちで、いのちの一回性、かけがえのなさに徹底してこだわっていくような「関わり合い」のことを「ささえあい」と呼ぶ。森岡は、「自己」

の概念とは、"ある種の人間関係の様相と相関的に定義されるもの"だとし、他の人間に「訴えかけ」を行う可能性のある主体のことであり、「誰かが誰かに何かを訴えかける」という文脈においてはじめて定義されるものだとする。人間関係のネットワークのなかで我々が行う様々な行為のカテゴリーのうち、「訴えかけ－訴えかけられる」という相互行為の「主体」として「自己」が登場すると述べている。"人間が訴えかけをする自己となるのは、彼が他の人間と実存的な「交わり」を欲する根源的な衝動を持っているから"であり、"人間は「訴えかける」ことで他の「自己」と交わらざるをえないような存在者"とされる（森岡 1994: 212-220）。本論では、関係の中で人と人が「支え合う」という観点から「支援」のあり方を考える[3]。

第3節　関係の運動

　「にんげん」を問題にするとき、我々は〈人の間〉と書く。このことの意味は浅くはない。我々は、ふだん「自分」が一人の「人間」であることを全く当たり前と思っており、自分であることと人の「間」であることの関係を、ことさら意識したりはしない。のみならず、我々は屢々、「自分」は他人との関係が全て断ち切られても「同じ」自分で在り続けるかの如く思っている。しかし、もし「自分」以外の一切のものがなく、自分以外のものとの「間」が存在しないとしたら、そのとき果たして、「自分」なるものは、〈人間〉として存立しうるだろうか。もしも自分の振る舞いを、ある一定の仕方の範囲内で受け止め、ある一定の範囲の応答をしてくれる他者との「間柄」が全て消失したら、果たして自分は「同じ」自分でありうるだろうか。この問いは充分に考えられて良い。（中略）ここではまず次の事実を確認したい。すなわち現実の自分は、つねに・そのつど一定の他人との間において一の自分である、という事実である（大庭 1989: 2 強調点ママ）。

　我々が眼前の事象を把握したいと考える際、その方法は世界がどのように成り立っているのか、と捉える立場により大きく異なる。例えば、世界には客観的「本質」が存在し、徹底した厳正なる手法を用いることで、それに

接近可能であるとする立場、また世界は言説によって成り立っており、相対的な世界が存在するのみだとする立場、さらには「本質」の存在可能性の真偽は留保し、我々がその存在を確信しているとする根拠とは何であるかを、我々の主観の中にある認識を徹底して疑うことで明らかにしようとする立場、等々。研究者が持つ疑問は、その哲学的基盤から様々な研究手法を要請する。我々は、従来のデカルト的自然科学的手法が、我々の物質的世界に対しては非常に有効であったことも、しかし、それをそのまま人文・社会科学分野（「人間」について研究する）に持ち込んだことで、その限界が露呈しつつあることも自覚している。

　キルケゴールは、有名な『死にいたる病』の冒頭において、「人間」の様相を「関係」として述べた。

> 人間とは精神である。しかし、精神とは何であるか？精神とは自己である。しかし、自己とは何であるか？自己とは、ひとつの関係、その関係それ自身に関係する関係である。あるいは、その関係において、関係がそれ自身に関係するということ、そのことである。自己とは関係そのものではなくして、関係がそれ自身に関係するということなのである（キルケゴール, S. 1920-31/1996: 27）。

　本論では、「障害」とされる他者との出会いが主題となるため、「関係」が不可避である。そして、主客の問題についても安易な二項対立を留保することとした。そこで、本論の哲学的基盤を関係論に求めることとする。実体としての主体が先天的に所与され、そこから関係が生じるとする物的世界観には立たず、関係間交通の所産として主体形成という出来事が生じるとする事的世界観の立場を取る。つまり、個人同士がボールを投げ交わすがごとく相互行為をしているのではなく、相互関係の交通の網の目の中から他者との相対的差異によって主体が成り立つ「運動」が生起していると考える。言葉は、一対一対応する表象としての記号ではなく、様々な事柄を含意する事物を示し、全体性の中に連関として位置づけられ存在する。これは、音楽が単なる音の集合でないことや、絵画が単なる色彩の集合でないことと同様である。

> フォイエルバッハは、宗教的な本質を人間的な本質へ解消する。しかし、人間的な本質は個々の個人に内在する抽象物ではない。それは、その現実においては、社会的な諸関係の総和(アンサンブル)である（マルクス , K.・エンゲルス ,F. 1996: 112）。

　これは、マルクスの有名な「フォイエルバッハ・テーゼ」の一節である。そこでは人間は、孤立した固定的抽象的な類的一般性ではなく、社会的な産物であり、一定の社会形態に属する実践的な活動と捉えられる。「交通」とは、マルクス・エンゲルスが『ドイツ・イデオロギー』で用いた用語であり、文字どおり人々や物資の交通の意味だけでなく、「交換」「交易」「コミュニケーション」「生産関係」といった様々な含意がある。それは、物質的な交通のみならず、精神的な交通もふくんでいるとされる（立川・山田 1990: 162）。

> 人間が彼らの生産手段を生産する様式は、（中略）これが諸個人の肉体的存在の再生産であるという側面からだけ考察されるべきではない。それはむしろ、すでにこれらの個人の活動のある特定の方法、彼らの生命を表出するある特定の方法、彼らのある特定の生活様式なのである。諸個人が彼らの生命を表出するとおりに、彼らは存在しているのである。（中略）したがって諸個人がなんであるかは、彼らの生産の物質的諸条件に依存する。この生産はようやく人口の増加とともにはじまる。人口の増加はそれ自体ふたたび諸個人相互間の交通を前提とする。この交通の形態はふたたび生産によって条件づけられている（マルクス ,K.・エンゲルス , F. 1996: 18 強調点ママ）。

　立川ら（1990）に依れば、「交通」を特権化するという問題意識は、あらゆる固定化したシステムの自明性を疑うことであり、共同体というシステムを前提して交通があるのではなく、現実には人々と物資の交通しかないことへの着眼である。共同体は、結果としての二次的な派生物に過ぎない。人や物の絶え間ない移動が複数の交通路の交点となり、たまたま「都市」という実体として我々に錯視される。マルクス研究者である廣松渉（2007）は、認識論的な射影においては、従前の「主観−客観」図式に変えて四肢的構造の

範式となって現われ、存在論的な射影においては、対象界における「実体の第一次性」の対自化となって現れるとする「新しい世界了解の構図と枠組」として「事的世界観」を構想した[4]。

　　所謂「関係規定」は当体にとって決して外的・偶有的なものでなく、それはまさにその当体の内実に属し、当体をまさにその当体たらしめる所以の規定性である。―謂うところの"如実"の実体とはかくして、実態においては、或る関係諸規定の結節ともいうべきものになっている次第なのである。真の実体（もの）と呼ばれるに値するものが在るとすれば、それは―普通に表象されているような「モノ」とはおよそ存在性格を異にする etwas ―総世界的な関係態そのもの、この意味においての、諸関係の総体にほかならないだろう。（中略）第一次的に存在する「関係」態が"つかみ"において現前化するのはまずは「こと」としてである。というよりもむしろ、「こと」というのは第一次的存在性における「関係」の現相的な即自対自態 An-und-für-sich-Sein なのであり、この「こと」の契機が被述定的な提示態として対他的に自存化されることにおいていわゆる「もの」が形象化 gestalten され、ひいては"実体"が hypostasieren されるのである（廣松 2007: 54-55）。

　　関係主義は、いわゆる物の"性質"はおろか"実体"と目されるものも、実は関係規定"結節"にほかならないと観ずる。この存在観にあっては、実体が自存して第二次的に関係し合うのではなく、関係規定態こそが第一次的存在であると了解される（廣松 1982: 序文）。

　　事物や事象は、対他的な示差的区別の反照において（そのかぎりでの）"自己同一性"と"個体性"を有つとはいえ、所謂「実体」として「自己同一性」や固有体は有たない。視角を変えて言えば、事物や事象は「実体的自己同一性」を有たないにもかかわらず"個体性"を有ちうるのである（前掲書：460）。

　小林敏明（2008）は、こうした廣松の発想を動態関係的と称する（小林

2008: 97)。立川・山田（1990）は、"空間のなかに分布する言語ならびにあらゆる記号体系を、〈交通の力〉と〈郷土の力〉との緊張関係のなかで生成・変化するものとしてとらえようとした"マルクスやソシュールの視点を「動的関係論」と呼んでいる（立川・山田 1990: 168）。本論では、対人関係や人間関係、コミュニケーション関係といった主題で論じられる、従前の個体が所与としてあり、そこから二次的に関係が生じるとするものを「静的（静態的）関係」とし、本論で述べる関係理論を「動的（動態的）関係論」として区別する。

　さらに、今日、「関係論」として広く用いられる理論の源泉には、ハイデガー現象学の「関係性」概念の影響も大きい。関係性とは事象（道具や他者）との連関の中に現われ「存在」すること、である。「気遣い（関心）：〔独〕Sorge」として、生のさまざまな営みを全体性（背景や文脈）の中で意味づけつつ、道具や他者と関わることであり、我々は、「存在」という全体性の中に、他者と共に編み込まれ、他者との関係性を基礎として我々の生が成り立つと考える。つまり、自己（現存在）が単独で存在し、その後に他者と関わったり関わらなかったりするのではなく、自己の存在のうちに、他者と「共に」がすでに含まれており、そのようなものとして、自己は予め成立しているとされる。ハイデガーは、自己と他者が別のものと考える時点で他者には近づけないとする。

> 　共存在は、なんらかの他者というものが現事実的に見あたらず、知覚されていないときでも、実存論的に現存在を規定しているのである。現存在がひとりで存在していることも、世界の内での共存在なのである。特定の他者がいないこともあるが、それは、共存在というものにおいてのみであり、また共存在というものにとってのみである。ひとりで存在していることは共存在の一つの欠損的様態なのであって、ひとりで存在していることが可能であることこそ、共存在を証明するものなのである。（中略）おのれに固有な現存在は、この現存在が共存在という本質構造をもっているかぎりにおいてのみ、他者たちにとって出会われつつあるものとして共現存在なのである（ハイデガー, M. 1927/2003: 311-312）。

このような関係論は、決して特殊な理論ではなく、多様な学問領域に周知された理論体系であると考える。国内の研究領域では、臨床心理学領域で多く引用される木村敏、鷲田清一、発達心理学領域では鯨岡峻、社会学領域では廣松渉、教育学では田中智志、哲学においては西田幾多郎などの理論に近接している。例えば、鯨岡の関係発達論では、観察者を含めた母子関係から感受される相互主体形成の様子が提示される。

> 周囲から主体として受け止められるなかで主体としての中核ができ、それによって今度は自分が相手を主体として受け止めることができるようになるのです。ここに主体形成の最も重大な局面があります。つまりこれ以降、主体という概念は単に「自分の思いを前面に押し出す」「自己発揮する」という中核部分だけでなく、「他者を主体として受け止める」という部分をもそのなかに組み込むようになるのです（鯨岡 2006：67）。

　鯨岡の理論では、周囲の大人たちが共同主観的に構築している「雰囲気」が子どもをひとつの主体として育てる過程が示される。これら構築された「雰囲気」は、主体に影響を与えるが操作する主体を持たない。関係の展開の中で主体として受け止められることが主体を形成し、それらが相互に生じているとされる。精神科医である木村敏は、関係を「あいだ」として論じている。

> この「あいだ」というのは、個人と個人が出会ってはじめて両者の間に開かれるような関係のことではない。むしろ、それがあってはじめて個人が個人として成立するような、個人の自己に構造的に先行しているような、だから一人ひとりの個人の存在の規定に深く根をはっているような、そんな「あいだ」のことである。あるいは西田幾多郎をもじってこう言ってもよいかもしれない——個人あって「あいだ」あるにあらず、「あいだ」あって個人あるのである（木村 2005: 204）。

> 自己が自己として自らを自覚しうるのは、自己が自己ならざるものに出会ったその時においてでなくてはならない。（中略）だから、自己と自己ならざ

るものとの両者は、いわば同時に成立する。(中略) 自己と自己ならざるものとの成立が同時であるということは、同時にこの両者を自らの中から成立せしめるなにものかがあるということである。自己が自己ならざるものを生ぜしめるのでも、自己ならざるものが自己を生ぜしめるのでもない。自己が自己ならざるものに出会った、まさにその時に、ぱっと火花が飛散るように、自己と自己ならざるものとがなにかから生じる(木村 1972: 14-15)。

　この"なにか"を木村は「あいだ」と表現する。これは物理的空間ではなく、意識的現象として我々に実感・心境を伴って顕在化し、「縁」や「絆」、「運命の糸」などの表現で、意味をもたらすとされる。木村(2005)は、生命を持つ有機体である人間が、その生命の根拠に根差した活動として世界に向かって働いている動的な志向性を「ノエシス」とし、その働きにより意識的に表象された「ノエマ」を媒介に我々は世界と出会っているとする。有機体の「歴史的身体」を道具として知覚的・運動的により世界と出会うことにより「主体」が成立するが、それは、「ノエシス」「ノエマ」の相互円環的な関係より成り立っており、個人の意識内部両者の関係のみならず、間主体間の間でも生じている[5]。

　教育学者である田中智志は、関係性を一般的なコミュニケーションが前提としているような交換の関係ではなく、歓待の関係(無条件の相互行為)とする。つまり、ものとものとの関係や人とものとの関係、また人を物象化して対象とみる関係と明確に区別する。

　　ここでいう関係性とは、人が固有の一命として生きること、すなわち「かけがえのなさ」(代替不可能性　unreplacedness/unreplaceable/〔L〕unics)として生きていることを可能にする、他者との無条件かつ肯定的なかかわり(愛他性)である。(中略) この関係性は、社会学や心理学でいわれる「社会関係」や「人間関係」ではない(田中 2012: 10)。

　　関係性は、この無条件の相互作用の積み重ねによって、そのなかにいる二者それぞれのなかに醸成される意味形象である。いいかえれば、関係性は、眼に

見えるもの、実体としてあるもの、つまり（実体・客体）ではない。関係性は、これこれであると十全に表象可能な（representative）命題ではなく、あくまで遂行可能な（performative）営み、すなわち積み重ねられた実践的・活動的な営み（〔L〕actio）のなかで浮かび上がる徴候的心象である（前掲書：37）。

　これらの理論の共通点は、「関係（relation）」は主体同士の位置を示す物象化されたものでなく、事象として捉える立場にある。先立って所与される実体的主体同士が相互行為するのではなく、相互連関の交通運動の網の目から、自他の相対的差異化によって事後的に主体や意味が生成されるとする。本論では、その事象的側面をさらに強調し抽象化した表現として「関係性（relationship）」を用いる。ただし、この「関係」と「関係性」の言葉の使用については、留意が必要である。小林敏明（2010）は、「〜体」や「〜性」といった語のほとんどが明治期以降の近代化の中で作り出された恣意的な翻訳の産物であり、恣意的に作られたシニフィアンは独自の戯れを起こすと述べる。本来、意味であるシニフィエに基づいて関連づけられねばならない言葉が、近代日本語のように初めからシニフィアン自体に共通点や類似性が与えられていると、シニフィアン同士の自動的な連動関係が生じ、意味づけへの努力がなくともそれらの間の連関があたかも自明であるかのごとく作動することがある、とされる（小林 2010: 14-15）。とするならば、「関係」と「関係性」を明確に区別することは困難であり、厳密な使い分けをするための定義づけを本論において行うことは、生産的ではない。そこで、本論では便宜上、田中に準じ、物質的な関係を表す場合に「関係」を、関係の状態や質といった抽象度を上げる場合に「関係性」を用いて論じることとする[6]。

　しかし、宮澤康人（2004）は、"「関係性」という言葉は、教育研究者のあいだで、ほとんど陳腐といってもいい紋切り型の用語になってしまった"と述べている。"「関係というカテゴリー」に即して考察する、という思考方法がさっぱり分からない教育学者も少なくない"として、"「関係性」という言葉を安易に使いながら、事実上は、子供を単独の学習主体としてしか見ることのできない原理論がまかり通っている"とする。宮澤はこの「教育関係論の誤認」について、その背景を説明している。まず、世界を対象化し、対象

に能動的に働きかける制作主体（ホモ・ファーベル）という西洋近代に特殊な人間観への認識不足である。そこでは、人間は自然生態系中心であり、能動的主体として外部から自然に働きかけ、変えることが礼賛される。これは、自己の自然である身体を意識的技術的に支配できる教育思想となり、子どもは教える技術の対象とされ、合理的に操作される。この教育関係は、①自己の身体生理という内的自然への過剰な抑圧　②自然という他者の手応えの消失　③子どもを理解する知が子どもを操作する技術に転化される　との点から批判される。

　次に、教育関係が理念的には、一対一の人間関係を当然のように想定している点が挙げられる。これは、多くの教育学者が教育について、学校教育を前提に語る誤認を犯しているにもかかわらず、関係の原理を親子モデルで論じ、さらにそのことを忘れた結果であるとする。このことが「教育的相互作用論」における関係の対称性の錯覚を生起させることに繋がるとされる。本来は、学校と家族の人間関係が異質である前提を認識しなければならないのだが、教育主体による学習主体の支配という管理主義への反動により、教育者の主体性の喪失が起こり、非対等者の存在や世代間の差異が捨象される「水平的相互関係」に陥ることになったとの批判である。宮澤は、タテやヨコの関係といった二者択一を捨て、多様な関係のネットワークの視野で教育関係を語る重要性を指摘し、世代間の落差に基づく、非対称な「教育的無意識」の関係による教育作用を提言している。

　高橋勝（2004）は、"大人と子ども、教師と生徒の関係を発達という「開発」（development）と同じ意味あいのカテゴリーを主軸にして統合する方法は、子どもの住む社会的世界（sozial Welt）の文脈を無視して、「開発対象としての子ども」という見方を流布させる役割を果たしてきたことは否定できない"と指摘し、発達とはあえていうならば、"個人に内在する実体的な概念ではなく、子どもが他者と関わりながら社会的に構築していく関係概念としてしか把握できないはずのものである"とする。さらに、近代社会において制度化された「教師−生徒」といったあたかも不動の実体であるかのような枠組みは、技術的関係から抜け出すことのできない貧しい関係だとされる。高橋は、子ども・壮年・老人という三世代の相互関係における人間形成を

"自立や労働だけでなく、遊び、旅、異界との交わりなどを含めた多次元な関係の錯綜"と考える必要性を述べ、その中でこそ、有用性に囚われない人間生成が進行するとする。つまり、模倣による状況への参加や、労働を通した様々な他者との出会い、老いを死や異界との関係を深める時期として捉え、"人間の生涯を、三世代間の相互行為を通した生の自己生成（Selbstwerden）、自己組織化（Selbstorganisation）として描くことが可能である"と述べる。ここで重要とされるのは、他者と出会う経験である。身近な他者との承認や拒絶などを伴った経験が、無意識のうちにこれまで紡いできた世界を解体させたり、再生させたりすることになる。"ここでは社会的世界や共同体という関係の網の目がまず先行し、その網の目の中で、自己や他者が立ち現れる。はじめに社会的世界を構成する関係がある"。他者は、社会的世界を共同して構築する相手として位置づけられ、"他者なしに自己は存在しない"。学習とは、他者との関わり合いの過程で獲得するものであり、他者は新参者を共同体に招き入れる招待者である。高橋のこの理論は、レイヴとウェンガーの「正統的周辺参加論（Legitimate Peripheral Participation）」に依っている。

> 社会的実践の理論は、行為者、世界、活動、意味、認知、学習、さらには知ること（knowing）に関係論的相互依存性を強調するものである。意味が本質的に社会的に交渉されるものであることを強調し、活動に従事中の人の思考と行為の関与的性格を強調することである。この観点では、学ぶこと、考えること、さらに知ることが、社会的かつ文化的に構造化された世界の中の、世界と共にある、また世界から沸き起こってくる、活動に従事する人々の関係だとする（レイヴ, J. & ウェンガー, E. 1991/1995：26）。

人間形成の契機を、自らの世界の外に立つ他者との出会いであり、その他者と交じり合い、共有することが期待されている経験だとするならば、教育は、関係の網の目が交差する「場」から考えられなくてはならないのである。

［注］
1）小沢牧子（2002）の『「心の専門家」はいらない』に対する反論。
2）WHO（世界保健機関）「国際生活機能分類－国際障害分類改訂版－」（日本語版　訳：厚生労働省社会・援護局障害保健福祉部企画課）の序論で詳述されているように、"障害という現象を個人の問題としてとらえ、病気・外傷やその他の健康状態から直接的に生じるものであり、専門職による個別的な治療というかたちでの医療を必要とするものとみる"医学モデルと、"障害を主として社会によって作られた問題とみなし、基本的に障害のある人の社会への完全な統合の問題"とし、"障害は個人に帰属するものではなく、諸状態の集合体であり、その多くが社会環境によって作り出されたものである"とする社会モデルの2つの対立するモデルの統合に基づいているものがICFであるとされる。ICFの意図は、"1つの統合を成し遂げ、それによって生物学的、個人的、社会的観点における、健康に関する異なる観点の首尾一貫した見方を提供すること"である。
3）本論では、「障害」は人々の間にある事象と捉える故、そこに生じる困難と向き合う人々を支える営みを「障害支援」と称する。「障害」を個体に還元する意味合いの強い「障害者支援」は用いない。
4）意識作用である主観と意識対象である客観それぞれに心象や表象といった意味内容を分属させ、主客いずれをも脱物象化することで意味内容をも脱観念化するという廣松の鍵概念（坂部 1997: 573）
5）フッサールは、理性的思惟を本領とする人間の意識について、対象志向的及び対象構成的な作用を「ノエシス」、その作用により志向され構成された対象を「ノエマ」とし、前者が後者を構成するとする。しかし木村は、フッサールのそれとは異なると説明し、相互円環的なものであるとする。
6）ただし、引用については原典の表記に基づいており、各著者の定義づけも明確ではないため、文脈を考慮すると「関係」「関係性」が混在することで、読者に意図が伝わりにくくなると判断する場合がある。その際には、両者を同義で使用する。

第1章
障害支援の専門家はいかにして作られるのか

　本章では、筆者を「専門性のある支援者として形成された歴史的主体」と捉え、いかなる関係性の中で専門家としての歴史的蓄積を繰り返してきたかを開示する。過去の資料を紐解く意味解釈の遡及過程より、主体の形成及び本論における問題意識を抱く経緯を示す。

第1節　「特別支援教育が専門である」とは

　障害支援の専門家と聞いて思う浮かぶ職種は様々ある。例えば、保育・医療・看護・心理・福祉など、ざっと概観しても多岐に亘る。その専門性が立場、役割により多様であることは想像に難くない。「障害」という概念の広がり及び多様化と価値観の変遷により、特定の学問領域からの接近では十分でないことはすでに明らかである。近年は、近接領域の多角的な支援体制が重要視され、連携のための知見も専門性とみなされるようになった。これらの多種多様な領域においてまたがる普遍的な専門性があるのか。それとも、それぞれの領域で使い分けができるのか。果たして、障害支援の専門性とは何なのだろうか。その端緒とするため、本章では、筆者である〈私〉が自らを同定し、周囲からもそう認知されてきたと思われる特別支援教育の専門家を焦点に当てる。特別支援教育の専門家であるとは、どのようなことなのか。それは、いかなる条件が整えば自覚され、周囲に認められるのか。

　特別支援教育の専門性に関する議論はこれまでも多くなされてきた。2007年に出された文部科学省の「特別支援教育の推進について（通知）」では、次のように明記されている。"特別支援教育の推進のためには、教員の特別支援教育に関する専門性の向上が不可欠である。したがって、各学校は、校内で

表 1-1　文部科学省「特別支援教育の推進について（通知）」より一部抜粋し、筆者が作成

特別支援学校教員に求められる専門性
○5つの障害種別（視覚障害、聴覚障害、知的障害、肢体不自由、病弱）に共通する専門性として、特別支援教育全般に関する基礎的な知識（制度的・社会的背景・動向等） ○それぞれの障害種別ごとの専門性として、各障害種の幼児児童生徒の心理（発達を含む）・生理・病理に関する一般的な知識・理解や教育課程、指導法に関する深い知識・理解及び実践的指導力 ○特別支援学校のセンター的機能を果たすために必要な知識や技能（特別支援学校の特別支援教育コーディネーターには、小・中学校に比し、より幅広い専門性が要求される）
特別支援学級担任、通級指導担当教員、特別支援教育コーディネーターに求められる専門性
○特別支援教育全般に関する基礎的知識（制度的・社会的背景・動向等） ○障害種ごとの専門性として、担当する障害のある子どもの心理（発達を含む）や障害の生理・病理に関する一般的な知識・理解や教育課程、指導法に関する知識・理解及び実践的指導力 ○小・中学校の特別支援教育コーディネーターについて、勤務する学校の特別支援教育を総合的にコーディネートするために必要な知識や技能
小・中学校等の通常の学級担任に求められる専門性
○特別支援教育に関する基礎的知識（障害特性、障害に配慮した指導、個別の指導計画・個別の教育支援計画の作成・活用等） ○教育基礎理論の一環として、障害種ごとの専門性（障害のある幼児児童生徒の心理・生理・病理、教育課程、指導法）に係る基礎的知識

の研修を実施したり、教員を校外での研修に参加させたりすることにより専門性の向上に努めること"。特に特別支援学校教員に対しては"様々な障害種についてのより専門的な助言などが期待されていることに留意し、特別支援学校教員の専門性のさらなる向上を図ること"と述べられている。同年の教育職員免許法改正では、専門性は表に示すように整理されている（表1-1）。

　このように特別支援教育に関わる教師の専門性には、専門的知識やそれを用いた技能は欠かせないとされる。さらに、一定の研修を修了しただけでなく、その後もより高度とされる研修を受講し、自ら最新の情報を収集するなどして、継続的に専門性の向上に努めることが求められる。これら知識・技能の獲得・維持としての専門性は、文部科学省の指針や多くの研究において免許保有率の向上と直結して語られてきた（例えば、河合・藤井 2012、竹林

寺 2014)。さらに、竹林寺が特別支援教育経験年数の少ない教師の割合が高いことを問題視するように、実務経験の物理的時間量も専門性の視点で語られる。守屋・沖中・坂本（2012）でも、特別支援学校における経験の浅い教師と熟達した教師の専門性の相違が調査目的とされている。このように、単純に知識・技能があるのみでは、専門性としては不十分とみなされる。では、免許の保有や実務経験が多いことが、専門家になるための必須条件なのだろうか。

　幼児や重度障害児者への関わりを論じた鯨岡（2006）は、子どもの気持ちを把握できていないにもかかわらず、これまでの経験知から「分かった」とする事態が容易に生じることを指摘し、自身の関わりを省察する姿勢が関わり手に欠かせないとする。今田（2000）は、支援行為について、支援の前提は「配慮（care）」と「エンパワメント」にあり、支援者が支援を自己目的化することや、被支援者が行為の質の維持改善を専門家に委ねてしまう依存体質が生じる支援を批判する。そして支援には、意味解釈とリフレクションにより常に被支援者を配慮しながら自らの行為を再組織化する「自己組織性」が不可欠であると述べる。これら振り返りを重視する理論は、専門性や経験の豊富さから先入見や過信、依存などの問題が生じる可能性があることを示唆しており、知識や時間的経験が豊富なことが優れた専門性に直結するとはいえないことになる。

第2節　自己を解きほぐすための研究方法

1　なぜ、一人称研究か

　専門家としての主体の形成には、長期に渡る過程が必要である。「専門家である」という事態は、瞬時に起きるのではない。ある時点を境に非専門家が専門家になるわけではなく、自らが持つ漠然としたイメージや周囲からの評価、契機となる出来事への意味づけなど、様々な影響が主体を専門家へと形作っていく。専門家主体の歴史的形成を主題とするならば、長期間に渡るフィールド調査や対象個人の所有する情報を収集する必然が生じる。そのような方法は、時間的制約やプライバシーの問題があり、現実的ではない。そ

こで、ライフヒストリー法のようなインタビューデータから分析を行う手法がとられる。しかし、ここで問題が生じる。この方法では、他者の客体化を行い、その経験を特殊な専門的言説により収奪するといった専門家権力への批判を乗り越えることはできない。本章の目的は、特別支援教育の専門家主体の形成過程はいかなるものかの一端を明らかにすることである。個人が専門家として主体形成する過程を教育学的見地から示すことで、「専門家とは何者か」について更なる議論を誘発することが狙いである。そのためにも、事象を外から眺め、分析するといった認識論的立場は一旦留保する。本論では、専門家倫理を問うため、つまり他者を対象化・普遍化することの問題性もその射程として捉えている。例え、実証主義的なインタビュー分析ではなく、対話的構築主義の立場で研究を行うとしても、本論が専門家の倫理的問題を主題とする以上、研究者と研究協力者との権力性を孕む不均衡な関係から、協力者自身について批判的に「語らせる」ことや、その態度の倫理性を問題とするような研究は、矛盾しているとの指摘を受けることになる。では、研究者という専門家の倫理的態度に配慮しながら、専門家の倫理を主題とする研究及び論文執筆を行うには、どのような方法があるのだろうか。本研究では、筆者自身を研究対象とする方法を提案し、自己の一人称的説明と倫理の関係に焦点を当てる。

2　自己を示すこと

専門家が自らの行為を振り返ることで実践的な知を生成しているとの議論においては、ショーン（1983/2001）の「行為の中の省察」に代表される反省的態度が知られている。佐藤学（1997）は、この「反省的実践」による専門性が教師の教育実践には重要である、との理論を展開した。また、鯨岡（1999、2005）は、現象学的還元に基づいた省察による幼児や重度障害児者との関係を論じた。しかし、その方法論である「エピソード記述」の限界は、実践者・研究者の誠実さや信頼性に求めざるを得ず、"究極のところは書き手の全体的な倫理性に委ねるとしか言い様がありません（鯨岡 2005: 51）"とされる点である。

科学者・研究者の倫理を問題にした村上陽一郎（1994）は、科学者共同体

の内部における倫理の問題が同業者に対する責任のみに目が向き、「真理の追究」という言葉で共同体外部への責任を果たさない状況を「ブレーキのない車」と批判する。そして、マンハッタン計画における原爆開発に参画した研究者の倫理に関する議論において、自らの不利益になるにもかかわらず計画に抵抗した研究者がいたことや、大戦後その反省に立って平和活動に参画する研究者の行動に倫理的態度を見出している。一方、掛谷英紀（2005）は、同議論における村上の主張に対し、"反省するレベルのモラルが、同じ歴史を繰り返すことを現実に防ぐ事に貢献できるでしょうか"と倫理基準としての「反省」の提示に疑問を呈す。掛谷は、アインシュタインをはじめとするマンハッタン計画に参加した研究者たちが、反省を示しながらも、結局は戦争の早期終結に貢献したと主張することに対し懸念を示す（掛谷 2005: 87-88）。村上のいう科学者や研究者の倫理とは、「真理」のためと称する責任回避や、「専門のタコツボ」の中で安住することではなく、社会と人類とに対して責任を持つことであり、現在の社会や人間のみならず、遠い将来の地球環境全体に対する責任を負う明確な意識であるとされる。だが、このような責任が、掛谷の示す自己本位の反省に留まる可能性は否定できない。

　道徳的価値の根源にはルサンチマンがあると批判的に論じたニーチェ（1877/2009）は、負い目や罪悪感に由来する良心を「疚しい良心」と呼ぶ。そして、権威からの処罰に対する恐れから道徳的に自己が措定され、自身へ向いた攻撃的非難の結果現われるのが「反省的主体」であるとされる。永井（1998）は、外へ発散することを妨げられた攻撃的本能が内面に向かい、自己の苦悩に自虐的な快楽を感じることが「疚しい良心」の本質だとする。"疚しい良心は、否定的なナルシシズムが取る形式である（バトラー，J. 2005/2008: 185)"。この自己への否定的快楽では、反省は自己満足に留まり、専門家としての倫理的意識を保持し、責任を負うことにはならない。

　倫理と反省のナルシシズムの問題においてフーコーは、自己非難的な倫理形式に異議を唱える。主体を形成・維持する様式についての探求を行う彼にとって、反省的主体は、統制する規範の中に維持されているにすぎない。そこで、晩年のフーコーの「生存の美学」と「パレーシア」という主題に注目する。「生存の美学」とは、『性の歴史』第2巻「快楽の活用」（1984/1986）

でフーコーが用いた概念で、"人がみずから行動の規則を定めるだけでなく、みずからを変え、固有のあり方において自己を変貌させ、自己の生を美的な価値をもつとともに、生き方のスタイルについての特定の基準に適ったひとつの作品に作り上げようとつとめること"である（中山 1996: 119-200）。フーコー（1984/1986）は、古代ギリシャの性の活動と快楽を題材にして、誰と行為するということが問題となるのではなく、道徳的主体として振舞う自己との関係の問題であるとする。

　このような「自己との関係」を主題とする試みは、フーコーが「自分自身からの離脱」と呼ぶ実践であり、思考する事において、これまでの生き方のスタイルを変えていこうとする営みである。中山は、自己の生き方を問いながら他者との関係を作り替えることを生のスタイルとするこの実践を、晩期フーコーの生き方そのものだという。つまり、「ゲイ」という言葉を用いることは、他者との関係を多様化し、自己との関係も問い直すことになる。そうすることで新しい関係が構築され、新たな可能性の創造が試みられる。フーコーにとって性の問題は、他者との関係であると同時に、自己を統御し節度を持って行動するか、快楽に溺れるかという「快楽の主体」の問題、つまり自己との関係である。

　フーコーの試みとは、歴史的存在として認識枠組みや社会的規範・権力により形成される我々自身が、それらを批判的に分析し、自ら変容することにある。このような批判的自己形成の実践として、パレーシアという概念が重要となる。パレーシアは、日本語に定訳はなく「つつみ隠さず率直に話す」や「自由にものを言う」など文脈に応じて様々に訳される。一方、仏語では「全部言うこと（tout dire）」や「率直に話すこと（franc parler）」と訳される。古代ギリシャにおける様々なパレーシアの実践を取り上げることは、フーコーにとって、批判を通じて現実と対峙する哲学者としての生き方を自ら示すことでもあったと言える（相澤 2011）。自身の真理を問うことは、〈私〉と私自身の存在を配置する様式を問うことになり、〈私〉が私自身を問うことになる。フーコー（2001/2002）は、『真理とディスクール』において、"この新しいパレーシアの目標は、民会で民衆を説得することではありません。ある人物に、自己と他者について配慮する必要があると納得させることです。そ

の人物に、自分の生活を変えなければならないと考えさせるのです（フーコー　2001/2002: 158）"と述べる。パレーシアは、決定的な語りの確立する場ではなく、自己変容のための言語的・社会的契機であり、他者の言語を用いた自己形成、自己変貌の試みを、批判的精神を持って勇敢に語ることとされる。他者の目前で他者の言語を用いつつ、自己と他者に対して批判的な距離を保ち、自己を解体し、再創造する。バトラー（2005/2008）は、道徳規範に対する批判的態度こそが倫理を構成すると考える。規範に対する倫理的態度は、他者への倫理と呼応しつつ、ナルシシズムの批判として定式化される。

　バトラーにとって主体は所与のことではなく、常に絶えざる生成過程にあり、起源や結末を示す最終的な確実性に帰着することは、目的論的として拒絶される。ゆえに、多様な方法で状況を想定し直し、反復することが可能である（サリー, S. 2003/2005: 15）。フーコーやバトラーにとって主体は、外的な権力や社会的規範による生産物である。何者かを抑圧することで構築される〈私〉を攪乱し、再構築の契機とすることがその方法となる。主体を説明し構築するカテゴリーに対し、弁証法的に接近し、主体が現在配置される理由を探求するのである。バトラーはその方法を、アドルノに依拠する。

　アドルノ, T（1966/1996）は、プラトンからヘーゲルに至る従来の弁証法（否定と対立を媒介としてより高次の総合へと止揚する）に対し、否定や矛盾といった事態そのものへの省察的視点を重視する。観念論的に事象の同一性を求める原理作用は、偽りの統一性を前提としており、客体を抑圧する暴力的支配として批判の対象とされる。つまり、「暴力」という語を、倫理との関係で、普遍性の要求との意味でアドルノは用いる（バトラー, J. 2005/2008: 12）。この個人の権利を蹂躙する道徳的規範に問いかける方法として、非同一的なものに向き合う試みを、アドルノは「否定弁証法」と呼ぶ。「否定弁証法」は、「非同一的なもの」の痕跡を確認し、概念の自己省察を通じて体系の亀裂や首尾一貫性の欠如を現前させる。その非同一的なものは、同一化による概念形成の過程で捨て去られたものであり、一義的に定義づけることは不可能であるとされる（細見 1996: 313）。

　　概念を特徴づけるのは、それが非概念的なものに関係しているということ

——結局のところ、伝統的な認識論によれば概念のすべての定義は非概念的、直示的契機を必要とする——、また、それとは逆に、それが概念のもとに捉えられた存在者の抽象的統一体として存在者的なものから自己を引き離すということ、である。概念性のこの方向を変え、概念性を非同一的なものへ向けるものこそ、否定弁証法という蝶番いなのである。概念のうちなる非概念的なものの持つ構成的性格を洞察すれば、概念がこうした手間のかかる反省なしにともなっている同一性の強迫も砕け散ってしまうことだろう（アドルノ, T. 1966/1996: 19-20）。

　主体とは、他者との関係（特に、社会的規範や権力）によって形成されるものであり、〈私〉とは他者に呼びかけられることで、私自身について考え、自らに他者を包含することで他者に語り掛けつつ成立する。これが応答可能性＝責任（responsibility）である。主体にはその根源的次元において他者への責任が存在する。"私は、他者と切り離して責任の問題だけを考えることはできない（バトラー, J. 2005/2008: 157）"。自らが他者の呼びかけにより晒されること、私自身を誰かに対して説明することで、誰かに呼びかける。つまり、主体に先立つ様式により、主体形成の過程で捨象された非同一的なものや自己が包含した他者を現前させることが〈私〉の説明であり、説明を通して他者との原初的関係を語る。その行為が他者への責任を果たすことの基礎になると考えられる。

　筆者は、研究として論文を提示するという規範に呼びかけられ、専門家としての倫理性を問われている。そこで、筆者を専門家としての主体に形成した規範や権力といった他者との関係を説明することで、応答することになる。筆者は、他者への呼びかけを通して、初めて筆者と筆者自身との関係を持ち、それを明らかにすることが可能となる。研究を行い、論文を執筆することが否定的自己の実践となり、主体を攪乱する「場」となる。

3　歴史的主体の解体

　教師がどのように専門性を身につけていくのかという研究は、「教師のアイデンティティ形成」や「教師のライフヒストリー研究」としてこれまでも

なされている。これらの研究の多くは、複数の教師から得られたインタビューデータをもとに、その内容を構造的に整理したものが多く、研究者が対象化した物語／言説を専門性の実在物として実証的に検討したものであるといえる（例えば、齊藤・横尾・熊田・大崎・松村・笹本 2013、寺町 2014）。一方、わずかではあるが、現役の教師が自身の過去の記録からその変化を縦断的に追った研究も存在する。森・道田（2013）は、第一著者が自身の書いた論文を読み、その内容を第二著者がインタビューする実践を行い、両者がそれぞれ考察する方法を取っている。この研究も、過去よりも現在の姿が教師として熟練するとの前提で考察を行っている点、調査対象者と研究者の二重性による恣意性や研究妥当性に関する記述が全くなされていない点は気になるが、興味深い試みである。しかし本論では、知識や視野の増加を教師としての専門性の熟練や先鋭化とする点、経験に伴い専門性が熟達する点など、歴史的に一貫した自己の延長線上にある「成長モデル」については留保する。

　本論の目的は、専門性の検討ではなく、「専門家である」意味の探求である。専門家としての教師の自己像は、複雑な社会的関係と歴史的蓄積の中で、何かを得ると共に、何かを捨象し、常に流動的に変化しつつ多元的に編み込まれたテクスト的存在と捉える。自己は、一枚岩的に一貫した線上を移動するのではなく、個人を構成する基準となっている様々な評価軸が、部分的に他者やその権力、身を置く社会的規範などとの関係に影響を受け、徐々に変形しつつ形作られる。かつて価値があったと思えたものが、そうでなくなり棄却されることや、全く反対の立場に価値を置くようになることもありうる。知識や経験の増加による視野の拡張・多角化が、専門性の深化に直結するとの判断は行わない。その変化は、現在から見た過去の意味づけにより、一貫した〈私〉の歴史的経験の事実として事後的に記述されるテクストとして編み込まれると考える。

　これまでの理論を参照し、自己を歴史的に紡がれたテクストと捉え、筆者が歴史的事実とするものとの関係を明らかにする。筆者はすでに特別支援教育の専門家として固定化し、編み上げられている。今日の筆者を形成してきたと考えられる、社会的規範や権力との関係を検討し解きほぐすため、以下の資料を分析における素材とする。

【資料】1990年代後半〜2010年頃
※校外に持ち出すことが認められた資料のみを元に検討しているため、公的な記録及び児童生徒の個人情報、関係各所の機密情報は含まれていない。
・職員会議／校務分掌会議他、各種会議で使用された資料
・研究報告／発表の配布資料及び準備資料
・授業／指導のための記録及びメモ
・2000年代中盤ごろの国立特殊教育総合研究所の講義資料
・文部科学省諮問機関の答申・報告

　主体形成過程は、複数の事象が複雑に絡み合う共時的・通時的現象であるが、本論では、その一部を分析として提示するため、整理する必要がある。そこで、便宜的に年代ごとに示す方法を実施する。既存の自己像が変容する強烈なライフイベントと思われる時期を考慮し、以下の4つの時間軸で区分した。

【分析区分】
※各時期の明確な年代を示すことは、本研究資料における個人を特定する恐れがある。よって、表記に幅を持たせた。
第1期：1990年後半（普通校勤務期）
第2期：2000年代前半〜中盤（養護学校勤務期）
第3期：2000年代中盤（国立研究所研修期）
第4期：2000年代後半以降（研修後勤務期）

　資料から析出される主体形成過程を、以下の3つの条件より分節し提示する。これらは、各時期に同時に起こる主体形成の様相であるが、それぞれが関連し、相互に影響し合っている。厳密にいえば、明確に分節されるものではない。しかし、研究における分析的観点として析出する便宜上、表にして整理した。

　①国や所属自治体が明記する専門家像に望ましいと筆者が選択した事象（理想とされた専門家像）。最も公教育の権力性に関係がある項目といえる。

②上記の専門家像にふさわしくないが、規範や権力との関係において筆者の主体形成に影響を与えた事象（理想的専門家形成の失敗）。
　③現在の筆者から見て、主体形成より捨象されていること。〈私〉を抽象化する運動よりそぎ落とされる、①②を除くあらゆる可能性であり、記述することすらできないものも含まれる。それらを把握することは本来不可能であり、アドルノの意図にも反するが、研究としてあえて概念化する。「現在の筆者」から見て本研究に関わると考えるものを提示する。

　筆者を「専門性のある支援者として形成された歴史的主体」と捉え、いかなる関係性の中で歴史的蓄積を繰り返してきたかを開示する。過去の資料を紐解く意味解釈の遡及過程より、主体の形成経緯を示す。規範や権力が求める理想的専門家としての主体に必要な要件とは何か、また、そこから排除されながらも筆者の主体形成に影響を与えたもの、さらに、主体形成の過程で記録されなかったものは何だったかを、各時期の歴史的背景と関連づけ、4つの時間軸に分け検討する。本論では、紙幅の関係上、1、2、4の各期間においては分析結果の概略だけに留め、権力の鋳型として最も象徴的な時期である第3期に焦点を当て提示する。

第3節　特別支援教育専門家の主体形成①
（第1期：1990年後半〜「障害」との出会い）

　筆者が初めて「障害」という概念について考える時期である[1]。筆者は、中学校学級担任として、MBDやLDといった専門用語に触れていく[2]。さらに、特殊学級を設営しない当時の勤務校方針により、中度の知的障害のある生徒の担任を通常学級にて行う。筆者は、この形態が様々な問題を孕みつつもクラスに変化を及ぼしたとして「インクルージョンの教育的成果」と捉えている。一方で、インクルーシブな教育環境が健常者中心に構成されており、障害のある生徒にとって望ましい場所とは限らないとの見解も示している。当時の筆者の学校組織における葛藤が現れている。
　当時の筆者は、障害児教育の専門的知見に関心を持ち、養護学校への転勤

を希望する。記録からは、小中高における障害児童生徒への物理的な環境整備と教師の専門知識・技能の欠如、特に自らの実践に問題を感じたことが示されている。未整備なインクルーシブ教育環境よりも、専門性のある教師による個別の指導場面が重要であるとの見方を示しており、当時の特別支援教育への流れに直接的影響を受けていたことが推察できる。また、筆者のこれまでの教育観に大きな変化があったことも示される。教育評価の在り方について、普通校と養護学校を対比させ、できない部分を焦点化することよりもできる部分に目を向ける、という発想は自身の教育観の転換であり、筆者自身の専門家としての主体形成に大きく影響を及ぼした「揺らぎ」であったとしている。当時、在任校で称揚されていた「賞賛する」指導の影響を受けており、その発想が「ableism（能力主義）」として批判されるといった観点は、当時の教育環境からはまったく想像できていない。

　これらから読み取れる筆者の姿は、特別支援教育への憧憬や専門的知識・技能への渇望である。つまり、障害のある児童生徒のための授業環境を整えることが課題であり、インクルージョンは理想としては望ましいが、まずは抽出した状態で有意義な学習を行うこと、に力点が置かれる。学校教育に適応するよう児童生徒の能力を向上させるという、まさに当時の特別支援教育の方針そのものを投影した姿であるといえる。また、インクルーシブな教育環境の構築が「教育的な効果」を生み出すのではないかとする発想も、国が考える方向性と合致しており、理想的専門家像への変容と捉えることができる。教育目的が何らかの成果として結びつく視点であり、障害の有無による差異が双方に効果的影響をもたらす、とする有用性に発想がある。

　では、その理想的な鋳型に入らない事象は何だったか。それは、クラス経営で感じたクラス全体の変化であるといえる。これは、困難な状況であったにもかかわらず、クラス構成員として当該生徒の存在の重要性を生徒たちが認識していたとする経験であり、障害の有無にかかわらずに共に活動したことが、少なくとも障害のないとされる生徒たちに大きな影響を与えた、と当時の筆者は考えている。障害のある生徒を抽出する状況が本当に良かったのか、という疑問を筆者が持っていたことを示している。

　次に、現在の筆者から見て、この時期に捨象されることは何だったのかを

表 1-2　第 1 期の主体形成の要件

理想的専門家像
・障害を特別な事象や問題の要因と捉える態度
・障害に対処するための専門的な知識・技能の要求
・専門性証明としての免許
・学校適応に際しての個別配慮の重要性
・現状の教育環境の不備を改善する必要性
・インクルーシブな教育環境による教育的成果の期待
自己像へのその他の影響
・インクルーシブ環境と個別に抽出する配慮に対する「揺らぎ」
現在から見て捨象されること
・障害の自明性を疑う
・互恵性や有用性を伴う教育的効果とは無縁の関係性
・能力主義的教育観への懐疑

考えてみる。まず、挙げられるのが「障害」の自明性を疑うことである。当時、普通学級の担任と特殊学級の担任との業務上の境界は明確であり、障害児教育に関わることは、普通校の教師にとって特別なことと考えられていた。さらに、養護学校への異動には特別な専門知識を有する必要があり、赴任する選択は自らの一生に関わる大きな決断であった。そのように筆者が考える背景には、保有免許の問題がある。筆者は、自治体の制度を利用し、長期の休業期間中に教育系大学の講義を受講し、3年をかけて養護学校免許を取得した。免許所持は、養護学校への異動に有利とされる条件であった。筆者は、講習を通して様々な専門知識と出会うことになる。そして、普通校では頻出度が低い「障害という特別な事象」に関わり、普通校教師とは異なる「障害児童生徒も担当できる専門的教師」を目指そうと考えたのである。つまりこれは、障害を自明のものと特別視し、普通校の専門性とは別の専門性があるとの認識が当時の筆者にあったといえる。障害に対する行政システムや免許制度が明確に区分される環境で生活する筆者にとっては当然といえる。

　次に、障害を教育の成果と結びつけない視点である。これは、当時の筆者からすると想像もつかなかったが、専門家による他者の対象化の問題を考える時、回避できない点である。「できる／できない」が判断の基準となり、操作対象とされる児童生徒の障害の状態が変化することが「良し」とされ、

それこそが教育的成果とするのが当然であった筆者にとって、障害に接することが筆者の既存世界を突き崩すことになるとの認識は、この時点ではなかった。つまり、成果として可視化できないものの存在や、事象を分節することの限界はもとより、教育を「成果」として、対象化した児童生徒の変化に還元するような狭隘な教育観に対する問題意識はここでは語られない。この時期の分析をまとめたものが表1-2である。

第4節　特別支援教育専門家の主体形成②
（第2期：2000年代前半〜中盤　重度障害児童生徒との関わり）

　初めての養護学校での勤務を通して、これまでの教育観を根底から崩され、教育とは何か、発達とは何か、教師とは何者なのか、といった根本的問いに向き合うことになった時期である。筆者が最初赴任したのは郊外の福祉施設内にある小規模分教室であった。当時、いわゆる「最重度」と呼ばれる児童生徒を担当することになった。日常生活にてあらゆる介助を行うが、児童生徒への関わり方がそれまでの経験とは大きく異なり、教師としての自己像が崩される機会となった。教育とは何かという問いを目の前に突きつけられ、子どもたちだけでなく、保護者からも多くを学ぶ関係であることを知った。
　しかし、そのような状況からでも専門家として教育できる方法があり、対応できる専門的知見も蓄積されているはずだとする希望を持っていた。当時の困難は、筆者の専門性の不足が要因であり、身に付ければ対応できるはずだと考えていた。ベテラン教師や心理療法・理学／作業療法の専門技術に驚嘆し、熱心に教えを請い、臨床動作法や応用行動分析などの研修会に積極的に参加した。このような考えは、眼前の一人ひとりの子どもというよりは、一般化された「障害」というものを漠然と見ており、ある特定の情報を得て手順を踏めば、合理的に支援ができたり問題が解消されたりする、という思考によるものである。第1期に引き続き「障害支援」の専門家への憧憬を募らせる姿といえる。
　一方、頻繁に体調が変わることや可視化できる行動が微かなことで、非言語的な次元や可視化できるコミュニケーションとは異なる関係があることも、

表 1-3　第 2 期の主体形成の要件

理想的専門家像
・「最重度」と呼ばれる子どもたちへの専門的関わりの追求
・一般化された「障害」への正しい知識による適切な理解と支援
・専門的な知識・技能を修得するための研鑽
・目的的計画的指導
自己像へのその他の影響
・個別指導計画に記載可能な明確な行動変化が記述できない経験
・学習成果の積み上げどころか維持自体が困難（右肩上がりの一方向的発達観への疑念）
・非言語・不可視な次元での関係のあり方
・教師が蓄積した知識を児童生徒へ伝達する教育観への疑念
現在から見て捨象されること
・障害の社会構築性やその問題
・専門的知識／態度に関する疑念

　児童生徒・保護者から学ぶようになる。日常を積み重ねることでしか感得できないような事象や、普段の身体感覚では気づけない、言語的に説明困難な感覚的経験である。関わりが長くなるにつれ阿吽の呼吸のようなものが生まれ、思考せずとも身体が動いているといった「身体化」された技術などがそれに当たるだろう。当時、先行的に個別の指導計画を作成するよう指示されたが、記述する内容に苦心したことを記憶している。さらに、担任した生徒を含め複数の児童生徒が卒業後に亡くなる。この時期の経験は、自らの教育観に多くの影響を与えたと筆者自身は強く感じるようになり、理想的専門家像とは別の教育活動のあり方について熟慮するようになる。

　これらの経験から、教師が蓄積した知識を児童生徒に伝達する教育観や、右肩上がりの段階的発達観を信奉する教師像は消え、別の教師像を模索するようになる。しかし一方で、専門性への憧憬は意気軒昂となり、ついには国立特殊教育総合研究所への内地留学を決める。応募書類の志望動機において筆者は、国際的な動向を踏まえた特別支援教育導入による教育環境の急速な変化に対し、教員の専門性が不足している点を自身の経験から述べ、専門性のある教員の育成が喫緊の課題であることを強調している。どんなに障害が重くとも教育によるコミュニケーション手段の獲得により、豊かな生活が送

れると考える点や、発達障害に対する「正しい知識」からの教育支援があれば、問題が未然に防げるとの観点からは、教育に対する素朴で楽観的な期待があると同時に、問題の原因を個人の内在する固定化された医学的障害概念に還元し、その解決の担い手が専門家であるとの認識を持っていることが伺える。この時期の分析をまとめたものが表1-3である。

第5節　特別支援教育専門家の主体形成③
（第3期：2000年代中盤　国立特殊教育総合研究所での研修）

1　公教育における理想の障害支援の専門家像

　養護学校での勤務を数年経た筆者は、管理職より国立特殊教育総合研究所（以下、研究所）への長期研修を薦められる。自己の専門性向上と共に、まもなく開始される特別支援教育への移行に際し、国の情報をより多く所属自治体へ持ち帰ることが目的となる。特別支援学校を障害支援における地域の専門機関にするという展望のもと、個々の教師の専門性向上はもとより、校内システムの構築と校外の専門機関との連携は大きな柱となった。

　2003年3月に文科省が出した『今後の特別支援教育の在り方について（最終報告）』では、「特別支援教育体制の専門性の強化」として一章分が割り当てられている。そこでは、"盲・聾・養護学校において、又は、小・中学校における特殊学級等において、それぞれ指導の専門性の向上や両者間における連携協力、福祉、医療等関係機関との連携協力が十分であるとはいえない状況である"とされ、"教員一人一人の障害のある児童生徒に対する理解や指導上の専門性を高めること、組織として一体となった取組が可能となるような学校内での支援体制を構築すること、学校外の専門家等の人材を学校で有効に活用すること、関係機関との有機的な連携協力体制を構築すること等により、特別支援教育体制の専門性の強化に向けた取組が重要である"と述べられる。特に"特殊教育教諭免許の保有率が特殊教育諸学校の教員の半数程度である"ことは、「専門性が不十分」とされ、"専門性の向上のためには、個々の教員の専門性の確保はもちろん障害の多様化の実態に対応して幅広い分野の専門家の活用や関連部局間及び機関間の連携が不可欠"とされている。

ここで福祉・医療が関係機関に挙げられるように、これら諸機関の専門家（医師・看護師・理学療法・作業療法士・言語聴覚士・臨床心理士など）との関わりは重要である。筆者の勤務校も病院・福祉施設に併設されており、それら専門職との接触は日常的であった。必然的に教師に要求される専門性は、医学・生理学・認知科学・発達心理学などになる。当時よく聞かれた言葉は、「障害児教育をより科学的に検証することが特別支援教育の狙い」である。教師間でも「障害の科学的解明」や「科学的根拠（エビデンス）に基づいた指導・支援」との会話が日常的に行われた。その背景には、一部の職人芸的な名物教師と全く専門性のない教師の二極化の問題や、指導の実態が明らかでなく、何が行われているかが可視化されていないこと、客観的な教育的成果の評価が全くなされていないことなどの批判があった[3]。先述の最終報告にある以下の記述は象徴的である。

　　なお、最近では、脳の発達と学習方法、コミュニケーション等脳科学からの知見の蓄積を育児や学習指導に活かしていくことが重要との認識の下、国内外で脳科学と教育との関わりを重視した取組が行われている。文部科学省においても、個人が有する能力の健全な発達や維持又はその妨げとなる要因を適切に除去又は克服するとの視点に立って「脳科学と教育」研究を重要な研究分野として捉え、文部科学省に設置した「脳科学と教育」研究に関する検討会に、ワーキンググループを設けて今後の取組方策等について検討を行ってきている。言語障害、LD、ADHD等のように脳の発達と密接な関連があるものもあり、障害のある児童生徒についても脳科学の成果を踏まえて適切な教育的対応を図ることが一層効果的と考えられるものがあるため、現在行われている検討の結果も踏まえ、教育サイドからの課題の提示を踏まえた「脳科学と教育」研究を進展することが望まれる。

　このような科学的知見による専門性を高めることが、当時の筆者の目的であり、研究所への研修を受けた動機となった。研究所については、旧文部省刊行『学制百年史』に以下のように記載されている。"特殊教育振興の基礎となる科学的研究を医学、心理学、教育学、工学等の関連する諸科学の協力

表 1-4　筆者が受講した研究所の講義・演習（受講記録があるもののみ）

共通講義	コマ数	障害別専門コースの講義	コマ数
特殊教育論特講Ⅰ	10	特殊教育論特講Ⅱ	5
教育制度特講	6	障害児生理・病理学特講Ⅱ	4
特殊教育研究法特講	5	障害児心理学特講Ⅱ	2
障害児生理・病理学特講Ⅰ	6	障害児指導法特講Ⅱ	11
障害児心理学特講Ⅰ	8	**短期研修（選択した講義のみ）**	
障害児指導法特講Ⅰ	9	情緒障害教育コース	15
その他	6	その他（知的・肢体不自由）	18
課題研究			
障害児指導法演習	18	（合計）	123

のもとに総合的・実際的に推進する特殊教育研究機関の設置が要望されていたが、四十六年十月、国立特殊教育総合研究所として発足した（第2章第7節特殊教育）"。

　当時の特殊教育総合研究所の長期研修制度では、長期研修員は、共通講義（1）（全7講）と共通講義（2）（全10講）の受講が必須である。さらに教育制度特講（全6講）、特殊教育研究法特講（全5講）、障害児生理・病理学特講Ⅰ（全6講）、障害児心理学特講Ⅰ（全8講）、障害児指導法特講Ⅰ（全9講）が課せられる。次に、長期研修員は、A（視覚障害教育）、B（聴覚障害教育）、C（知的障害、肢体不自由、病弱、言語障害、情緒障害、LD・ADHD等）の3つのコースの中から自身の研修目的に応じて受講内容を選択する。選択コースは、専門講義と演習に分かれており、筆者の選択したCコースでは、障害児指導法特講Ⅱ（全5講）、障害児生理・病理学特講Ⅱ（全4講）、障害児心理学特講Ⅱ（全2講）、障害児指導法特講Ⅱ（全11講）となっている。さらに、年度中に3回実施される短期研修の各講義も、講義時間が重ならない限り選択可能であり参加できる。また、研究所が年に2回開くセミナーへの参加は必須である。これらの講義を行うのは、研究所の研究官の他に、文部科学省の職員、特別支援教育を専門とする大学教員、自治体の長、全国の公立施設の所長など多岐に渡る。長期研修の1年間に、筆者が受講した講義・演習は、確認できるだけで、123（1コマは3時間）にのぼる（表1-4）。

以下の文章は、研修実施年度の5月に行われた所属グループによる研究計画発表の資料メモの一部である（当時の長期研修員の所属グループは、視覚障害、聴覚障害、知的障害、肢体不自由障害、情緒障害、病弱障害、重度重複障害に分かれており、筆者は情緒障害グループであった）。当時の筆者の関心が、研修で学んだばかりの最新の知見に向いていることが専門用語の羅列により明記される（下線は強調のため今回引いたものである）。

　　私は軽度発達障害児への教育的支援の課題は、コミュニケーション機能の障害による「ソーシャルスキルの獲得につまずきを持つこと」への対応だと考える。その解決のためには周囲の人々との関わりを重視し、青年期に肯定的な自己意識を持つことができる環境をいかに作るかが大切である。この環境を適切に作ることが教師に求められるが、そのためには、まず、我々教師が自身の取組を振り返ることが重要である。通常の学級はもとより養護学校においても、私自身を含め専門的なアプローチ法を知らない者が多く「子どもとうまくコミュニケーションが取れないことを障害のせいにしてはいないか」「子どもを見ずに障害を見ているのではないか」などの不安があり、適切な支援が行えているのか疑問である。（中略）私は、普通校と養護学校両方の勤務経験があり、今後の養護学校の地域センター校として役割の中で、その経験を積極的に活用したいと考えている。養護学校の教師として普通校にどのように関わることができるのかを整理すると、次の2点が特に重要だと思われた。ひとつは、教師自身のスキルアップである。「気付き」の視点、さらに適切な支援方法でのアプローチ力、そして評価方法。（中略）二つめは、周囲（保護者、教師、専門機関など）の支援体制である。特に校内においては教師間の学校全体的な協力体制が不可欠である。スキルがあっても適切に発揮できる環境が必要である。
　（中略）ソーシャルスキル獲得のためのアプローチ法を研修したいが、そのためにはABAを学ぶ必要がある。その他、TEACCH、INREAL、PECS、認知発達治療などの実践を観察、記録し分析する。研究所での教育相談に間接的に関わる機会を持つ。（中略）適切な校内支援体制を構築するには、教師間の連携が必要である。周囲の教師への啓発が不可欠であり意識を高め、互い

が協力できる体制を作る。その有効な方法である、PATH、ブレーンライティ
ング、インシデントプロセスなどを文献より整理し、その後、近隣先進校の
実践の観察、記録、分析の機会を得る。

　当事の筆者にとってまず重要なことは、専門用語を覚えることであった。
その言葉の多くは、医療や心理学分野で用いられる概念であったが、どの分
野から生じたもので、いかなる経緯で使用されるようになったか、といった
出自や歴史的背景は全く問題にはならなかった。そこには関心は向かず、と
にかく覚えれば良かったのである。新規の知識に興味が向き、それらを使う
ことで、自らが憧れる専門家に近づけたような気分になった。
　当時、2001〜03年に小・中学校関係者を対象に行われたLD・ADHD・
高機能自閉症の状態像を示す児童生徒の全国調査において、特別な教育的支
援を必要としている児童生徒が6.3％という数字は、かなりインパクトのあ
るものであった。研究所の講義でも繰り返しこの数字が強調された。筆者の
手元に残る資料だけで、6つの講義がこの内容を題材にしている（教育論Ⅰ：
講師広瀬4/26実施、LD指導：講師柘植5/14実施、教育論Ⅱ：講師是枝5/27
実施、指導法：講師海津6/4実施、LD指導：講師柘植7/12実施、LD指導：講師上
野7/13実施）。その調査において、平成14年2〜3月にかけて全国370校、
約4300の通常学級、対象となる児童生徒数は4万人に及ぶ質問紙調査が実
施され、担任教師への80項目の質問が用意された。この調査報告が記載さ
れた文科省（2004）の『小・中学校におけるLD（学習障害）、ADHD（注意
欠陥／多動性障害）、高機能自閉症の児童生徒への教育支援体制の整備のた
めのガイドライン（試案）』には、"この調査は、担任教師による回答に基づく
もので、LDの専門家チームによる判断や医師による診断によるものではな
いので、その結果がLD、ADHD、高機能自閉症の児童生徒数の割合を示す
ものではないことに注意する必要がある"との但し書きがある。しかし、こ
の数字だけが一人歩きし、その割合を印象づける目的のために至るところで
用いられるようになる。
　例えば、2003年に刊行された『LDとADHD』（上野一彦著　講談社）では、
調査結果の割合が示す該当領域A（「聞く」「話す」「読む」「書く」「計算する」

「推論する」に著しい困難を示す）を LD、領域 B（「不注意」または「多動性－衝動性」の問題を著しく示す）を ADHD、領域 C（「対人関係やこだわり等」の問題を著しく示す）を HFA とそれぞれ書き換えて明記しており、また図表の名称も「知的発達に遅れはないものの学習面や行動面の各領域で著しい困難を示すと担任教師が回答した児童生徒の割合」との報告の表記が、「LD・ADHD 等の実態調査（文部科学省 2002）」と書き換えられている。3 年に及ぶ実態調査の名称とそのうちの 1 回の調査結果を摩り替えることで、あたかも LD・ADHD・HFA の児童生徒が 6.3% いるとの説明になっている（上野一彦 2003: 45）。しかし、このような巧言は当時からよく見られた。結果的に、この数字が持つ意味は非常に大きくなり、特別支援教育促進への根拠とされることになる[4]。

筆者は、このような数字の魔術に疑問を感じながらも、特別支援教育の専門家として自らが成り立つよう専心する。以下の同年 7 月の中間報告のメモは、研究所の受講内容をそのまま反映させた文章を記述している。当時の筆者が、旧態依然とした現場教師を啓蒙することが自らの使命であるかの様な錯覚を持ち、気負っている様子が伺える。新たな情報を伝達、啓発し、専門的教師を増やすことに意識が向く（下線は強調のため今回引いたものである）。

Ⅱ．主題設定に至る経緯
1　問題意識

平成 15 年 3 月、『今後の特別支援教育の在り方について（最終報告）』がとりまとめられ、柔軟で弾力的な制度の再構築、教員の専門性の向上と関係者・機関の連携による質の高い教育のためのシステム作りをめざしての提言がなされた。現在、特別支援教育という形で制度・組織面の整備が進行中である。しかし、移行するにあたって、実際に取り組んでいる教員の意識が重要になるが、教育現場レベルとの温度差を感じる。私は、教員の「意識改革」を行うことが、移行に伴う様々な問題を解決し、教員はもとより児童生徒に与えるストレスを軽減するためにも最も重要になると考えている。

①教員の専門性の向上

私は、「教育のプロ」としての意識を持ち、自身の取組に対して評価を求め

ることが専門性の向上につながると考える。この度、いわゆる軽度発達障害児への教育的支援を研修するにあたり、教員の関わりの重要性を再認識した。もちろんこれは、他の障害のある児童生徒にも言えることである。しかし現実には、(中略) 適切な教育的支援が行えているのか疑問であり、常に教員の取組を振り返ることが必要となってくる。しかし、取組を評価する方法を確立するのは難しく、教員自身の自己評価に頼らざるを得ないのが現状である。教員一人一人が「教育のプロ」であることを自覚し、自身の取組に対し真摯に振り返る姿勢が求められる。児童生徒の肯定的な自己意識を育てていない大きな理由のひとつが、教員の関わり方にあるのではないかと感じることから、関わる視点や工夫に変化が生まれると考える。

②校内支援及び地域との連携

(中略) これまでの「教育の問題は学校で」という意識を変え、保護者はもとより地域の専門家・機関との連携を積極的に進める姿勢が必要である。そして、地域に出るということは、教員の「教育のプロ」としての姿勢が問われることにもなると考える。

2　意識改革の重要性

「教育のプロ」として専門性の向上に努めるだけでなく、個人単位であった知識や技術をシステム化し全職員の共通理解の下、効果的な校内支援体制を構築する。従来の学校が「問題を抱え込んで深刻化させている状態」から脱却し、地域の専門家・機関との連携を有機的に行う。これらを円滑に行うには、まず、教員の「意識改革」が必要であり、すでにその状況に迫られていることを自覚する必要がある。本来「意識改革」とはトップダウン的に行われるものではなく、教員本人が児童生徒との関わりの中で自覚し、積極的な姿勢を持つことが望まれる。私は、特別支援教育における一連の学校改革の流れが、教員の姿勢によって大きく影響を受けると感じている。組織の枠組みだけを変えても解決につながらず、かえって混乱を招くことになりかねない。そうなれば教員への負担も増大し、結果的に児童生徒に大きなストレスがかかることになる。私は、「個人のモチベーションを高める」「合理的に効率よくシステムを運営する」といった民間企業などのビジネス・スキルを積

極的に取り入れることも必要だと考える。

　3　キーパーソンとしての特別支援教育コーディネーターの役割
　私は、「意識改革」を行っていくには、特別支援教育コーディネーターの役割が重要になると考えている。(中略) 特別支援教育コーディネーターには、単に場を設定するだけでなく、一人一人のメンバーの能力が発揮できる環境を作り、最大限に引き出すことが求められる。校内において、学校という自律分散型（ウェブ型）組織の中でいかに協働していくかは大きなテーマである。さらに、現在の学校が抱えている問題は、様々な専門知識を持った人々の知恵を結集し、多面的に検討しないと解決できないところに来ている。私は、現有の人材の能力を引き出し、効果的に活用する手段として「ファシリテーション」というビジネス・スキルが学校現場で応用できないかと考えている。問題解決に向けてチーム内のコミュニケーションを活性化していく「ファシリテーター」としての特別支援教育コーディネーターの役割が期待され、欠かせない技能のひとつになるのではないかと考える。さらに特別な教育的ニーズのある児童生徒や保護者の理解に関することとして児童生徒、保護者、担任との相談が挙げられ、カウンセリング・マインドが求められている。カウンセリング活動としてのファシリテーション、さらには教育活動としてのファシリテーションも注目されていく可能性がある。

　学んだ内容をそのままオウム返しに羅列しているだけのように見えるが、筆者が勝手に気負っていただけではない。「研究所へ研修に来ることで、今後あなたたちは指導的立場の教師となる。多くの税金を使って来ているのだから、責任と自覚を持つように」と鼓舞され、その役割を意識するようになっていたのである。実際に多用する「教育のプロ」といった表現も当事の講義の中で頻繁に使われた言葉である[5]。このようにして筆者に権力性がまとわりつく。また、ビジネスモデルに関心が向いていることも、当時の研究所が積極的に民間企業の実践を参考にしていた影響が伺える。
　将来の指導的役割を担う教師ゆえに学校運営や管理についての講義も行われた。当時議論となっていた「医療的ケア」の問題や、2002年に全日空ジ

ャンボハイジャック事件の被告がアスペルガー症候群と診断された件、大阪教育大学池田小学校事件を題材に、学校の安全管理・児童生徒の健康管理についての講義もなされている（「学校における安全管理」講師阿久澤 5/7 実施、生理・病理学：講師石川 7/5 実施）。そこでは、障害や問題の早期発見・早期解決、方法の効率・効果が強調され、予防医学や問題解決に重点が置かれた。「戦略」や「方略」といった用語も頻繁に使用されている。以下は、講義「障害児生理・病理学特講（講師西牧 11/12 実施）」の課題レポートの設問である。

　　　次の問いに答えなさい。
　①公衆衛生の基本戦略（ハイリスクストラテジーとポピュレーションストラ
　　テジー）について説明しなさい。
　②自分が抱える障害児教育上の課題を一つ例示し、その戦略的観点から特別
　　支援教育への流れの中で解決策と考えるところを述べなさい。

　このように当時の研究所の実践が、ビジネスモデルを積極的に取り込もうとした成果は、徹底したプログラム化やマニュアル化からも伺える。これらは、専門家でない者でも「いつでも、どこでも、だれでも」使用できる「tool（道具）」であることが奨励された。以下の資料は、当時の研究所の教育相談センター及び教育支援研究部から講義中に配布された東京都教育相談センター家庭教育相談室の指導マニュアル「H15 年度 ADHD 等のある児童の理解及び指導にかかわるプログラム（試案）」の一部である。

　　　行動を 3 種類に分類しよう
　1．行動とは何か　見える／聞こえる／数えられる　（中略）
　2．3 つの行動に分ける
　・続けさせたい行動（児童が自らやる行動で、先生からみてもっと増や
　　したい行動）
　例：朝、おはようという　給食を取りにいくとき、順番を守る　漢字ドリル
　　　を 1 ページやる　質問の時、手を挙げる⇒このような行動はほめましょう

・減らしたい行動（先生に対して注目を引こうとする行動で、減らしたい行動）
例：泣き言を言う　さされてもいないのに答えを口走る　決まっているルールの正当性についてたびたび不平をいう⇒このような行動は無視が有効です
・許し難い行動（集団を混乱させる行動や、自分や他人、ものに危害を加える行動）
例：指示に従うのを嫌って騒ぐ　友達をぶつ、ける　ベランダからとびだす　授業中教室内を走り回り、他の児童の邪魔をする⇒このような行動は指示や制限が有効です
（中略）肯定的な注目（ほめること）を使って「続けさせたい行動」を増やす

　現場で疲弊した教師は、藁にもすがる思いでこれらのプログラムに飛びつく。「いつでも、どこでも、誰でも」使えることは、日常業務に忙殺される教師の要求に応えたものでもある。また、子どもの実態や授業内容についてのチェックリストの開発も盛んに行われた。例えば、当時研究所から発行されたものに『注意欠陥／多動性障害（ADHD）児の評価方法に関する研究（H16年3月）』がある。講義内では、研究所のプロジェクト研究「小中学校に在籍する特別な配慮を必要とする児童生徒の指導に関する研究～LD、ADHDの指導法を中心に～」のチェックリスト項目案を修正する取組もあった。

　このように、あらゆる取組について、可視化できる評価方法の扱いは重要であった。まず、児童生徒の特性を把握することが重要視された。「アセスメント」や「見立て」という用語が使用され、発達検査や知能検査を実施できることが、専門家として当然であると強調された。筆者らは講義中にCARS、PEP-R、WISC Ⅲ、K-ABCなどの方法を教授され、当時の研修員同士で頻繁に練習を行った。研修時期後半には、研究所の相談室に来るクライエントに実際に検査を実施し、保護者や本人に検査結果を報告し助言する機会も与えられた。以下は、講師が講義内で配布した資料（雑誌掲載から抜粋

されたもの）である。

　一人一人の子供の実態に応じた授業を展開するためには、まず対象となる子どもの実態把握や学級等を構成している集団の特徴を十分に理解することが大切です。（中略）子供の実態を把握するためのアセスメントの方法には、心理学的な検査による方法、観察法、チェックリストによる方法、面接法があります（當島茂登 2004「子供も教師も感動する授業作り」『肢体不自由教育 No.164』: 13）。

　LD や ADHD のある子どもたちには何らかの手だてを必要としながらも外からはなかなか見えにくいこと、さらに十人いればその分だけの状態像を示すため、実態を把握するのが難しく（中略）そこで体系的なアセスメントが必要となります。アセスメントを行うなかで、情報提供の役割を担うのがテストやチェックリストになります。（中略）つまずきの背景には認知（情報処理）過程、つまり、情報を「受け止め、整理し、関係づけ、表出する過程」のどこかに十分機能しないところがあるからといわれています。このような子どもたちの内側で行われているはたらきに光をあてるのが"心理アセスメント"です（海津亜希子 2002「使えるテスト・チェックリスト」『LD & ADHD 4 月号』: 62-65）。

　このような手続きは「教育的診断」や「教育的アセスメント」と称され、「校内支援体制」及び「専門家チーム」との連携を行うシステム構築には欠かせない技能とされた。また、教育相談、巡回相談、特別支援教育コーディネーターなどが要請される専門性として「カウンセリング・マインド」をトレーニングする機会も与えられた。
　児童生徒の特性把握の次は、授業の実践である。学習空間の「構造化」や行動を抽出し分解することが必須とされ、「スモールステップ」「トークン・エコノミー」などの用語が頻繁に使用された。講義の内容も行動療法や応用行動分析に基づくものが大半をしめ、それらの領域が専門であるとされる講師の講義を多く受けることとなった。授業の目的には、「社会的スキルの獲

得」が主題とされることが多かった。「統計的考え方」を身につけ、実際にデータを取って調べる姿勢や、客観的判断基準、数値化・可視化の重要性、「エビデンス・ベースド」といった基本理念が徹底的に指導された。以下は、LD、ADHD、高機能自閉症の指導方法として文部科学省のHPで紹介されるものの一部である[6]。

【LD 指導】
　具体的指導方法については、調査研究協力校や国立特殊教育総合研究所等における研究が参考となる。まず、調査研究協力校における研究では、学習障害児又はそれに類似した児童生徒に対する指導方法として、学習障害児等が興味・関心を持って授業に参加できるような指導や、達成感を持てるような指導が大きな効果を上げたことが報告されている。具体的には、困難のある能力を補うための教材を用いた指導、スモールステップによる指導、自信をつけさせたりやる気を持たせることができる指導、同一の課題を繰り返して実施する根気・集中力を養う指導といった例が挙げられている。
『学習障害児に対する指導について（報告）』（平成 11 年 7 月）

【ADHD と高機能自閉症への指導】
・社会生活を営む上で必要な様々な技能を高める（ソーシャルスキルトレーニング）。それらは、ゲーム、競技、ロールプレイ等による方法が有効である。
・通級指導教室での自信と意欲の回復を図る（スモールステップでの指導等による）。
・学習環境を本人に分かりやすく整理し提示する等の構造化する。
・問題行動への対応では、行動観察から出現の傾向・共通性・メッセージを読み取る。
・問題行動への対応では、問題行動は表現方法のひとつとして理解し、それを別の方法で表現することを教える。
『今後の特別支援教育の在り方について（最終報告）』（平成 15 年 3 月）

　これらに加えて、コーディネーターとしての連絡調整や関係構築や合意形

成を行う技術なども専門家として求める能力であることが示された。限られた時間、空間、校内委員会や専門機関との連携におけるケース会議などで、いかに効率的に会議を促進するかが重視された。そのための効果的な「マネジメント」やワークショップのプロデュース力などのビジネスモデルが参照されていた。

　これらの研修を通じて筆者は、「教育とは何か」「教師とは何者か」の問いに対し、教育とは、個々の教育的ニーズを探索し、個々の発達に応じた支援を行うことで個体を変化させることが目的であり、その行為を科学的知見により行う存在が教師である、との回答を得た。「プロの教師」は、学校現場で生起する種々の問題である障害の特性を的確に見抜き、迅速に解決できるよう対応策を策定する。研究所で学んだ筆者が構築した理想的専門家像は、以下のようにまとめられる。①（狭義の）科学的・分析的視点（客観的、定量的、演繹的）を持つ、科学者的姿勢。②脳機能を初めとした医学的、生理学的観点を持つ医療者的姿勢。③カウンセリング・マインドを持ち、相談業務をこなせる、心理療法家的姿勢。④知能及び発達検査が実施でき、児童生徒を発達的観点から捉えることのできる発達心理学者的姿勢。⑤危機管理や安全維持、問題解決のための校内における人的資源の調整や関係機関との連携、といったマネジメントができる管理・経営者的姿勢。

　この理想的専門家像は、当時の筆者の目指すべきものであり、求めていた姿であったことに疑う余地はない。当時の筆者には新鮮で魅力的なものであった。一方で、これらの姿勢に対して葛藤し、抵抗する様子も表れていた。

2　抵抗する専門家像

　次に提示するのは、同年5月28日の講義後のメモである。比較的研修早期の記述であるが、障害名の使用について疑問を持ったことを記している。障害名をつける行為について思索していたことが読み取れる（下線は強調のため今回引いたものである）。

　　今回、いわゆる軽度発達障害児と呼ばれている児童生徒と接する機会をもつことで、自分の中で、大きな疑問が生まれた。彼らは、<u>私が考えていた以</u>

上に「昔からクラスにいたちょっと変わった子」だった。何のために診断名をつけるのか？障害という言葉が持つ、メリットとデメリットを考えた。確かにそういった児童生徒を教師が見過ごしてきた観は否めない。軽度発達障害児に対する理解があれば適切なアプローチが取られ、自己肯定感をしっかりと持った充実した学校生活が送られたかもしれない。しかし、問題のない子などひとりもいない。どの子も多かれ少なかれ問題を抱えている。いわゆる「普通の子」などいるのだろうか？軽度発達障害を理解するにあたり、自分自身に置き換えることで障害を身近に感じることが良く言われる。これは大変効果的であり、自分自身も思い当たる部分が多く、「〜的体質」として誰にでもある要素と考えることができた。と同時に障害という言葉について改めて考えさせられた。つまり、極端にいえば、問題を抱える子すべてに軽度発達障害があるように見えてしまうとも思えるのである。違い（境界線）は何か？「社会的に適応できていない」とはどういうことなのか？（中略）これらの問題は、教師側のアプローチが変われば解決する場合がある。要は、障害があることによっておきる二次的な要因（二次障害）がうまく克服できれば問題は少なくなるということなのか？ならば、障害という診断名をつける意味は？メリットとして、本人・親・教師・周囲の人が納得できることが挙げられる。特別な支援が受けられる。デメリットは、障害があるということを受容せねばならない。周囲から障害として特別視されることに耐えられるか？周囲を啓発していくことで何とかなるのか？なんでも障害のせいにしてしまうことで、努力する機会がなくなるということも起こり得る。教師の対応の問題が障害として認識されてしまうのか。「軽度発達障害」という言葉は、両刃の剣と考える。安易に使うべきではないのかもしれない。障害と考えず個性と考える。教師の工夫次第で問題が解決するのであれば障害という必要があるのか？まさか周囲に「この子は軽度発達障害なんだから、みんな理解してあげてね」と言うのか？障害に応じたマニュアルよりも一人ひとりに必要なアプローチを考えることが大切であり、子ども一人ひとりを見ずに、障害名を見ている教師が増えると問題である。障害名をつける必要がどこまであるか？要は、教師の適切なアプローチでも対応できない場合に医療的な観点が必要になってくるということか。その判断が難しい。何をもって適切

なアプローチとするのか？判断は誰がするのか？

　教育としての「適切な関わり」の判断や、障害名をつけるという行為に対し、筆者が疑問を持つ様子が伺える。このような懐疑が生じた時期に、これまで筆者が考えていた専門家像とは異なる価値観との出会いもあった。当時の重度重複研究グループの講師陣から紹介された、いくつかの書籍である。特に、以下に挙げる津守真の『保育者の地平』(1997) と鯨岡峻の『関係発達論の構築』(1999) は、最も影響を受けたものである。

　　〇子どもは、刺激－反応の鎖のひとつでなく、自らの内なる課題をになって行為する存在である。保育者も、反応を期待して刺激を与える一つの点ではなく、他者と自分との存在の本質に接して現実に生きる者である。子どもの内なる課題に気づき、それにこたえて行為するとき、大人と子どもとの関係は創造的に変容しはじめる（津守 1997: 89）。
　　〇医者が専門性の権威を主張したならば、母親は自分の判断に不安をもち、動揺しただろう。分化した専門科学や、制度に支えられた専門が力をもつ現代においてはこういうことが起こりやすい。毎日の生活の全体を、生きた力動的なものとしてゆく保育の仕事が、単なる雑事とみなされ、その専門性が見失われる傾向にある。（中略）保育者が自らの保育を他の専門に従属させて、生きた生活をつくり上げるという保育の高度の専門性を認識しない。（中略）保育は、相手が自らのアイデンティティをつくり上げるのを助ける仕事である。保育者とは、それを引き受けることに自らの人生の意味を見出す者のことである（前掲書: 103）。
　　〇保育者は、子どもとかかわるとき、それまでの自分を転回させて、新しい自分となって子どもに向き合う。そうでないと、それまでの自分にひきずられて、自分とは異質な子どもとかかわることができない。私共は、この子はこういう子だという偏見や知識を持っている。（中略）子どもとかかわるたびに、大人も自分自身を変えられるのが保育の場である（前掲書: 211）。

　　〇行動科学的発達研究は乳児の機能的装備に注目して運動機能の発生時期

とその順序性を調べ、それに関する事実を配列して運動発達を考察してきた。しかしこの種の研究は、今見たように、一人の子どもが養育者＝母親の丁寧な関与のもとに成長してゆくという事実を解体・捨象し、そこから運動機能だけを切り取ることによって初めて成り立つものである。（中略）部分への抽象化、捨象化は、科学的方法が取る一つの迂路としては当然あってよい。しかし、例えば「おすわり」の意味は、そのように抽象化された乳児の運動発達系列内の意味だけに限局されるものではないのである（鯨岡 1999: 107）。

○従来の発達理論は、周囲他者からの影響を個体発達の副次的要因としかみなしてこなかった。これへの批判的反省を踏まえて、子どもの発達が個体能力の発達ばかりでなく、周囲他者との関係の広がり、深まり、変化してゆくことによる生活世界そのものの再体制化過程であり、それがまた自己性のありようへと結晶化してくる過程である…（前掲書: 230）。

　これらは、当時筆者が出会った科学的専門概念を駆使する専門家像とは別の専門家のあり方を考える機会となった。記される理論に触発されるのは、これまでの筆者の持つ経験によるところが大きい。研究所で学んだ理想的専門家像では、自らの経験をうまく説明することができないと感じていたからである。特に専門概念で説明する世界と自身の経験のズレである。これらの書物を目にしたことで、いわゆる抽象概念と筆者自身の世界との乖離を言葉にする機会を得たことが大きな喜びとなった。匿名的な機械的関わりではなく、眼前の子どもとの間から生じる「関係」を手探りしながら紡いでいく姿勢こそが目指す方向性なのではないか、と思索するようになる。個々の経験を記述し、省察することで自身が囚われる「子ども像」を更新し、「理解」に繋げる方法に関心が向く。子どもの主体性を重視し、自身の接近の仕方に疑問の目を向ける態度を持つことは、誰が関わっても同じ一貫した指導体制で要求される「顔の見えない専門家像」への反発であった。国家的政策の規範やそれを推進する専門家集団との関係の中で、抵抗する姿勢が形成されていたといえる。

　研修の最後には、研修の成果をまとめた論文形式の報告書を作成し、研究所内で全講師及び長期研修員の前で発表が行われる。筆者の場合は、所属自

治体の研修会にて発表することも義務付けられていた。以下は、次年度に大学や研究所へ長期研修に赴く教員に対して行った、所属自治体の教育委員会主宰の研修報告会における発表メモの一部である（下線は強調のため今回引いたものである）。

　一年間の研修を通して自分が気付いた点について述べたいと思います。私が研修を得て学んだと感じることはたくさんありますが、特に重要だと感じた３点について述べさせていただきます。一点目は、「専門性とは何か」ということです。私は、知識や技術を身につけることが専門性を高めることだと思っていました。しかし、それだけではないことに気付きました。知識や技術は道具ですから、使い方を間違えれば相手を傷つける凶器になるということも、実地研修の場や自分自身が当事者になることで学びました。何のために知識や技術を得るのか、使って自分がどう関わりたいのかをしっかり考えなければならないと思いました。それは、子どもが知識や技術を身につけることも同じではないでしょうか。そして、個人の知識による専門性には限界があるということがわかりました。（中略）
　二点目は、「過程（プロセス）を大切にする。」です。今までの自分の視点が、結果や評価に偏っていたのではないかということです。私は、これまで子どもや人に接する時に評価的に物事を見ることが多かったと思います。あの人はこうだとか、子どもができる、できないという結果ばかりを気にしていました。そして、私自身が子どもや周囲からの評価を何より気にしていました。教え伝え、結果を出す、評価する、ことは大切であります。しかし、そこばかりに視点が行き過ぎ、人や自分に対してまでも評価的にしか見てこなかった。偏った視点に立っていたということに気付かされました。今では、その結果に至った過程が重要だと考えるようになり、過程の中で、何を感じ、何を考えたかを振り返ることが大切だと思うようになりました。（中略）
　三点目は、「人を変えようと思わないこと」であります。私は、報告書に特別支援教育を推進していくためには、教員の意識を変えることが大切だと書いています。しかし、自分自身が体験し、実際に人が意識を変えることは、大変苦しいことだと分かりました。それが、周囲から要求されて行われるの

ならばなおさらです。本当に自分自身が意識を変える必要があると感じたときに人は変われるのかもしれません。（中略）同じ物事でも捉え方を変えることで自分の感じ方も変わるのだということがわかってきました。これまで他者にあると思っていた自分の行動の原因が、実は、自分自身の中にあったと知ることができました。これまでは、問題の所在を他者に求めることが多かったように思います。しかし、自分の感じ方次第で自分の行動を変えることができることが分かってきました。また、同じ物事を他者がどう考えているのかを聞くことが大切だと思うようになりました。自分の主観も大切ですし、他者が同じ物事をどう捉えているかを受け止めることも大切です。このことが自分を変えようとする意欲に繋がると考えます。人を変えようとする前に自分を変えることが必要かもしれません。（後略）

　発表の際、聴衆に対し、最初に内容を整理し、数量を明示して見通しを持たせる、内容を簡潔に提示するなどの方法は、まさに研修の成果であり、筆者が研究者／専門家として鍛えられた証拠といえる。発表を卒なくこなす能力も専門家としての要求される技術である。こうして筆者は、研究能力のある専門家教員として形成されていく。一方、内容については「教師の意識改革」などの言葉がなくなり、子どもや教員への志向よりも筆者自身の変容に関心が向いていることが読み取れる。研修期間を通じて、大きく視点が変わったと考えられる。理想的専門家像の前提を踏まえながらも、異なる専門家像を構築している様子が伺える。

3　現在から見て第3期に捨象されていると思われること

　自らが学んだ知識がどの学問領域から発生し、主に使用されているかを俯瞰できるようになると、障害理解に関する知見は、そのほとんどが医学と心理学の概念であることに驚かされる。講師の多くに精神科医師や心理学者が多いことも影響するであろう。当時の研究所の求める専門的知見の多くが、医学・心理学的であることに疑う余地はない。研究所に隣接する久里浜養護学校が自閉症に特化した筑波大学付属学校となり、TEACCHプログラムが採用されたことや、教育環境の構造化が盛んに勧められる様になったこ

表 1-5　第 3 期の主体形成の要件

理想的専門家像
- 専門概念による単純性、明確性、説明可能性
- 合理的思考、効率的思考、効果重視、因果関係による問題解決
- 仮説演繹的、目的性、計画性、収束性
- 固定的、静態的、理性的
- 安心／安全、安定、秩序維持
- 統制可能性、操作性
- 論理的思考、分析的思考（物事を秩序立て、整理。言語化／可視化し、説明）
- 中心性、自立性、自律性、主体性
- 望ましい方向への発達／発展／開発への寄与

自己像へのその他の影響
- 感覚的、不可視性
- 個別性・固有性・一回性
- 解釈性
- 実存主義的人間性
- 機械化された関係性への不全感
- 既存知見への懐疑（過度な科学主義への批判）
- システム／プログラム／マニュアルによる思考の省略への疑念
- 非主体性・匿名性への批判
- 他者の客体化や対象化に問題を感じる姿勢

現在から見て捨象されること
- 障害当事者主権回復運動の知見
- 社会構築主義的障害観
- 教育の医学・心理学偏向への疑念
- 曖昧模糊、矛盾、混沌、葛藤
- 周辺性、境界性、開放性、拡散性、流動性、動態性、複雑性、不安定性、不確定性、不明瞭性
- 専門家に頼らず、自ら対処する姿勢（エンパワメント）
- 専門家による権力性、支配や暴力の可能性
- これらを包括する全体性

となども心理学的（特に行動療法）指導が推奨されるようになった背景にあると思われる。しかし、全講義中、我が子が障害者である大学教員の話が 1 講義あったものの、当事者の講義や障害当事者がどのような経緯で権利を回復する運動に身を投じ、差別と戦ってきたかの歴史的経緯を学ぶ機会は全くなかった。例えば、ICF モデルを学ぶ際も、「医療モデル」「社会モデル」の

概念は一切使われなかった。勿論、環境因子の重要性は指摘されるが、杉野（2007）が示すようなWHOでのICIDHの問題点やICFに至る紆余曲折については、全く語られることはない[7]。つまり、人文・社会科学分野における様々な学問領域が混交するはずの「教育」において、哲学、社会学、政治学的内容については、一切排除されていたといえる。石尾（2008）は、障害児教育専攻の学生であった4年間、大学講義において「障害学」という言葉を全く聴いたことがなく、「社会モデル」の視点を見つけることも難しかったと述べている。このような教育実践の場における学問的検証に医学・心理学的概念での（狭義の）科学的説明が重視される傾向は、教育の医療化問題に相応するが、日本でも例外ではないことが改めて見て取れる[8]。

　障害児学級の担任だった宮崎（2004）は、障害児教育に携わる教師は、自分の全人格、全人間性を傾けて子ども達と向き合わないと、子どもが人間総体として変化する実態に太刀打ちできないと述べ、輸入ものの実験箱的訓練や療法をマニュアル通り与えるような関わりは、教師が主体的に関わる態度やその力量・感性を喪失させていると嘆く。宮崎は、専門家任せになることや、教師が子どもの「障害」部分のみの専門家になることに警鐘を鳴らす。小学校教師である岡崎（2011）は、専門家の講師たちによる分かりやすい現場向けの説明は、様々な個性や多様性の持つ混沌とした現実に対処できなくなった教師の価値観を、一定の方向へ収束させる効力があると批判的に述べている。

　これらの議論を勘案することは当時の筆者からは想像も出来なかったことである。筆者にとって重要だったのは、周囲から評価されるであろう理想的専門家像と、そのルサンチマンとしての専門家像である。専門家支援の問題点については全く考えにない。そこからは、曖昧さや混沌とした流動性及び不確定性は、明確に整理するべきものとの発想しか生じない。故に、支援－非支援の境界性や暴力性、相互性、複雑性、矛盾といった問題意識も想定されていなかったといえる。

第6節　特別支援教育専門家の主体形成④
（第4期：2000年代後半〜 理想の専門家像と逸脱する教師）

　研究所での研修は、筆者の立場を一変させる。現場復帰後、重要な役職に就き、1年間の研修に赴いた経験のみで、自身よりも年齢が高く、もしくは経験豊富な同僚を相手に、組織運営や学習指導について発言する立場になる。自身の子どもへの関わりや発話も専門的知識があるとの態度で行うようになり、保護者や同僚らもそれらの「新しい専門知識」を期待していると認識する。校内における中心的存在として自他共に認められていると感じ、周囲との関係における振る舞いが、自身を専門家として定位させる。

　筆者は、そのような立場を望んでいなかったわけではない。自らの発言に人々が耳を傾け、賛同されることは心地良く、優越感に浸れた。筆者は権力性を帯び、国が定める理想の専門家像のレール上を順調に進んでいたといえる。指導計画等の徹底した客観的記述には抵抗を感じていたが、そのような記載が望ましいとの共通理解が現場にあると判断し、研究会などで実践を示す際、行動を中心に記述し、仮説を立て、実践、検証するといったスタイルで話をする。発達検査を行い、子どもの様子を分析的に説明する機会も生じ、筆者が個別の指導計画について校内研修会にて発表した内容では、行動療法を模倣した指導法を列挙し、専門用語が多く使用されている。

　当時の筆者は、このような方法や言葉を使うことが研修会や職員会議などのフォーマルな場面で説得力があると考えていたと推察できる。「賞賛する」「言語化」「プロンプト」などの専門用語の濫用や「即時フィードバック」「徹底して〜しない」などの方法は、専門的知見を有する存在としての自己顕示であり、専門的知見が権力性を有すると自覚しての使用である。また、当時の筆者は、禁止事項を増やしたくない、と考えていたようであるが、結局は、児童の行動統制に関心が向いている。学校環境に適応すること、できることを増やして自立的な生活に近づけること、が望ましい教育的関わりとの発想に基づき、相手を対象化し、変化させることに価値を置く。既成の専門用語と決められた手続きの反復により、児童生徒や周囲と関係構築する様子が伺え、機械化した教師像が垣間見られる。

しかし一方、同時期に当該児童の行動を優先し、秩序逸脱を容認していたことも記録されている。毎日つけていた実践記録では、筆者が試行錯誤しながらも、秩序維持より児童の要求を認める様子が示されていた。筆者の勤務校では、隣接する医療施設との関係により、理学療法や作業療法（以下、それぞれ PT ／ OT と表記）の時間が急に入ることがあり、該当する児童生徒が授業を途中で抜け、施設に戻ることになる。自閉的傾向があるとされる児童が、予定外の行動に対し戸惑い、自らの頭を叩くなどの自傷行為で怒りを露にする状況もあった。毅然とした対応を求められる一方で、保護者との関わりが希薄な環境で生活する児童が、自らを受容される経験やそのような存在との関わりが少ないのではないか、と感じることもあり、対応を苦慮していた。理想的対応ならば、訓練に行く方法を考えるべきなのかもしれないが、各児童の背景から、その要求を受け容れる方針を採ることも多かった。関係機関の専門職員との関係、及び予定通りに行動するという教育的配慮と、担当児童の思いを汲み取りたいとする考えの中で、筆者は葛藤する。また、歩行練習において、授業に間に合うことよりも、当該児童の主体性を重視する方針をとったことも記録されている。筆者が秩序維持を行わずに指導を継続できたことは、筆者の校内での立場が、周囲から高い専門性のある教師と認識されていたことと無関係ではない。筆者は、周囲の教師との協調よりも自身の方針を優先させていた形跡があり、権力性を帯びた自己像を持ち、傲慢であったとも言える。

　記録から第 4 期当時の筆者がどのような主体として形成されていたのかを示す。まずは、フォーマルな場面に見せる専門家像である。これは、理想的な専門家としての主体形成の流れといえる。第 3 期に引き続く価値観を保持し、組織内での主要な役割を遂行し、教師集団の中心的存在としての姿である。専門用語を駆使し、講師をするなど他の教師を導く役割を身に纏うことで、専門家としてのより強固な主体形成が促進されている。一方、組織の秩序逸脱も厭わない態度も見せる。児童の要求を聞き、併設する病院で行われる専門職の施術に行かない選択肢を受け容れ、他の教師の授業に間に合うための移動を行わない。教師の指導の在り方として問題があり、理想的教師とはいえない。これは、学校の秩序維持や教師規範との関係の中で、理想的専

表 1-5 第 3 期の主体形成の要件

理想的専門家像
・専門用語を駆使し、客観的記述を行う ・一貫した指導 ・新たな検査法を習得するため研鑽を積む ・校内外研修会を企画運営 ・校外研修会にも積極参加
自己像へのその他の影響
・行動の修正ではなく、意味を解釈する態度 ・主観的解釈の重視 ・記録をとり、指導法について自問する ・秩序逸脱の容認 ・権力作用への関心 ・脳機能に還元しない
現在から見て捨象されること
・成果を求めない姿勢 ・混乱や葛藤 ・権力性への問題意識 ・教員間連携

門家像の反発として形成された姿である。その後筆者は、過剰な秩序維持の力が校内に働いていると考えるようになり、教室における監視に通じるような指導に強い不満を経験する。

このように筆者の主体形成は第3期同様大きく二つの側面があり、特に秩序逸脱を認めていることを鑑みると、第3期よりむしろ二側面の乖離が顕著であるといえる。では、第4期において捨象されることは何か。まずは第3期にも挙げた、専門家／教育者として成果を上げるという態度を継続している点である。筆者は、当該児童がPTやOTに行くことが良いとする価値観のもと、彼が訓練にどうすれば行くかとの目的に沿って、関わりを展開している。そして、結果的に彼が訓練に行き、嫌がることがなくなった経緯をこれまでの関わりの成果であると考える。この観点からは、混乱や葛藤を是とせず、因果関係や問題解決に志向し、秩序や評価を求める態度が透けて見える。畢竟、筆者は二面の専門像を使い分けながら、学校組織の中で生きるためにそれらを「非」として捨象してきたと言える。

もうひとつは、権力性についての問題意識である。筆者は、児童の気持ちに対して配慮を優先した結果、組織内の秩序を乱している。このような筆者の行動は、周囲の教師へ周知しており、筆者が必要と感じる以上の秩序維持を重視しなくなったことを示している。しかし、それは同時に、同僚教師との協働関係に亀裂を生じさせることとなる。そのような態度を筆者が取るようになった背景には、専門家主体としての権力性への自覚があり、その効力を発揮して自身の正当性を主張していたと考えられる。

第7節　障害支援の「専門家である」こと

1　主体形成の要件と専門性の整理

　筆者が専門家として形成される過程のこれまでの考察から、明らかになったことをまとめる。大きく整理すると以下の3つの特徴を示すことができる。

①専門用語を駆使し発話する、行為主体
　筆者は、専門概念を覚え、それらを用いて子どもたちと関わり、周囲の大人にも提示し、発表し、行為することで、専門家として主体形成されている。〈私〉はまさに「私の専門は……です」と言葉を発することで、自らを専門家として措定する。その真偽について、周囲からの反論は困難である。この自らの行為を自身で示し（自己指示的）、行為を証明し（自己立証的）、論駁不可能な発語は行為遂行的発話とされ、発話そのものが行為となる（オースティン，J. L. 1960/1978）。このように専門家という主体は、所与の主体による知識や経験の蓄積から必然的に作られるのではなく、パフォーマティブに結果的に構築されるのである。
　バトラー（1990/1999）は、日常的な身体の身ぶりや動作や多様なスタイルの反復行為による「身体的な様式化」が、永続的にジェンダー化された自己という錯覚をつくりあげるとする。つまり、行為による主体化である。例えば、研修成果を発表する行為は、専門家として主体化するための関門であり、通過儀礼としての割礼ともいえる。痛みを伴い、避けたい経験ではあるが、それを遂行することで、言語により論理的に説明できる理性的存在とし

ての「一人前の専門家」と自他共に認められるのである。同時に、曖昧さや主観性、漠然とした感覚的不明瞭性は余分なものとして捨て去られる。そこで、名前を呼びかけられ、自らを名乗り、専門的知見を提示し質問に応答する。時には厳しい指摘もされ、最後に拍手を受けるという洗礼を浴びることで専門家に近づく。そしてそれは、理想的専門家像という鋳型に流し込まれ、権威に服従することでもある。定められた目的に対し、専門性を発揮する従属する主体として形成される。権力に対する疑念や組織への反抗的態度はその時抹消される。

　②両義的態度を持ちつつ関係を作る、矛盾する主体
　筆者は、同時期に相反する思想や態度を求めており、常に矛盾を抱えていたといえる。現象を明らかにするために分節し、概念を用い説明する専門家になりたいと思う反面、医学・心理学的傾向へ不満を持ち、そこから排除されるものにも目を向けたいと考える姿勢も有している。学校の組織運営や秩序維持を遵守し、合理的に処する態度を見せるが、一方で秩序逸脱を厭わない一面も持つ。このような二律背反の動的錯綜を、存在が本質的に内蔵する両義性だと述べるのがメルロ＝ポンティである（メルロ＝ポンティ，M．1945/1982）。我々の行動というものは、唯一の動機や説明が認められるものではなく、現実の人間生活は、多義性から逃れることはできない。両義性とは、単に曖昧にしてごまかすことではなく、人間が矛盾や曖昧さを抜け出すことができずに生きていることについての厳密で明確な意識の表現でもある（加國 2012）。さらに筆者の矛盾の一部は、権威ある科学的態度に対する反動として生じた「反転図形」でもあり、メルロ＝ポンティのいう可逆的関係であるともいえる。

　③権力に抵抗しつつ権力を纏う、一貫しない主体
　筆者は、常に〈私〉という一貫した存在ではあるが、その内実は一貫していない。他の教師を啓蒙したいと考えていたが、相手を変えることの傲慢さなどを配慮するようになり、その立場への執着が薄れる。一方、自己顕示や権力への憧憬があったことも認めざるを得ない。筆者は、時期／場面／立

場によって使い分けている。第2～3期において、科学的態度を専門家の資質として第一と考えていた態度は、第4期には使い分けられる一側面となる。これを同一性に帰してしまう暴力を回避するならば、〈私〉は自己の不安定性に向き合わざるを得ない。

　本節での筆者の主体形成における要件を整理すると以下のようになる。
　(1) 理想の専門家像
　障害は、特別な事象や問題の要因であり、個々人のニーズとして還元する。障害に対処するための専門的な知識・技能を有し、合理的思考で効率的・効果的に問題を早期に発見し、解決する。仮説演繹的であり、普遍的・一般化された概念を用い、部分に分割し、精緻に秩序立てる。言語化・定量化にて整理整頓され、単純性、明確性、説明可能性など、理解しやすいことが重視される。固定的・静態的、閉じた態度であるともいえる。社会に順応する望ましい方向への障害児者の発達／発展／開発への寄与が目的とされる。最も制度化された存在であるといえ、背景に権力を有し、学校組織の安全・安心を守り、秩序維持のための統制を行うことが役割となる。【キーワード：専門概念の使用　静態的／固定的関係　統制可能性・操作性　秩序維持　権力の行使】

　(2) 理想的ではないが筆者が志向する専門家像
　社会性・関係性を重視し、感覚性・不可視性を捨象しない。個別性・固有性・一回性を重視し、ゆったりとした時間の中で、目の前の子どもと向き合いながら手探りの関わりを行う（実存主義的人間性重視）。その際、常に意味解釈を行い、反省的に解釈を更新していく。しかし、その態度は目的的、問題解決的であり、理想とされる専門家像とは別の目指すべき子どもとの関係が、専門家に求められる。反権力的（秩序逸脱の容認など）である一方、権力性について関心がある。子どもや保護者、同僚との関係に影響を受けて形成された存在であるといえる。【キーワード：自己内省的　対象化／客体化・普遍化／一般化への懐疑　意味の解釈　反権力】

(3) 現在から見て、当時捨象されていたと思われることの一部
　障害当事者による主権回復運動の知見。社会構築的障害観。互恵性や有用性を伴う教育的効果への懐疑。教育における医学・心理学偏向へ気づき。矛盾や葛藤、複雑性、不安定性や不確定性など、学校の安全安心・秩序維持にとって邪魔になる要素。異なる価値観や他者性を受容する開放性。専門家存在がもたらす権力性、支配、暴力の問題性。【キーワード：障害の社会構築性　専門家の権力性　支援／被支援の関係性　互恵性／有用性の問題　矛盾／葛藤　複雑性／不安定性】

　これらの特徴からは、主体の不安定性が示され、主体存在の前提という固定観念の脆弱性が露となる。〈私〉とは、その統一できないもの（非同一性・他者性）を否認することで、首尾一貫した自己同一化を維持しようと図る。しかし、その他者性こそが、擾乱を引き起こし、主体を再構築する契機を与える。バトラー（1990/1999）は、権力作用による主体としては従属されることのない、女装などのパロディや反復の失敗、奇－形（de-formity）こそが、権力や規範を批判する抵抗力となる「agency：エージェンシー（行為主体）」であると述べる（バトラー 1990/1999: 248）。自らを専門家ならしめているものは何なのか。どのような規範に呼びかけているのかを考察し、それに反する存在を認めること。また、それらから捨象された存在にも目を向けてみること。それらはつまり、他者との出会いを意味する。その出会いを通して専門家としての自己と向き合うことが、自らの倫理への問いに繋がる。他者と向き合うことは痛みを伴うが、苦痛のない「責任」はない。主体形成は、抹消、克服、保存が同時におこなわれる過程（止揚）であり、止揚は生産的な破壊である（サリー, S. 2003/2005: 220）。
　理想とされる障害支援の専門家像は、安定しているように見えるが、実は他者を喪失させたあとに成立する不安定な主体である。専門性が、ある方法に特化して世界を切り取ることであるならば、多様な世界の記述の仕方を捨象し、視野狭窄に陥ることに繋がる恐れもある。深奥な洞察や探求より事象を理解し、ある秩序だった体系を新たに作ることは有益であろう。問題は、それがあたかも「真実」であるかのごとく錯覚することや、自らの方法が唯

一であると妄信し、他の方法は劣ると思い込む態度である。これが自らと相手の間に専門家／素人とする境界を作り、非専門とされる被支援者の主体性を奪い、無力化することに繋がる。専門家意識は、自らの領域を同定し、そこにとどまり続ける主体を維持しようとの努力を要求する。自らを主体として置く場所の分析は、自己との関係を見直し、自身を作り上げているものが何かを知ることである。つまり、「専門家である」ことは、自身がどのように「ある」ことに価値付けられているのか、に向き合うことが前提となる。特に、「障害」という他者に触れる障害支援の専門家にとって、他者との出会いは不可避である。しかし、捨象した事柄に目向けるこれまでの考察から、筆者は他者性を避け、十分に「障害」という他者と向き合えていなかったといえる。

2　研究論文という呼びかけ

1970年代にイリイチ（1978/1984）は、やがて到来する脱専門家時代を予見したが、40年経った現在、実現しているとは言い難い。むしろ、専門家称揚の時代である。本章では、専門家とは誰かを再考する機会を提起するため、自らの過去に遡及的に向き合い、専門家としての主体の行為遂行的生産にどのような過程が生じるのか、という一人称研究の事例提示を行った。自己の反省性に関心を向け、他者とのつながりを通して関係の中で形成されてきたこと、権力の形式により保存されたもの、排除されたものを整理することで、専門家としての自己の解体を試みること、倫理的態度を模索しながら新たな主体形成を試みること、筆者が他者への言葉を通じて読者に語りかけること、などにより、日常における批判的自己の実践を試みたが課題もある。

　私による自分自身の説明は部分的なものであり、私がいかなる決定的な物語をもたらすことができないものに取り憑かれている。主体は、自分自身の出現の根拠を完全に示すことができない（バトラー, J. 2005/2008: 215）。本章で示された主体も、ある合理的手続きの形式のもと作られたに過ぎない。つまり、この主体形成よりこぼれ落ちたもの、放棄されたものがあり、それが何なのかとの問いと新たに向き合わねばならない。"私が現にそうしているように自分自身について真実を言うのは、部分的には、私に対して行使さ

れ、私が他者に行使するいくつかの権力の諸関係を通じて私が主体として自らを構成しているからなのです"とフーコー（1983/2001: 325）が述べるように、倫理的要求は、権力に関わる批判的政治的問題でもある。フーコーにとって、これは開かれた作業であり、いかなる決定的形式ももちえない（バトラー，J. 2005/2008: 236-237）。自分自身が決して完全には説明できないものである以上、今後も筆者は、新たな責任との対峙を継続せねばならない。

　また、筆者が「真理」を語っているかどうかを確かめる術が読者にはないという点も挙げておく。これは、研究としての形式で自己を語る限界であると指摘されるかもしれないし、研究提示のあり方を検討する必要があるかもしれない。筆者は読者に対し、構成された自己の提示を通して、主体の解体－再生産を実践した。この実践したという行為そのものこそが決定的に重要である。パレーシアの目標は説得でなく、自身と他者への配慮に納得し、自らの生を変化させることである。つまり本章は、筆者と読者が共に自己を再構成しつつ、我々自身を歴史的な形で形成する認識のあり方や社会的制度を批判的に析出し、それらを再構成する営みである、と考えても良いのではないだろうか。自己の反省性は他者によって引き起こされるのであり、したがって、ある人の言説が他の人を自己反省へ導くのである。自己は単に、手元にある合理性の諸形式を通じて自己を検討し始めるのではない（バトラー 2005/2008: 230）。研究による論文という形式が、書き手と読み手に自己変容のための教育的な機会を形成すると考える。

［注］
1）筆者は、自身の小学生時代に特殊学級があったことをかろうじて覚えているが、関わった記憶はない。また、それ以降の学生生活において、障害と関係を持つ機会はほとんどなかったといってよい。
2）当時は、LDよりもMBD（Minimal Brain Dysfunction：微細脳機能障害）という概念が教員間では知られていた。MBDは、LDに先駆けた脳疾患による説明であるが、上野一彦（2003）によると、1950〜60年代にかけて欧米で登場した医学概念が源流であるとされる。国内では、1965年に東京にて開催された第11回国際小児科学会にて紹介された。米国では、1960年代以降、ディクレクシア（Dyslexia）やMBDなどの名称が教育分野においてLDと言う名称に統一する動きが市民権を獲得し、その教育が広まるにつれ、LDは教育、MBDは医学といった住み分けもなくなり、やがてADHDの概念が登

場することでMBDの用語はその役割を終える。国内ではLD児の保護者による「全国学習障害児・者親の会連絡会」が発足したのが1990年2月である。その年は、文部省が「通級による指導に関する調査研究協力者会議」を設置するなど、公的な動きが本格化したとされ、上野は1990年を「日本のLD元年」と述べている（上野一彦 2003: 40）。
　筆者が当時購入した書籍『障害児教育概説（三訂版）』（藤田和弘・佐藤泰正編 1997）では、脳性麻痺の項目に「学習障害（Learning Disability）の症状と類似する」との一文があるのみで、ADHDはもちろん、注意欠如や多動といった表記も見当たらない（藤田・佐藤編 1997: 146）。同年発刊の『LD児への言語・コミュニケーション障害の理解と指導』（竹田契一・里見恵子・西岡有香 1997 日本文化科学社）では、LDのタイプとして「言語性」「非言語性」「混合性（包摂）」「注意・記憶障害」と記されており、ADHDやその他の概念の記述はない（竹田・里見・西岡 1997: 4-5）。その3年後の『LD児サポートプログラム』（太田信子・西岡有香・田畑友子共著・竹田契一監修 2000 日本文化科学社）では、同様の区分の後、ADHDの項目があり、それぞれは別物であるが、多くは合併して現われるとの表記がなされている（太田・西岡・田畑共著・竹田監修 2000: 3）。1997年公刊の『障害児教育大事典』では、MBDと診断された症例の多くが注意集中困難、落ち着きのなさ、動きの多さを示しており、ADHDとして診断されていく動向となったとの記述がある（『障害児教育大事典』1997: 563）。また、発達障害の項目においては、精神遅滞、脳性麻痺、てんかんのみであったが、その後、自閉症や一部の学習障害が加えられたとあり、さらにDSM-Ⅲ、DSM-Ⅲ-Rの定義が併記されている（前掲書: 673）。この時期から多くの精神医学概念が教育現場に流布するようになったと考えられる。

3）佐藤満雄（2005）は、当時の養護学校への批判として「養護学校ブラックボックス論」「養護学校竜宮城論」などの他に、"児童一人あたりの税金が小学校の10倍も投入され、その額は世界的にもトップレベルであるのにもかかわらず、成果の見えないこと"を挙げている。当時、文部科学省特殊教育調査官であった石塚（2005）は、個々の教員の専門性のみならず、学校や地域の専門性を高めることが"結果的に、職人芸的な教師がいなくなったらレベルダウンはいたしかたないとの考えを捨てることにつながる"と述べている。

4）2012年度にも同様の調査「通常の学級に在籍する発達障害の可能性のある特別な教育的支援を必要とする児童生徒に関する調査」が実施され、似た数値（6.5%）が示されているが、その際も聞き取りは担任教師のみである。また、10年前と数値がほとんど変わらない理由については、「その分析は、今後の調査研究に委ねる必要がある」としか記載されていない。

5）研究所が2004年1月に発行した『通常の学級の先生へ～自閉症児の支援マニュアル（改訂版）～』を、そのまま5月に東京書籍から出版したものに『すぐに役立つ自閉症児の特別支援Ｑ＆Ａマニュアル　通常の先生方のために』（廣瀬由美子・東條吉邦・加藤哲文編著 2004）がある。そこでは、「プロの教師である通常の先生方にとって…（廣瀬・東條・加藤編著 2004: 5）」「教育のプロとして…（前掲書: 58）」と言った表現が見られる。また、専門家の重要な役割が問題解決であるとする講義内容も多く見受けられた。例えば、当時の研究所で講義（2004/9/15実施）を行っていた加藤（2004）は、著書で"特別支援教育を進めるために必要とされる専門的な資源、組織やシステムには、すべてに

おいてそれらを効果的で効率的に動かすための"エンジン"ともいうべき役割が必要である。(中略)この問題や課題を解決するためのひとつの方法として、「行動コンサルテーション」という方法がある"と述べ、コンサルティである教師に対するコンサルタントとしての専門家の効果的・効率的な介入による問題解決・問題予防に力点を置いた手法を紹介している。この方法は、"応用的、行動的、分析的、技術的、効果的、一般性といった概念に基づいて"おり、"問題状況を単に解釈したり、推測するだけで、具体的には何の行動の変化をもたらさないコンサルテーションには価値を見出さず、常に結果を重視する"とされる(加藤 2004: 12-14)。

6) http://www.mext.go.jp/a_menu/shotou/tokubetu/material/1298207.htm

7) 平成19年に研究所が発刊した『ICF及びICF-CYの活用 試みから実践へ——特別支援教育を中心に』(ジアース教育新書)では、筆者が研究所で学んだ内容が集約されている。ここでも、「医学モデル」「社会モデル」といった概念は一切使用されない。つまり、研究所研修は、「支援する者の専門性」に焦点化されていたといえる。その育成に「当事者の思い」や「障害者運動の歴史的経緯」を知る必要がないとは思えない。研究所が文部科学省の直轄機関であることを考慮する必要があるかもしれない。因みにこの長期研修員制度は、2007年度をもって打ち切られており、現在は行われていない。

8) 国外における教育の医療化問題に関する研究の一例として、教育史研究者のPetrina (2006)は、北米の学齢期の児童生徒5〜10%がADHDと診断され、およそ300万人がメチル・フェニデートを服用する事実に対し、教育の精神療法依存であり、教育と医療の相互依存であると述べ、医療領域によるイデオロギーと指摘する。

第2章
「関係」と「障害」の構築過程

第1節　実践研究データについて

　本節では、まず、今後の分析の中心となる実践研究データについて提示する。これらは、第3～5章にて検討する研究成果すべてに共通する事項である。

1　研究実践の場
　「子育て支援を契機とした共生のまちづくり」を着想とする大学付属施設が研究フィールドである。そこでは子育ての問題を契機に、社会的排除などの我々の生活の場全体における社会的紐帯の欠如が問題にされ、学生・社会人を問わず地域共同体に集う参加者の自己教育・相互教育を目的に、社会教育実践が行われる。具体的には、制度を活用できず行き場がない人々や（広義の）貧困に直面する人々を既存制度に繋げ、それらの人々と共に活用できる制度自体を創生する実践である。また、無関心化させられた他者を現前させることにより、自己と他者との間にある恣意的な境界を乗り越え、社会の問題を自己の問題として意識に遡上させる試みでもある。参加者は、地域の乳幼児の保護者、小中学生（障害の有無にかかわらず）、近隣大学の学生や卒業生、上記着想に基づく研究を行う研究者などで構成される。本論では、施設名を仮称で「ふれんど」と表記する。

　本研究の元々の目的は、障害支援の共同体内でいかなる関係が作られ、どのように組織化されているのかを筆者の記録から分析するものであった。障害支援の実践で「問題」とされる出来事は、どのように問題視され、そして対応され解消していくのか、そのような研究動機が、筆者が「ふれんど」に

参画した当初の目的であった。そこでの様々な関係者との偶発的な出会いが、本論の研究関心として生起する。

2 研究協力者

（※性別を明記するのは、本研究の分析過程で性別が重要となるからである）。

Aさん（以下Aと表記）：20代後半男性。週1回の活動に月2〜3回のペースでボランティアスタッフ（以下スタッフ）として参加。活動3年目となる。本人はスタッフとして参加するが、同僚からは「彼はスタッフというより利用者として認識している」との声が多く聞かれる。「彼が発達障害の診断名を持っていないことは信じられない」との発達障害当事者の意見もある。しかし、A自身は障害者と扱われることに強い抵抗を示し、医療診断も受けない。養護学校や特殊学級の在籍経験はない。筆者は、「ふれんど」を研究フィールドとするに当たって、当初からAに関心を示しており、大学教員Cと複数の関係者からAについて、「発達障害の診断はないが、おそらく発達障害であろう成人の方だ」との情報を事前に得ている。

B君（以下、Bと表記）：ボランティアスタッフのリーダー的男子学生。経験年数が長く、周囲からの信頼も厚い。子どもたちや保護者、学生スタッフから頼られる存在。

大学教員C（以下、教員Cと表記）：筆者に「ふれんど」でのフィールドワークを薦めた大学教員。「ふれんど」の運営責任者のひとりであり、障害共生部門の責任者。

Dさん（以下、Dと表記）：Aと関わりが多い、女子学生スタッフ。

Eさん（以下、Eと表記）：Aと関わりが多い、女子学生スタッフ。

Fさん（以下、Fと表記）：「ふれんど」発足当初からのスタッフ。大学院修士課程のOG。利用者の安心・安全を重視し、Aに対しては厳しい声掛けが多い。

Hさん（以下、Hと表記）：Aの関わりが原因で、参加を見合わせたとされる女子学生スタッフ。

Jさん（以下、Jと表記）：「ふれんど」発足当初からのスタッフ。障害のある利用者の保護者の代表的な存在。Aの言動に対しては受容的。

3　研究手続き

　201X 年 5 月～ 201Y 年 3 月までの 11 ヶ月間、筆者が関与する大学付属研究機関における障害のある子どもたちとの活動にて、社会人ボランティアスタッフとして参加する A に研究協力を依頼した。筆者は週 1 回スタッフとして参加し、活動終了後に A を含めた活動全般に関する経験を継続的に記録した。また、彼に時間がある際には直接話を聞く機会を与えられた。その会話は A の許可を得て録音され、文字に起こした。テクストのデータは、筆者の振り返りや A との関係構築のための材料として随時活用し、同時に研究データとして分析も実施した。また、一定期間ごとに分析の見直しを行い、新たなデータを基に解釈を修正する手続きを繰り返した。次に、201Y 年 4 ～ 6 月にかけて、A や筆者と共に働く同僚スタッフ 6 名（B、D、E、F、H、J）に、筆者の A への関わりの印象、筆者の持つ A 像やその解釈についての質問を中心とした半構造化インタビューを行った。そのデータを基に筆者の関係構築過程を再度見直し、新たな関係への展望を図るとともに、研究における再分析の機会とした。なお、A を含めた協力者 7 名には書面にて研究趣旨を説明し、宣誓書を加えた書類の手渡しを行った上で、協力の了承、論文掲載についての承諾を得ている。特に A には、分析過程での解釈を含め経過報告を随時行い、必要に応じて修正意見を求めた。

4　データ

　本研究の実践記録とは「筆者を取り巻く関係の記録」である。支援対象者を観察する記録でもなければ、筆者の関わりを内省する目的のものでもない（当初はその目的もあったが）。議論のための材料にする記録であり、「場」を記録している。一見、A さんや筆者自身にかかわりのないと思われるようなことでも、気になったことは記録する場合がある。研究のために記録したものの中から、議論の素材となったものを中心に分析を行った。

　①フィールド記録：28 日分（1 日約 900 ～ 6000 字程度、平均 2150 字）のテクスト：筆者が着目する「A の言動」「筆者自身の言動」の箇所を記述から抽出し、その部分に関する脱自的な 2 回の俯瞰分析を行う。第 1 俯瞰分析で

は、「なぜ筆者がその部分に関心が向いたか」「なぜ筆者がその言動をしたのか」について分析する。続く第2分析では、第1分析がいかなる理論背景や筆者の歴史性より導かれたかについて、その価値枠組みの開示を試みる。第1章で整理した結果は、分析の観点として活用する。これらの分析は3～4ヶ月ごとに整理し、再検討した。第1分析と第2分析は連続して行うこともあれば、同僚との何気ない会話の中から思いついた時点で書き加えたものもある。定期的に実施していた訳ではないが、解釈の比較、更新、改変を繰り返す。安易に決定することを避け、決定したものから零れ落ちる事柄に目を向けることを意識する。表2-1は、分析の一例である。掲載にあたり、研究協力者に対する不適切な表現や誤解生じる可能性のある内容について、また、Aは勿論、筆者、協力者に関する個人的な情報については、一部を省略及び改変している。

②会話記録：18回（1回約11～80分　平均38分）の逐語テクスト：会話記録、逐語に起こす過程で　①鍵と思われる言葉　②語りの背景や文脈　③私のその時の心境　の項目を挙げ、分析の手掛かりとした。表2-2は、記録の一例である。

③インタビュー：同僚スタッフ6名B、D、E、F、H、J（平均約87分）の逐語テクスト：主な質問項目は、「筆者のA像についての意見」「筆者と回答者のA像の比較」「筆者とAの関係の印象」「筆者のA解釈の妥当性」である。主として分析の第3段階に用いるため、本節では提示しない。分析の詳細は第3～5章で示す。

第2節　Aと筆者の関係の整理

1　Aとの関係における筆者の役割の変容

分析結果より、今後の各章で論ずる観点を提示する。人が相互交渉する際、その所属する社会の文化や規定に即した役割関係があることは知られている。例えばゴフマン，E（1959/1974）は、日常における我々の振る舞いを劇場での役者のパフォーマンスに例え、演技するかのごとく役割を演じているとする。筆者は、Aとの関係において態度変容を頻繁に行っており、それぞれ

表 2-1 俯瞰分析例

201X/6/8
【出来事】会話記録①
エピソード
会話記録1回目。場所は、普段活動している部屋。窓がない、ピアノが1台あるだけで何もない。長机を前に二人横並びになる。湿気で蒸し暑い。エアコンをつけるが、いつの間にかAさんが温度設定を20度にしていた。途中でかなり寒くなり、インタビュー中に温度を上げることになる。「ふれんど」の活動中でも頻繁に20度に設定していた。(a) これまでも、話をしてくれる機会が多くなってきたので、多少の信頼感もあるのではないかと思ったが、1回目なので話しやすい雰囲気を作ろうと考えた。話を遮ることを少なくし、とにかく話をしてもらおうと考える。たくさん話してもらい、聞くことが、Aさんが安心し、私を信頼してくれることにつながるのではないかという思いがある。(中略) 部屋の準備のこともあるので、少し早めに終わろうと考えた。 　Aさんは堰を切ったように話し始めた。何を話そうか考えていたようだった。(b) 学校の先生の話が出たとき、その話を詳しく聞きたいと思ったが、先生の批判にならないかと気になり、後で聞くことにした。どちらにしても後半の話でも先生が出てきた。その時は、直接先生に女の子のことについて、別れるように言われたのかどうか確認した。(c) つばがたくさん飛ぶことが多少気になる。話を聞く場所が近すぎたかもと感じた。(d) たくさん話してくれることにホッとしている。こちらの肩の力を抜こうと意識して深呼吸する。時々自分の身体に意識を向ける。私は緊張しているようだ。話がしばしば分からなくなり、誰のことを言っているのか混乱するが、目を合わせないようにうなずいて聞いているぞとアピールする。身体を相手のほうへ向けておこうと意識する。私は、彼とつながりたいと思っているが、ある程度、距離をとっておきたいというジレンマがある。(e) 「傷つく」「いじめる」「弱い者いじめ」などの言葉が多く出る。「弱者」については、かなり気持ちが入っているワードだなと感じた。(中略) (f) 高校時代からを含めて具体的な年がすぐに出てくることが印象に残る。「フラッシュバック」などあえて難しい言葉を使ったようにも思える。(中略) 　私が、時間が気になって時計をちらちら見ることを、Aさんはものすごく気にしているように感じる。(g) 早く話を進めようと本人がしていることを感じる。私も「ふれんど」の場所を占領していることに負い目を感じている。20分くらいで終わらせようと考えていたので、時間が気になり、話が聞き取れないことがしばしばある。話の主ном前後の文脈と内容がかみ合わない時は、なるべく聞き直した。(h) 次の話に行きそうになっていたが、無理やり終わらせてしまった。本人がすぐに切り上げてくれたのでホッとした。

分析（第1次）	分析（第2次）
(a) 出会ってから日数があるので安心しているが、話が始まるまでは、どんな話をしてくれるか心配になっている。 (b) 学校の話は興味あるが、研究としては学校教育以外の所で進めたいとの思いが私にあるので、あえて掘り下げようとは思わなかった。 (c) 身体的距離が気になるのは、自分が思ったよりも相手が近づいてくるということ。Aさんは距離感がつかめないのかと感じた。 (e) Aさんが頻繁に使う用語なので気になる。自分が辛い目にあってきたという辛さと怒りが篭っているように感じるが、違和感もある。 (f) 正確な数字が悩むことなく出てくることには驚いた。数字に強いイメージが生じた。「フラッシュバック」は自閉症の特徴で頻繁に使う言葉だが、Aさんは日常的にこの言葉を使うのか。 (g) Aさんも私と同じように場所を占拠している後ろめたさから早く終わそうと思っていると感じている。 (h) 一方的に話し出すと止まらない人かもしれないと不安になっている。こちらが制止しても、時間内に切り上げてくれるか分からなかったが、終了してくれてほっとしている。同時に意外にも思っている。	(A) 研究としてうまくいくか不安な気持ちがある。こちらの要求がどこまで通るかが未知であり、Aさんに対して協力者としての期待と不安がある。研究者としての意識が前面にある。 (A) 受容的に話を聞いて、気持ちよく話をしてもらおうと考えている。また、今後の聞き取りとの条件の提示の仕方も考慮し、聞くことに徹しようとする意図がある（研究における心理学的態度と障害に対する支援的態度）。 (C) 身体的な距離に対する違和感は、彼に近づきたい半面、少し警戒心も働いている。唾が自分に飛ぶことを不快と感じている。近すぎる距離への違和感からAさんの異質性を感じている。 (E) 先生や友達が言うのも仕方ないと思える部分もあり、共感はできない。　(中略) (F) 数字が強いこと、「フラッシュバック」という言葉から、明らかに自閉症・発達障害を想起している。 (G) 後から考えると、Aさんがそこまで配慮してくれていたかは疑問だと感じている。 (H) こちらの要求通りに話を切り上げてくれるか不安なのは、Aさんが自己統制しにくい人なのではと考えているからである。すでに障害者としてみている？

表2-2 会話記録分析例

	逐語録	キーワードと思われる言葉	話の背景・文脈	私のその時の心境
Rp.22	固く考えちゃった。そうそうそう。まああの、高校の話はそれくらいかもしれないんですけど、2010年にも似たようなことがあったんですよ。			年代を詳しく覚えているな。
In.23	2010年って最近やね。			
Rp.23	そう、最近ですよ。どこが似たようなこと言うとですね、まああの名前出せへんけど、某NさんからいわれたことですけどねNさんはT大学の学生でね、国立のね。ま、その人から言われた一番頭来たことはですね、なんていうん、ま、その人遊ぼうよっていう、なんて言ったというですね、私は彼氏がいるからですね、あのー、縁を切らなければいけないって言われたんですよ。友人の縁を切らなければいけないっていう風な言い方されてですね、それで、T大って嫌やなって思ったんですよね。そういうのちょっとね。1990年のフラッシュバックがそこに来てしまったんですよね。11年後にですね。ま10年後かな。フラッシュバックしちゃったんですよ、やっぱり。	T大 縁を切る フラッシュバック	T大のボランティア活動「つどい」の居心地が悪い話は、日常よく出る話題。「ふれんど」の比較でよく出る。	フラッシュバックという言葉は、一般的な言葉ではないと思われるが、日常的にこういう言葉を使うのだろうか？ 専門用語のように思う。
In.24	その女の子は、Aさんがすごく気に入って、彼女になってほしいと思った人なんやね。			
Rp.24	私？ いや違う、友人ですよ。			
In.25	あ、友人で。			

(Rp：研究協力者　In：インタビュイー　数字は会話のターン数)

の役割を使い分けている。それらは、意図の有無にかかわらず状況により出現し、筆者とA及び他のスタッフとの関係の均衡を保っている。以下、時間経過に伴い4つの時期に大別し、これらの役割態度によるAとの関係について3つの関係で整理する。

[第1期「関係構築のための受容と分析的理解の時期」：201X年5〜8月頃]
　筆者が共同体に新参者として加わる不安の中で、自らの居場所や役割を模索する時期である。Aの存在により、共同体内での筆者の存在意義が高まり、

筆者に期待されるものが何かを意識するようになる。期待されるであろう役割を喜びとする一方、自身の望む態度との乖離が生じ、その役割規範を邪魔にも感じる。Ａに対しては、関係構築の欲求から受容的態度で臨む機会が大半を占めている。彼の立場を想起する記述が多くみられ、他のスタッフの関わりを批判的に捉えることもある。一方、筆者との間に生まれる違和感やズレに関心が高まり、先行する知識で分析的理解を試みる姿勢がみられる。筆者は、Ａが若い女子学生に強い関心があり、また「年下は年上の言うことを聞くのが当然」との固い信念を持つと捉えている。この時期からすでに筆者は、Ａより年上の男性であり、障害支援の経験を持つことから、共同体内での彼の行動の統制役割を期待される雰囲気があると考えている。

研究目的が「支援の場の構築過程」「支援－被支援の関係」に焦点があるため、Ａを分析対象とする意向が明確でないにもかかわらず、この時期の筆者の描写及び会話の質問からは、筆者の背景にある心理学的知識がＡ理解に利用されていることが顕著に示される。例えば、Ａの女性への態度を、彼からしばしば話される母親と妹との「転移的関係」で粗描する。また彼は、特定地域の自治体首長について非常に詳しく、頻繁に話題にする。Ａ曰く「周囲に反対されても自分の意見を押し通す姿勢や強いリーダーシップ」が自身と似ているという。自らを首長当人に例えて表現する言動に対し、「投影性同一視」ではないかと記している。さらに日付を明確に記憶した過去の出来事が、ある契機に鮮明に想起すること、詳細な数値（選挙の得票数など）を正確に記憶し説明すること、相手の気持ちの推量が困難なこと、などを「発達障害」の特性として把握しようとする。新参者である筆者は、自身の役割がＡへの支援的対応として期待されていると認識し、Ａの行動要因を分析的解明できる専門家としての側面を顕示する欲求を持っている。慣れない場における筆者の不安や焦りがその背後にある。

[第２期「関係の緊密さより違和感や不安が増大する葛藤の時期」：201Ｘ年９～12月頃]

Ａと場を共有する経験が増すに従い、協働するスタッフとしての信頼関係の構築を願い、障害概念に頼らず、普段は「研究者」「支援者」的立場を隠すことを努める。また、Ａの「仲間が欲しいが周囲が理解してくれない」

との強い要望から、彼独特の「仲間」概念への接近を試みる。しかし、その固有の世界観を承認したいと望むことが、筆者の日常を侵襲する不安を生じさせ、深く葛藤する。一方、他のスタッフとの関係も濃くなることで、Aに対する不安や不満、軋轢の声を聴く機会が増える。悩みを共有する場面が増すに従い、Aから生じる彼らへの負担を軽減したいと思案するようになる。特に宿泊を伴う活動への参画が、筆者自身が共同体成員としての周辺から中心的位置へ移動する契機となり、同僚スタッフの立場でAを捉える視角が増加する。

　Aの言う「仲間」を「友人」と同義に捉える筆者は、半年前に一度会っただけの女子学生や挨拶を交わした程度の女子学生を「仲間」と称し、頻繁に彼女たちと共に催しを企画したいとする彼の言動に違和感を持っていた。また、仲間関係を親子関係の血液型で説明し、輸血に例える表現も理解できないでいた。さらには、分単位の頻繁なメール送信が繰り返され、女子学生に対して一日十数件もの妄想的な批判メールを送ることに強い不安も抱いていた。執拗な行為に対しては、筆者のみならず他のスタッフも制御を働き掛けるが、一時的な収束後再び繰り返す、もしくは相手を変えて同じことを行う事態が続き、徒労感を抱くようになる。

[第3期「Aの権力・支配欲求との対立時期」：201Y年1〜3月頃]
　この時期、Aが他のスタッフや子どもたちとトラブルを起こすことが頻繁になる。筆者も彼の主張を受け容れられず口論が増える。Aから権力への憧憬や支配欲求を感じるようになる。特に、子どもや女子学生に対し威圧的言動で関わる態度については筆者自身が嫌悪を感じ、彼から守らねばと憂慮する。場の安全・安心のためにAの行動を統制する必要があり、他のスタッフが提示するルール作りへの協力を「やむを得ない」と感じる。また、Aの要求する関係が受容できない苦悩から脱することを決意し、彼との友人関係を諦める。

　この期間では、Aを統制する「支援者」役割が多くなる。そして筆者自身は、不安・葛藤から逃れたいと苦慮する。結果、Aの世界を「私（筆者）の常識」から締め出し「発達障害」と定めることで、筆者の日常とは異なる

別世界として納得する態度をとる。これによりA世界に接近するための微細な個別的定義づけの運動は停止し、抽象概念を媒介とした関係の再構築が行われる。友人としての関係は自己防衛のため断裂するが、A世界は予測・統制可能な対象となり、侵襲される不安や葛藤から筆者は解放される。

[第4期：201Y年4月〜現在（論文執筆期間）]
　本論は、研究の分析過程でいえば、第4期に当たる。筆者自身の過去の分析データを整理、産出した仮説を、場を共有する同僚スタッフに開示し、妥当の可能性やそのズレを確認しつつ新たな解釈を展開し、筆者自身の変化を提示する。この研究の流れを切断し、その断面を研究成果の一部としたものが本論である。

2　関係の分類
①「研究協力者」と「研究者」
　筆者は、研究データの収集を主目的とし、Aを「研究協力者」と捉える。スタッフとしての役割と施設をフィールドとする「研究者」としての役割の二面性を意識し、その使い分けを行う。例えば、会話記録の収集は、長時間話を聞くことでAのストレス発散になれば、との思いで始めた経緯があるが、Aには研究協力として依頼し承諾を得ている。また、研究遂行のための協力者として配慮する意識が、受容的な態度で示される。第1期に多く現れる関係である。

②「友人・仲間」
　Aを共に活動する同僚と捉える筆者は、孤独を強調する彼の「仲間」要求に応えたいと願う。A世界の受容により「Aらしさ」を尊重し、彼の求める友人像に接近したいと努める。同時に、筆者の「友人」としての関係の在り方をAにも求める。しかし、友人観のズレに戸惑い、互いに拒否や抵抗を示す。彼の変容可能性に期待し、積極的に働きかけるが、時間経過と共に「怒り」「呆れ」「苛立ち」「焦燥感」「虚無感」が表出し、悩みから次第に「諦め」ていく。第2期を中心とする関係である。

③「障害者」と「支援者」

「障害者」としてAを捉え、彼の困難さを取り除くこと、及び周囲の環境の安全・安心確保を目的とする。これは、Aへの分析的記述が増加する第1期と第3期に多く現れる関係である。第1期では、過去の経験から自信が持てないとするA像が先行し、肯定的声掛けによる自尊感情の発揚を企図して関わる筆者の姿が頻繁に見られる。その背景には、同僚スタッフの期待に応えようと印象操作する欲求がある。筆者は、Aの行動を分析し、修正（周囲に迷惑を掛けない社会的常識の範疇に収まる行動）を期待される「支援者」としての役割要求が、自らに対してあると捉えている。第3期では意図的にこの態度を創出する。

3　3つの副題材

分析結果より、Aと筆者の関係構築に重大な影響を与えていると考えられるものを3つの題材に分節する。特に筆者が「問題」と捉えるようになる「葛藤」「戸惑い」「怒り」「虚無感」などが、今後の筆者自身についての検討への示唆になると考えられる。専門家主体として構築される筆者が、どのような陥穽に無自覚に陥っていたのか、また、その問題から新たな専門家像への手掛かりにどのように繋げるのかについて、以下の副題材を示し、次章より検討に入る。第3〜5章は、これまでの自己分析の経緯を同僚スタッフに語り、その反応、意見、評価などをもとに再度分析を行い、解釈を更新したうえで考察したものである。

①合理的目的的関係　関係の固定化

筆者は、関係内における自身の役割や期待を意識し、組織内構成員としての立場を構築し、維持しようとする。筆者の構築するA像の意味解釈が固まっていくということは、関係も固定化されるということである。そこで、Aとの相互関係の中で筆者が専門家主体としてどのように構築されているのかを、専門家教育の観点から第3章で検討する。

②専門概念の使用

　Ａとの関わりにおいて、筆者が最も影響を受けていたのが、「発達障害」概念である。筆者は、意識する／しないにかかわらず、特別支援教育や心理学で得た知識から自由ではありえない。そこで、このような概念の使用が関係に及ぼす影響について、第4章で検討する。

③秩序の維持　規範／権力の影響

　筆者とＡとの関係構築は、共同体内の秩序維持と密接に絡み合っている。特に筆者自身が、権力や暴力性について高い関心と強い抵抗を示している。筆者は、規範／権力に抵抗しつつも、それを身に纏いながら専門家主体として成り立つ矛盾した存在である。規範／権力の作用による専門家主体形成の様相を第5章にて検討する。

第3章
相互教育における主体形成の関係論的再考

　本章では、障害支援における専門家教育、実践研究における研究者養成の観点から、生涯学習及び社会教育領域の諸理論を参照し、論究を試みる。

第1節　関係性の違いとは？

【Jインタビューより】（I：筆者）
J：聞いていいですか？村田さんとA君ってよく聞き取りしてはったじゃないですか。どんなことを聞いていたんですか？
I：何も聞いてないです。ほとんど。今日話したいこと何？って聞いたら、Aさんがダーっとしゃべって、それで終わりって感じですね。こちらが聞きたいこと準備していても、それはもう……。
J：あっ、一応聞くことは聞いて。（中略）
I：最初の頃は聞いてばっかりやったんですけど、そのうち、僕の聞きたいことが聞けないんで、質問するんですけど、Aさん、それは関心がない。気になりました？
J：そうですね。何を聞いているんかなっていうのと、一番……いい悪いは別にして、村田さんにとってA君は研究対象なのかな、お友達なのかな、みたいな。まあ、その辺は混じり合っているんやろうなみたいなところでちょっと思ってて。私もよく新しい学生さんが来た時なんかは、障害のある子ども達と出会って、これから遊んでいくんだけれども、自閉症のタロウ君（仮名）、肢体不自由の知的障害のある重度のユウジ君（仮名）、っていう捉え方ではなくて、山本ユウジ（仮名）君はこういう特色持っていて、こういう特性があるよ。こういう病気だよ。タロウ君は、

こういう感じでしゃべっているんだけど、実は自閉症って言われているんだよみたいな感じで、障害名が先に来て、そういう子達と付き合うんじゃなくて、その子どもたちと友達……一緒に遊ぼうっていう関係の中でこの子の特性を見てきて欲しいなってのがあって、Aさんもどうやって捉えたらいいのってがあって、で障害、ある意味なんだろう、なんとかなんとかっていう障害名がついたとしたら、のあるA君として付き合うのか、A君として付き合って、A君にはこういうとこがあるよね、ああいうとこがあるよねみたいな付き合い方をしていくかで、だいぶ変わるかなって。で、村田さん、A君とよく話しているけど、どういう付き合い方してんのかなって思ってたとこなんですけど。「ふれんど」の中で、よくA君のことを知っているといえば、話を聞いているといえば村田さんになるのかなぁと思ってね。ま、時間的には一番話されているのかなと。C先生もそうかもしれないですけど。村田さんとC先生は、何なんだろうって思って。先輩なのかな、お友達なのかな、何なんだろうなって。僕の話を聞いてくれるカウンセラーなのかなって。

　これは、保護者でもあり、スタッフとしても参加するJとのやりとりの中で、彼女が筆者に率直に語ってくれた内容である。筆者はJに対し、同様の問題意識を共有していると感じ、「まさにそのことを研究テーマとしているのだ」と主張したかった反面、改めて筆者がAに対し、Jが気になるような関わりをしていたということに気づかされた。実は、筆者自身が思っているほど友人としてではなく、研究者としての関わりが前面に出ていたのではないか、と考えさせられる契機となった。Jの考える関わりと筆者の相違点は何なのだろうか。本章では、Aと筆者の主体の相互関係に焦点を絞り、検討したい。

第2節　発達支援と相互教育の実践的分析

1　相互教育における主体概念の再考

　「主体」なる概念の把握は困難を極める。小林（2010）は、主体は明治期か

ら戦前の京都学派解釈とマルクス受容時期を経由し、戦後主体性論争（マルクス主義論壇での議論）の過程で、厳密な定義を要求することもなく氾濫する空虚な概念となったと述べる。そして、記号としての明確なアイデンティティがなく、包摂的実体を持たないまま表記が変容し、そのつど異なる意味を産出しながら現れる「暫定的固定態」として主体を示す（小林 2010: 232-233）。社会教育においても例外ではない。小川（1973）は、「言葉のいいかげんな濫用」傾向として「学習」「教育」などと並んで主体を挙げ、二重の意味での不当な概念上の混乱があるとして、「学習・教育の主体」及び「学習・教育主体」の概念規定を自覚化し、対象が主体となることを図る学習主体論再構成の重要性を述べる。

　社会教育の本質は自己教育・相互教育とされ、学習主体は自主的・自発的に学習活動に参加し、また、学習者は同時に教育者ともなりうる存在であるとされる。鈴木（1992）は、他者を介した主体形成を相互教育の契機に位置づけ、物象化の問題に気づき疎外を乗り越える自己の学習過程を重視する[1]。このような「自己による主体形成論」の主体は、いわゆる自己の純粋な立場においての思考により判断する「主体的」存在であるとされ、近代的主体概念の域を出ないとの批判もある[2]。

　独自のマルクス論で近代世界観の超克を目指した廣松（1997）は、初期の疎外論は主体／客体図式を前提にした近代哲学の地平に留まっており、後期の物象化論はその図式を前提としない関係論的視座から発想されているとする。そこで本章では、相互教育における主体形成論を関係論的立場から再考することを目的とする。よって、個体（純粋な思考を持つ理性的存在であり、何者にも依存することなく自己立法を可能とする独立した個）の変容を学習成果とするのではなく、関係者間の「関係」変容こそを相互教育の学習過程とする[3]。

　社会教育におけるこのような主体概念の関係論的検討は、一部の論考に留まっており、実践を踏まえたものは少ない（例えば、松岡 2006）。本章では発達障害者とされる研究協力者Aと研究者である筆者との関係の変遷を、相互教育の過程と位置づける。Aと相互交流する筆者の記録を動的関係の痕跡とみなし、「支援」という営みを通した相互教育の在り方を検討することで、

社会教育論における主体概念の関係論的止揚を目指す。

2　発達支援の専門家育成

　障害があるとされる乳幼児への早期療育や児童生徒数の増大が喫緊の課題とされる特別支援教育など、昨今の教育における論題としての「発達支援」は重要である。これまで、主として保護者や教育従事者に向けてきた啓発が、保育・学校教育の括りを超えて社会全体に拡大し、成人教育においてもその役割を担う専門家の育成が注視される。例えば、特別支援教育は"障害のある児童生徒等の自立や社会参加に向けた主体的な取組を支援するという視点に立ち、児童生徒等一人一人の教育的ニーズを把握し、その持てる力を高め、生活や学習上の困難を改善又は克服するために、適切な教育や指導や必要な支援を行うもの"と規定され、「支援者」としての教師、関係諸機関における専門家の育成が急がれている[4]。特に科学性に裏打ちされた精神医学及び心理学的知見への関心は高い。

　発達支援の場に臨む心理専門家の姿勢として、本郷（2005）は二つの専門性を挙げる。まずは、人を理解する専門性とされ、発達的観点に基づき人が抱える問題を捉えることである。発達的観点とは、人の成長・変化を時間的流れの中で捉え、現在の人の姿を形作る要因を心理学のみならず、生物学的要因・社会文化的要因などにも注目することとされる。次に、発達的理解に基づき人を支援する過程で、眼前の問題解決のみならず、将来にわたる発達的見通しを持つ支援目標と支援計画を立て、具体的支援を行うことだとされる。特別支援の現場では、一人一人の「教育的ニーズ」を把握し、教育的支援を効果的に行うための心理アセスメントと称される実態把握の段階が不可欠とされている。

　また、2010年発足の全国児童発達支援協議会が標榜する「発達支援学」においては、支援者の基本的課題は"目立ってわかりやすい、表層的な見かけ上の課題の改善を願い"、究極的には"一人一人の子どもが、持っている可能性を十二分に開花させて、掛け替えのない人生を謳歌しながらその子らしく生きていく"ことを願い取り組むこと、とされる（加藤 2011）。これらは、子どもへの働きかけを視軸とした医学・福祉モデルがその論拠となる。そこ

で本章における発達支援者とは、子ども・障害者などを対象に個々の成長に配慮するも、段階的発達観を軸にその内在する能力開発を念頭に人格形成を行い、問題解決を行う存在として支援者像を想定する。

3 相互教育の実践的分析

　社会教育分野における主体概念への指摘は、研究法の視点からもなされている。山田・熊谷・小林・三輪・村田（晶）・柳沢（1992）は、鈴木理論に対し、自己疎外を克服する「主体」の在り方を問うとする実践分析の方法は、すでに研究の客体として対象化されており、鈴木の構造化する主体概念は、研究者との関係においてはどこまでいっても客体の位置にあることには変わりがないと批判する。そして鈴木の枠組みは図式的・静態的であり、学習者の内的プロセスを跡付ける作業がなされていないとし、分析者と学習者の相互関係の中で行われる自己分析の視点や枠組みを、実際の学習過程との関わりの中で検証－再構成していく対自的アプローチこそが相互教育的な実践分析であると提起する。山田らは、学習を個別の行動変容過程として「客観的」に捉える方法を批判し、働きかけ判断し表現する主体としての学習者、その主体としての自己形成の過程を跡付ける内在的省察としての学習過程を研究の焦点とする。そして、エリクソン, E. H、ハーバマス, Jらの理論に依拠し、アイデンティティ形成及び活動とコミュニケーション過程とその編成を通した相互主体的な共同的探究 － 省察過程の展開を、その研究の方向性と定める。山田らは、"実践分析作業は、分析する側と実践を展開している学習者との相互関係の中で行われるべきであり、分析する側の位置を常に学習者との関係において対自化していくアプローチである"ことを提起する。これは、筆者が本論で提起した課題に共通しており、本研究の方法論に沿っているといえる。本章では、支援－被支援の関係のみならず、山田らの弁証法的主体を乗り越える試みとして、研究協力者と研究者の相互教育の過程として検討を進める。

第3節　関係論的主体形成の検討

1　共同体内の関係から主体として形作られる筆者

　まず、筆者とAを含む「ふれんど」の共同体内で筆者が主体形成される側面を述べる。活動に新参者として参加した当初の筆者は、自らの居場所や役割を模索し、常に不安を抱えていた。そのような時期にAと関わることが、筆者の存在意義を創出させる。年齢と経験年数に重要な価値を置くAは、経験の浅い年下の女子学生に威圧的に要求を迫り、しばしばトラブルを起こす。Aより年上の男性である筆者は、彼に意見が言え、自制を促すことが可能な数少ないスタッフとして認識されるようになる。また、筆者が障害支援の業務に携わった経験があることから、専門的知見を持つ支援者としての期待を感じるようにもなる。このように、筆者の共同体内での位置づけにAの存在は欠かせなかった。

　参加当初から半年頃までの記録には、Aの視点で彼を擁護する記述や周囲からの期待に葛藤する悩みが多く記される。しかし筆者の態度は、他の同僚スタッフとの関係が親密になるにつれて変容し、次第にAを批判的に捉える記述が増加する。Aへの対応を巡る意見対立を通して、筆者自身の理論枠組みやその立ち位置の確認、異なる視座との軋轢を通じた関係構築を経験していたといえる。以下は、Aとの関係早期において、共同体内での話し合いにて、周囲がAを攻めているように感じていた頃の筆者の記述である。

　　【201X.7.13：フィールド記録（6）より】
　　　（走り回る子どもたちに対し）Fさんは、「注意すべき」であるし、ルールを作るべきだと主張する。マットに寝ている子や乳幼児の安全確保が最優先であるとの考えである。「怒って嫌がられることを繰り返しても、真剣に向き合えばそのうち分かってくれる」という意見はFさんらしいと思ったが違和感もあった。Aさんも、カズキ君（仮名）達を注意すべきだと主張するが、「追いかけ回して一緒になって暴れている」「大きな声で怒る」など、注意の仕方に問題があるとFさんやB君に説得させられる。（中略）○○さんからも

「Aさんをどうにかしてという声もある。お互いさま。」という話が出て、Aさんの意見はますます聞いてもらえない雰囲気になった。Aさんが「ケンジ君らのためにボランティアが必要だ」という意見を出した時にも笑いが起こった。彼の発言と行動を見ていると確かに笑われても仕方がないのだろうが、私は多少不快な気持ちになった。安易にルールを作るという考え方に私は賛同しかねたので、発言をせずに黙っていた。

　この頃の筆者には、「ふれんど」設立当初からの最古参スタッフであるFの強い規範的発言に抵抗があった。Fは、場の安全・安心、女子学生への配慮を理由にAへの統制を提案し、受容的対応は増長を促すと警告する。筆者は、Fの姿勢に疑問を感じつつも表明することなく過ごしていた。しかし、女性であるFは堂々たる体躯のAに対し、独力での対応は困難として筆者にその役割を依頼する。活動参加当初、筆者は役割を意気に感じ引き受ける場面もあった。しかし、Aとの関係構築を優先したい筆者は、スタッフ同士の話し合いの場で、Fへの反論を通じて自らの態度を表明する。それは結果として、自説を示す機会がない筆者が、周囲の期待とは異なる自己の存在を顕示する契機となった。以下は、Fに疑問を抱きつつ、同僚スタッフに意見を述べる筆者の様子である。

【201X.11.9 フィールド記録（15）より】
　Fさん、B君、Dさん、K君と食事に行った。そこでまたAさんの話題になる。Fさんは「彼が社会に出ていくための何らかの対策をしないといけない。もし、「ふれんど」がなくなったらどうするんだ」と言う。Aさんを甘やかしていると言いたいらしい。さらに、「ふれんど」のスタッフがAさんを受容していることが彼を増長させる要因だ、とする他の施設スタッフからの声があるという。彼が「自分が何でもする」と言い、企画ばかり提案して何もしないことに、Fさんは疑問を感じているようである。確かに彼は仕事をほとんどしないが自分では「している」と言い、出来ていないことでも「出来た」と言う様子が日常的にある。私は「彼の存在が、我々のものの捉え方や「ふれんどの組織を変えるきっかけになっているかもしれない」という話

をしてみた。

中山元（1999）は、メルロ＝ポンティの「共存」の理論を踏まえ、以下のように述べる。

> どのような日常的な言語表現でも、言語を使うことで主体は実存的な変容をこうむるのであり、それを避けることはできない……（中略）。その言葉を語る主体は後戻りすることはできないのである。(中略) 他者との関係はつねに後戻りできない性質のものである。身振りを含めた言語表現によって、家族などの身近な他者との関係も、修正の出来ない形でつねに変化し続ける。二次的な表現においても、身体をもつ主体の実存の変容は確実に起きるのである（中山 1999: 279）。

Aを擁護し、批判し、Fに反論する。それらの周囲への言葉の投げかけを通じて、筆者は共同体内において主体として成り立つ。特にAを統制できる支援の専門家と、その役割期待に反発する自己認識を持つ主体として形作られる。

2　Aとの関係からみる筆者の「学び」

関係を作る過程や分析を進める中で筆者は、共同体内におけるAとの関係が、筆者の主体形成に大きく影響を与えたと考えており、それを「学び」と捉えている。これは、Aを相互作用の主体として関係構築するからであるが、この関係の在り方については後に検討する。ここでは、筆者が彼との関係から学んだと考える事例を示す。

まず、施設内に生じる規範により「共生」とされる空間内に現れた「見えない壁」を挙げる。施設内にはいくつかの空間があり、複数のプログラムが同時並列で進行している。基本的に参加への垣根はなく、乳幼児や児童及び保護者は自由に空間を往来できる。しかし、女子学生や若い母親へ頻繁に接触するAに対しては、Fら特定スタッフにより侵入禁止区域が設定され、次第に他のスタッフも共有する公然の事実として広まっていく。Aはそ

れを「壁がある」と表現し、差別だと主張して激高するが、乳幼児や保護者の安全・安心、女子学生の研究実践の重要性が優先される。彼の行為に「問題」を感じ、異質な世界を見出すようになる筆者も、それを「仕方ない」と捉えることになる。しかし、このような感じ方こそが問題や異常を生み出し、排除に繋がる風潮を作る要因ともなりうることにも気づかされるようになる。また、それにもかかわらず、理論的知識として理解できているつもりが、現前する状況から受ける身体的感覚（Aへの嫌悪感や不快感）を理性では説明できないことも自覚し、Aを理解可能な「障害」概念に固定化していく。

次項では、障害だから仕方ないと諦念し、彼との関係を変質させることで自身を守ろうとする筆者の姿と、「固定的な」関係が構築される過程の一例を示す。関係の流動性から生じた「意味づけ」の変遷を追うことで、その軌跡を浮上させ、Aと筆者の関係が次第に硬直化する様子を提示する。

3 「土下座」の意味づけとその変遷

Aは、若い女子学生に対して頻繁に土下座をする。その様子は、嬉しそうであるが興奮しているようにも映る。初対面の相手でも繰り返し、土下座された方は面食らった表情をするか、嫌な表情を見せる。「やめてください」という学生もいるが、Aはお構いなしである。一般的な常識では土下座には「謝罪」「懇願」「恭順」の意味があると想定される。昨今流行した社会派TVドラマでも、土下座は最大級の謝意の表象として象徴的に扱われていた[5]。しかし、彼にはそのような背景が見当たらない場合が多く、周囲はその意味を把握できずにいた。筆者は彼なりのコミュニケーション手段であり、「挨拶」程度に捉えていた。Aとの付き合いが浅い時期の記録からは、土下座に関する記述は少なく、深く洞察する様子もない。

【201X.6.29 フィールド記録（4）より】

　Aさんは、新しくスタッフとして参加するDさんを見るなり、ニコニコしながら話しかけ、まずは彼女の星座を聞いていた。しし座という回答から「8月のいつ？」という話になり、自分の誕生日と近いということを話していた。その後もたびたびDさんの前に来ては、土下座をする素振りを見せ、血液型

の話などを盛んに話しかけていた。初対面のDさんは丁寧に答えていた。

【201X.7.6 フィールド記録（5）より】
　Aさんからは、行くかどうか決まったら連絡するというメールはあったが、結局メールはもらえなかった。しかし、私が14：30に行くと13：30からの夏キャンプの打ち合わせにAさんは参加していた。打ち合わせ中はDさんに対して土下座したり、話しかけたりして落ち着きつかない様子に思えたが、とても嬉しそうにも見えた。話している内容は、原（仮名）市長の話など政治ネタが多いようだった。

　研究開始当初の筆者は、Aとの円滑な関係構築に意識が向き、彼の特異な行為に関心を持つものの受容的に構えることが多かった。土下座は他の違和感ある言動に比べ緊急性がなく、彼独特の世界観と捉えてそれ以上の探求はなかった。以下の記録は、DがAの印象を語ったインタビューの一部である。彼女は、その最初の出会い（201X年6月29日）を「強烈な第一印象から始まった」と語っている。

【Dインタビューより】
　常識で言えばすごい外れてるじゃないですか、初めて会った人にいきなり土下座して、それを一回じゃなくて、ほぼあの時間、あの1日はウチの顔を見る度に「土下座してもらいたそうな顔をしている」って言って、なんか、毎回ウチの顔見たら「します」とか「して欲しいんやろ」とか。この人は、きっと本心で思っているんじゃないよねって、ウチがホントに土下座して欲しいって、きっと。ウチ、そんな顔じゃないし（笑）。だからなんでそんなこと言うのかなぁっていうのと。あと、ま、困りはするけど、よくよく考えたら面白いなって。正直ウチは怖い顔じゃないじゃないですか。その、見た目的（めてき）に。威圧感のある顔じゃないはずなんですよ。どっちかっていうと何でも許しそうな顔じゃないですか（笑）。なんでその発想が出てきたのかなぁみたいな。ウチにだけ、最初に言ってたので。他の女の子に、その時はGさん（別の女子学生ボランティア）もいたと思うんですけど、でも

言ってなくて。「なんで？」みたいな。何が違うんだろ。ウチが「やめてください」って言うと、Gさんに流れていったんですけど。最初、ウチ専門に来てたんです。もしかしたらウチがなんかオーバーリアクションして、受けると思ったネタやっちゃったかなぁって思ったんですけど。

　土下座は、Dにとって困るけれども面白い行動でもあった。共同体内でもそれに対し苦笑しつつも、「独特の世界観」として許容する者が大半だったように感じる。次第に筆者はAの行動を対象化し、当時関心のあった文化人類学の影響から、周囲への接近を試みるための「儀式的な表現」として捉えるようになる。気になる相手へ接近する際の、距離を縮め会話のきっかけにする作法と考えたのである。しかし夏以降、Aの子どもや女子学生スタッフに威圧的に接する姿が見られるようになり、自身の目的のために周囲を動かしたいとする強い欲求を複数のスタッフと共に感受する。そのため、Aの行為は共同体内の規範の統制対象に移っていく。土下座をする姿は異様であり、相手を困惑させ、不快感を与える「社会的に逸脱した行動」とされる。筆者の儀式としての見方は放棄され、土下座は忌避すべき行為として意味づけられていく。筆者がAと出会った約半年の間に、「大声を出さない」「興奮して走り回らない」と並んで土下座は禁止事項となり、その日の頻度が少ないことは賞賛の対象になった。筆者はこの頃の会話記録から、彼にとっての土下座の意味が筆者の印象とは明確に異なると感じている。

【201X.8.3 会話記録 No.6】（A：Aさん　I：筆者）
A：なんかね、Eちゃんの態度が頭くるねん。頭くることしてるねん。あの人がね。
I：その、この間のHさんにしてもEちゃんにしても、どういう態度がAさん腹が立つの？
A：土下座してるやん、こっちかって。下手（したて）に出てるやん。
I：あっ、土下座するのは下手に出るってこと？
A：そう、上に出てないやん。上に出てるんやったらな、そら僕だって「偉そうや」って言われてもわかりますよ。先輩ぶってへんわな。

Ｉ：土下座をしてＡさんは先輩ぶらないようにしてるんや。
　　Ａ：そうそうそうそう。やっぱりね、8歳上、8歳上ってことはね。少なく
　　　　とも土下座くらいしないと8歳上ってやっぱり年齢差って解消しないや
　　　　ん。1歳、2歳って対等かなって思うやん、まだ。8歳ですよ。桁、違い
　　　　ます？　8歳違うと大きいですよね。
　　Ｉ：つまりどういうことが、腹が立つの？
　　Ａ：偉そうとか。

　Ａには、年下は年上を敬い従わねばならないとする信念がある。ここで筆者は、彼は年上ではあるが、あえて年下にお願いして対等な立場になることと解釈し、女子学生に自身の要求を伝える際に「丁寧に頼む」意味で土下座をすると捉えている。それにもかかわらず、自らの要求が受容されないことが「偉そう」だと主張する要因と考えたのである。しかし、彼の要求は女子学生の連絡先を聞き出すことや、自身の来所日にボランティアに参加せよ、などの内容のため、周囲から承認されない。そのことは次第に彼の不満として蓄積される。以下の記録の時期になると、筆者はＡから権力や支配への羨望を聞くことが頻繁になり、不安を感じるようになる。筆者の権力論への関心もあり、土下座の意味づけもさらに変化する。「謝罪」の意味が全くないことは勿論、「懇願」よりもむしろ「統制」の意味が強いと感じるようになる。以下は、そこに関心が向いた筆者が繰り返し確認をする様子である。

【201X.11.16 会話記録 No.12】（Ａ：Ａさん　Ｉ：筆者）
　　Ｉ：一つ間違えば、犯罪すれすれになってしまうから、（中略）Ａさん、その
　　　　辺ちゃんと、ここまですると犯罪になってしまうから気をつけなあかん、
　　　　って自分で分かってるやんか。
　　Ａ：でも、土下座するのは自由やからな。土下座するのは何の法律にも触れ
　　　　へんで。
　　Ｉ：でも最近、土下座するの減ってるやん。あんまりしなくなったやん。
　　Ａ：あのね、してええ人とアカン人おるからやん。
　　Ｉ：あー、ここではみんな「土下座好きじゃない」って言うからしないって

こと？
Ａ：うん、この子もしたよ。この子に土下座したよ、実際（手元にあるＴ大学の「つどい」の集合写真を指差す）。
Ｉ：あーええと、□□ちゃん（「つどい」の学生名）。
Ａ：なんでこの子呼ぼうって言うかっていったら、一回Ａの「力」で呼んでみたい。
Ｉ：「力」で？あー、Ａさんがスタッフとして、（「つどい」から）この人呼んだよと。
Ａ：そう、あんま名前出したらいかんけど、僕は▲▲（有力国会議員名）になりたい。自分では。
Ｉ：なんで、▲▲になりたいと思ったん？
Ａ：あの人の「力」でこの人呼ぶって「力」あったらええなって思って。
　　（中略）
Ａ：(学生の時)言えないような悪いことしたな。土下座したとかかな、女の子に。
Ｉ：それ悪いこと？
Ａ：強要やな、強要したことあるな。強要みたいな、拗ねたような言い方で「お願いします」って。
Ｉ：土下座を強要したの？
Ａ：ちゃう、俺がや。「これをしろ！」っていったのは事実やって。
Ｉ：あー土下座はするけど、相手にこれをしてほしいと。
Ａ：そうそうそう。ある意味強要みたいなとこやな。強要罪みたいなとこやな。
Ｉ：あーなるほど、無理やり相手にさせようとして、土下座した訳やね。
Ａ：そうそうそう。それはあるよ。
Ｉ：じゃ、Ａさんの土下座ってのは、相手に対して悪いって思ってるわけじゃないんやね？　相手に、自分が思うようにして欲しいから土下座するんやね。
Ａ：そうやで。だから□□ちゃんに土下座するんもそういう理由やん。
Ｉ：なるほど、Ａさんが自分が悪いって土下座しているんじゃないんやね。
Ａ：ま、そういう時もあるけど、めったにないわな。

第３章　相互教育における主体形成の関係論的再考

Ｉ：めったにないんや。

Ａ：だから、強要やな。強要を強要罪ならんようにしてるんや。

Ｉ：「やれや！」とか言ったら、強要罪になってしまうから、わざと土下座をして強要罪にならんようにしてるんや。

Ａ：そうそう、下手（したて）に出ておいてな。

Ｉ：なるほどね。

Ａ：下手にな。上に出たら強要罪なるからな。下手に出ても強要罪なるけど、法律軽くしとかなあかんやん。

Ｉ：それは小学校ぐらいからやってたん？

Ａ：高校ぐらいからや。

Ｉ：男の人にもする？

Ａ：いや、女の子だけ。

Ｉ：それは、女の子に自分の思ったようにしてほしいから？

Ａ：そうそうそうそう。汚いねぇ、やり方が。

Ｉ：（笑）自分で汚いって思ってるんや。

Ａ：多少はね。

　年上の要求に従うことが当然である年下の学生に対し、年上であるＡ自身が土下座までしているのだから、年下には選択の余地がなくなるはずと考え、先に土下座した事実を作り相手に迫る。この会話以降、筆者には土下座の意味が、「相手への要求を通すための技術」であり、「相手に申し訳なさを感じさせ、また第三者からの無理強いをしているとの非難を避けるための戦略的意図を持つ行為」として把握される。結果、全く別の意味把握である社会不適応な逸脱行動として、他のスタッフが土下座を禁止することも「やむを得ない」と考えるようになる。筆者は、Ａの行為を制止し、彼の行為を受容せず説得を試みる存在となり、彼にとって「壁」の一部となる。

　以上のように筆者にとってのＡの土下座は、関心ある知識や関係の在り方により常に意味づけられ、さらに経験の蓄積と関係の変化に伴い次第に否定的意味を纏う対象となっていった。これは、既存概念での対象理解を嫌い、個としての相手に丁寧に向きあうことを信条としてきたつもりの筆者が、そ

のような関係を構築するどころか、むしろ常にAを対象化し意味づけ、我々の正常な世界とは異なる独特の世界観を持つ「障害者」として捉えていたことを明示している。行動変容を目的とし、支援者役割を背景にA世界へ接近する、もしくは筆者自身の不安を払拭するための探求を常に行っていたと言える。そして、その過程でAの行為は筆者にとって理解できない認められないものとなった。ある一定の方向に意味づけられた彼の存在は固定化され、その行動は場の安全・安心を保持するための禁止事項となる。彼の言動は統制対象となり、Aは変容させられる存在となった。特に、筆者の「子どもや女子学生を守らねば」とする固執が大きな要因となり、彼と筆者の関係も「被支援者」と「支援者」へと固定化されていく。その後Aは、周囲から妨害されている、自身が邪魔にされ、年下の学生からバカにされているなどの主張が増え、周囲との軋轢が顕著となる。

第4節　関係と物象化

1　主体と関係の「物象化」

　関係から捉える相互教育の主体形成としての筆者の経験には、二つの側面があった。まず、Aの存在によって共同体内に専門的支援者として存在意義を見出し、その役割を担い遂行する面である。土下座の意味変遷にも見るAとの関係は、支援者としての専門性を向上させる学びの過程といえる。筆者は、自己の有用性を顕示し、自らの役割を定位させる。しかし、筆者は役割を纏うことで義務や期待を感じ、その働きに縛られている。ほとんど意識することなくスタッフとしての規範を身に纏い、支援者としての眼差しを彼に向けていた。次第にAを障害者へと同定する筆者の関わりは、役割に覆われた固定的関係へと移行し、Aを対象化し意味づけたものに拘束される。相互教育主体の一方の端としたAへの配慮は、彼が行動を変容させることによる将来の社会適応への学びに都合よく転化される。このように相手の存在意味を同定し、自らも役割を遂行する支援者として匿名的存在と化し、互いの関係を固定することは、まさに主体の「物象化」といえる。
　しかし、この主体としての在り方は、冒頭で述べた発達支援の観点からす

るとむしろ妥当であると言える。支援の対象者を定め、その発達的問題となる要因を追求し、体系的理論を基軸に問題解決に向けた計画を立て、目的合理的に遂行する。問題の要因は、生物学的、心理学的・社会文化的に探求されるが、個別対象の発達に還元され、可能性と称する将来への社会適応のための能力向上へと目的化される。支援者として関わる以上、Aを対象化し、働き掛け、変容させる存在とすることは不可避となる。発達支援者として主体形成された筆者の在り方とすれば当然の態度ともいえる。

　一方、期待される役割に対して反発することで周囲のスタッフとの差異化を図り、自らを定位させる面もあった。関係構築のためにAの存在を主体として受け容れ、その相互作用の中で関係の在り方を模索していた。そこでは、Aと関係から得た気づきを「学び」の機会と捉えていた。しかし、これもAを相互教育の一端の主体とし、学びの契機として「物象化」した態度であるといえる。Aは関係を通した学びの結果、筆者に有益な学びをもたらす存在であり、彼の受容的存在としてある筆者と互恵的な関係となる。このように筆者は、相互の主体を「もの」として捉え、関係を固定化することで、専門的支援者として、もしくは互いを有用性のある主体として形成していたことになる。しかし、主体の対象化はともかく、関係の固定化や主体の同定までをなぜ「物象化」とみなすのか。ここでは田中智志（2012）の理論を参考にしたい。

　田中は、教える／学ぶの関係は、技術的に操作管理できる目的合理的な関係ではないとし、教育目標を達成する方法は、原因結果の関係ではなく相互活動的な教育を前提にすべきであると述べる。近代教育においては、自律的個人としての主体概念は理想像であり、成人に求められる基本様態である。しかし田中は、人の代替不可能性を可能とする他者の無条件かつ肯定的な関わりである「関係性」こそが、教育を支える基盤であるとする。そして、他者との関係性を基礎として成り立つ我々の「生」を、相互に他者の基底にある人の（近代主体を超える）主体として、ハイデガーの「共存在」に見出す。田中はこれを「主体概念の存在論的転回」と呼ぶ。人間「関係」や社会「関係」は、「合理的思考（交換の思考）」「客観的思考（表象の思考）」に囚われる条件付きの機能的な位置づけであるが、関係性は人を固有性として意味づけ

る、無条件の存在論的人間了解であるとされる。無条件の他者受容は、自他の関係性という基礎イメージを形成し、その関係性を生きる自他の「存在承認」を生み出し、その存在承認が自他の命を共に大切にしようとする指向性を生み出すという。また、人は他者に共鳴し、他者と共にあることで「自己創出」する存在であるとされ、自律性と関係性は対立せず、"自律性の前提は関係性であり、関係性の成果が自律である（田中 2012: 160）"とされる。

　そこで本章では「関係性」に着目するため、間主観的関係から自己の学習過程を検証する研究法として山田らの方法論に対応した。山田らの方法は、相互主体である研究者自身の自己変革の動態を具体的に描出することを目指す。しかし、そこで問題が生じる。山田らの方法が研究の枠組みで行われる限り、学習過程は分析対象として客体化され、研究成果として提示される。成果とは、研究主体が学習の結果、変容が起こったとされる事象を選別し、可視化のため言語化し、分節・加工を経たものにならざるを得ない。ある一定の価値観へと収斂する有用性や目的合理性の範疇にいることは否めないという点である。

　例えば、エリクソンがアイデンティティの形成過程を発達として段階的に示している以上、その背景には内在性の外化や有用性の拡大、右肩上がりの進歩史観などがあるといえる[6]。これは研究として注目に値すると判断された学習変容過程がそれらの価値観に巻き込まれることを意味する。また、道具的理性を批判したハーバマスのコミュニケーション合理性は、行為調整による「生活世界の再生産」には有効であっても、システムによる「社会の物質再生産」に対しては無力である。この限定性はハーバマス自身も認識している（中岡 1996）。さらに非言語領域の無視、合意形成の目的化からの解放の虚構性、などの批判もある。とすると、システム化した学究的領域内においては、言語化による事象の捨象や、成果へと収斂させる目的合理性の存在などにより、学習過程を一定の価値基準から離脱させることは極めて困難であるといえる。山田らの方法論では、自らが様々な影響に晒されている自覚と、その作用に配慮した分析を試みる視点がなければ、社会科学的知識に誘引されかねない。筆者は、目的に照らしながらAとの学習過程を対象化し、分節・加工し、研究成果物として評価も行う。筆者の学びの背景には方向付

けされた進路があり、Aの存在は互酬性関係として有用性を帯び、筆者の学びの過程に回収されてしまう怖れが生じる。

　しかし、田中は、近代社会を大きく規定する有用性指向による目的合理的機能としての教育を批判する。そして、他者の対象化は科学的に語られるモノとしての物質的なコミュニケーションであるとし、存在論的な「関係性」としての無条件の肯定的他者受容と対比する。だが、「無条件」と「肯定的」は両立するのかという素朴な疑問が生じる。肯定的とはすでに評価的価値基準に内包されており無条件とは言えないのではないか。また、我々自身に歴史的に沈殿した社会文化的価値観から解放され、完全中立の立場から他者を迎え入れることなど可能なのか。相互教育の場面を念頭に田中理論は展開されるが、その出会いの場に教育という文脈が前面に現れた瞬間、他者は自らにとっての目的的対象物と化すのではないか。有用性に覆われた近代教育概念を払拭し、「関係性」を基底とした相互教育の場がどのように創出されるというのだろうか。

　田中は、教育から寛容さやゆとりが失われていることを憂い、見返りを求めない無条件の贈与「純粋贈与」とそれに対する感謝の応答の必要性を述べる。この負債／返済の交換の思考とは無縁の「純粋贈与／享受の相互行為」の歓待の思考こそが、教育の基本であると説く。しかし、この行為は意図的に行おうとした瞬間に交換に絡めとられ不可能になるという。そこで田中は、純粋な贈与は不可能なのではなく、不可能なものとしてある、というデリダの言葉を逆手にとり、意図を超えたところで実際に生じうる営みであり、不可能なものにあえて挑み続ける敢然的態度が必要だと述べる。彼の提唱する教育臨床学においては、人の根源的様態は「共鳴共振」であるとの命題が示される。これは、自他、内外、能動受動の区別を超えた相互浸透の場であり、「最も根源的な経験」であるとされる。しかし通常、人はこの共鳴共振を制御・抑制しているため、言葉を迎えにいかずに「聴くこと」つまり「待つこと」がその態度に求められるという。ここまでの田中の理論は非常に抽象的であり、教育実践現場との乖離を指摘する向きもあろう。そこで次項では、交換の思考とは無縁の無条件受容の可能性として、筆者の同僚スタッフK君（以下、K）の子どもとの関わりを手掛かりとしたい。

2　歓待の思考と流動的関係

　学生スタッフのKは寡黙である。彼は「人前で発言することが苦手だ」と言い、会話も必要最低限である。付き合いの長いスタッフはその姿勢を許容し、彼に司会やイベントの責任者などの立場をあまり振らないようにする。一方、我々が彼に一目置くのが子どもたちとの関わりである。緊張した子どもや興奮した子どもも、彼の対応でリラックスし落ち着くことが多い。Kでないと笑顔が出ないという子もいる。筆者はその不思議な光景に会うたび、彼と子どもたちの間に安心を共有するような不可視な空間の存在を感じるのである。

　ある日、筆者はその謎を探求すべく「何を思って子どもと関わっているのか」とKに尋ねた。すると返答は意外なもので「何も考えていません」ということだった。筆者は、専門知による既存の概念枠組みや先入観で子どもを見る姿勢を回避したいと努めてきた。しかし、先述したAとの関わり同様、そのような姿勢を払拭できない。子どもと関わる中では、「この子の興味は何かな。どんなことが好きなのかな？」「この行為の意味は何かな、私に何を要求したいのかな？」などと探求することを意識している。よく「子どもの目線で」などと言われる関わりに該当するかもしれない。しかし、そこには規定された時間・空間にて、その場にいる子どもとの関わりに要求される「役割」がある。筆者の背景には、それらの交換思考的枠組みが働いている。探求は関わりに役立てる情報収集であり、役割遂行への合理的目的的態度である。

　しかし、Kの態度にはそれが見られない。子どもたちに能動的に働きかけるよりむしろ「ただ横にいるだけ」と感じることもある。担当の子どもがいても常に接するわけでなく、子どもから離れたKがブロックを黙々と積んでいる姿を目にすることがある。一見、スタッフとしての役割を放棄しているかに見える。同僚とすれば、「責任を持って担当の子どもの対応を……」と言いたくなる場面であるが、彼がブロックを作っているところには、また子どもたちが自然と集まってくるのである。筆者は、「子どもと関わるボランティア」「専門的学知を持つ支援者」などの役割を常に纏っている。それは、自己顕示や周囲の期待に応えるためでもある。また、目的的に設定された特

定の時間・場所で活動する際には、意識の有無にかかわらず、子どもたちが大人と過ごすための規範が出現する。我々スタッフはその規範を守る立場であり、規範を身体に内在化する存在とならざるを得ない。期待・要求される役割は、その場において自身そのものになる。筆者はそれを自明としていた。しかし、Kにはそれが感じられない。そこには、子どもたちに「させたい」という指示的な働きかけや、変化することを期待する有用指向的態度は存在しない。彼の返答から「子どもを変えようとか何かをさせようという発想はない」と筆者には聞こえた。支援を業務としてきた筆者や教師・心理士になるための経験を積むことが参加目的の学生スタッフとは、根本的に異なる姿勢を感じるのである。また、周囲がKに期待・要求している役割態度に対しても彼は「あまり気にしていません」と言う。筆者には「真似できない」と感じた回答であった。筆者は、これまで既成枠組みに囚われた画一的他者理解に対して、「思考停止の状態である」と批判的に捉えてきた。そして、探求し続けること、悩み続けることが重要だと考えていた。しかし、彼の思考停止はそれとは異なる。自らの存在を匿名化せず、役割に覆われることなく、子どもの存在と共にある。子どもたちを受け容れると同時に自身の在り方をも受け容れている。これこそが子どもたちと「出会う」ことなのか、と感じた。そこには、子どもを「探る」「測る」「意味づけする」対象とする視線ではなく、共に在りたいとする眼差しがあり、子どもたちはそれを何らかの形で感じ取り、彼と在ることで安心できるのではないだろうか。

　しかし、このような関わりは教師や発達支援従事者には簡単ではない。Kや筆者のボランティアとしての役割にはそれほど強い拘束力はない。だが、交換の原理が働く契約社会では、Kの対応は無責任であり職務怠慢だとの謗りを受けることになるかもしれない。職業従事者には現実的でないと思えるだろう。そして、彼の取り組みの表層だけを抽出し、汎用性のあるモデルとして一般化することも困難であろう。意図が生じた瞬間、田中の言うように関わりは交換関係に変質してしまう。我々にとってこのような関わりは、敢然として挑む不可能性なのだろうか。

　関係発達論を提唱する鯨岡（2006）は、〈私〉という主体は他者から主体として受け止めてもらえる関係があるからこそ主体として成り立つとし、互

いが周囲の思いを受け止めて自身の対応を調整する関係を相互主体的関係と呼ぶ。主体として受け止める志向性を互いが相手に向けているとき、折に触れて私があなたのことが「分かる」と感じる場面が現れることがあるという。これを「間主観的に分かる」と表現するのであるが、これは常に繋がることを意識する緊張関係からではなく、むしろ「繋がらない」局面を多数抱える関係の積み重ねから生じてくるものであるという。つまりその相互主体的な関係は、相手を受け止めようと開かれた身体同士の関係の中で繋がったり繋がらなかったりする流動的関係と言い換えることができよう。常に相手に向けて自身を開き、「待つ」姿勢を保持することは困難かもしれない。しかし、関係の蓄積の中で、自らを纏う役割の隙間からそれらの態度が顔を出すこともしばしばあるだろう。その積み重ねから時折、相手の存在が浸透してくるような経験が生まれると、互いにとっての大切な時間が過ごせるのかもしれない。『荘子』に出てくる皇帝混沌は、未分化な自然の状態を表しているが人為を加えることにより死んでしまう。相手をわかろうと腑分けし、その存在を殺してしまう固定的な関わりではなく、自然な流れの中で時折り見せる繋がった感覚が、掛け替えのない〈あなた〉と共に在る〈私〉として、互いの存在を浸透しながら繋がる。目指す教育の営みのヒントは、ここにあるのかもしれない。

第5節　教育的挑戦を続けるために

　本章では、相互教育における主体形成過程を関係論的に再考するために、従来の社会教育論における主体概念の批判を起点に山田らの研究法を経由し、田中の「関係性」概念を手掛かりに筆者の実践を批判的に検討した。筆者の学習過程では、Aやスタッフとの関わりの中で支援者として主体が形成され、発達支援の役割を持つ存在として定位させた。しかし一方、Aを支援対象として物象化した関係に囚われ、有用性を排し、他者を受容する存在論的相互交渉の位相まで到達することはできなかった。また、研究者としての研究提示の限界も示した。主体の物象化、関係の固定化は、生成と構築を繰り返す関係の運動を凝固させ、変化を退ける機能的関係になりうる。そこで、田中

理論とKの関わりを参照しつつ鯨岡理論を提示し、社会教育論における関係論的相互主体概念の止揚を試みた。

　しかし、その困難さは指摘した通りである。本研究の場は、幼児児童対象の「発達支援施設」ではなく、社会教育を論理基盤とした地域共同体形成が目的の研究施設である。いわば、契約関係にない人々が集う特殊な環境といえ、固定的教育環境が最も生じにくい場であると言える。そこでさえ、発達支援や研究成果などの後景が顔を覗かせると、価値評価的基準や有用性から自由になることは難しい。田中理論は眼前の他者から世界へと「関係性」の射程を広げるが、研究者としてすでに近代教育の枠組みの中に存在として投企する立場からは「遂行論的矛盾」であるとの指摘もできる。筆者の本研究方法においても論文執筆のための目的合理性や評価的視点から自由になることはありえず、山田らの方法論においても同様の限界を示すであろう。しかし、近代合理性や従来の学問体系を批判的に検討するという研究者態度として、また、交換の思考が教育の場において深く浸透していることを危惧し、これまでの在り方に警鐘を鳴らすという教育領域への指摘、さらには、常に自らが教育の問題を生み出す状況に加担しており、"私たちの誰もが、いわゆる教育問題への応答責任から逃れられない（田中 2012: 259）"とする教育に関わる専門家として、問い続けることに意味があると考える。田中の示すように、近代教育システムから脱却できず狭間にいる我々にとっては、身悶えしながらもこのような営みを敢然と続けることが、新たな教育論へ向けての試みになると信じたい。

［注］
1 ）鈴木（1992）は、現代社会においては「自らの歴史を作る主体」であるはずの諸個人が「できごとのなすがままに動かされる客体」となっており、この「自己疎外」の問題に気づき、学習要求として活動を展開しながら克服していく過程を社会教育実践と定める。つまり、自己疎外にある学習者が自己教育活動を通じて「主体」として自己を形成していく主体形成の過程こそが社会教育の対象である。さらに、主体形成における間主体的関係の重要性から、疎外・物象化論を踏まえた相互教育を主体形成論の契機と位置付ける。主体形成は、「自己実現と相互承認の意識的編成である」とされる。自己疎外を克服する自己教育は、他者を媒介にした「相互承認」を目指す「相互教育」を通して、物象や物との自己関係を反省し「自己実現」を志向する「（狭義の）自己教育」へ展開する。

2) 末本（1993）は、鈴木の展開する相互批判と相互教育は、社会科学的知識の獲得と学習自体の社会科学的方向づけを不可欠なものとしており、「近代的主体」論であると批判する。末本は安易な近代批判には否定的であり、理性における主体形成の現代的意義の有効性を認めつつも、主体形成過程の主導的役割を社会科学に託すのみである鈴木理論には疑問を呈している。
3) 自己の存在を、他者との関係において形成されつつある運動とする立場により、これまでの主体概念の脆弱さ、曖昧さが指摘され、さらに他者の対象化への一定の留保が試みられる。その意味では、従来の社会教育における自己教育、相互教育の明確な境界は消失し、教育の過程をどの視座から捉えるか（例えば、相互関係の一方に焦点を当て、事後的に生じる自己を時間的に分節し比較する立場や、他者を対象化せず関係の過程を切り取る立場など）によって、その呼称には配慮が必要とされるであろう。本論では、教育を「関係の変容」と捉える立場により、その過程を「相互教育」として検討する。
4) 中央教育審議会「特別支援教育を推進するための制度の在り方について（中間報告）」2004 年 12 月より抜粋
5) 2013 年 9 〜 12 月 TBS で放送された TV ドラマ『半沢直樹』。
6) 本章においては、エリクソンの発達段階理論を心理学的発達段階論とみなす。『発達心理学』（子安増生・二宮克美編 1992: 50-53）では、「発達段階」について、ピアジェ・エリクソン・フロイトを挙げ、発達段階理論の共通する特徴として、(1) 領域一般的 (2) 段階順序の普遍性 (3) 文化的普遍性を挙げている。さらに、「生物学的基盤を持つこと」「発達過程で生じる変化の予測説明可能性」を加え、これらの発達段階説を一方向的・一次元的な特性のあるものと述べている。田中智志はピアジェ・ハヴィガースト・エリクソン・コールバーグの理論を挙げ、これらの「心理学的発達論に共通する特徴」として、「右肩上がりの上昇過程のイメージ」を挙げる。そして、その背景にあるのは近代的人間観、経済観、歴史観による、近代教育学の発達概念であり、それらは、均質的・連続的に広がる世界（空間）を含意した「個人主義」「生産力主義」「進歩史観」と一体であるとする（田中智志 2003: 154-155）。本章では、田中理論をその帰結点に求めており、そこに至る論理展開もエリクソンの発達段階理論を「近代教育的観点を背景とした心理学的発達論」に位置づけ論ずるものとする。

　しかし、エリクソンの発達段階理論については様々な学問領域からの論及があり、研究者の視角によりその立場に大きく隔たりが生じることはありうる。エリクソンの研究態度やその論理展開の歴史性においては様々な議論がある。例えば、西平直（1993）は、"エリクソンは「客観性」を旗印に掲げる実証科学が排除に努めた〈主観的なるもの〉を、むしろ臨床科学の基本に据えようとする（西平 1993: 18）"と述べ、その方法は従来の学問の枠組みを横断しながら科学と思想とを繋ぐ「人間学」であったとする。また、エリクソンの初発の思いや理論背景にある深い問題性とは無関係に、アイデンティティなどの言葉や図表だけが独り歩きしている、と懸念を示している（前掲書: 1）。上野千鶴子（2005）は、"人の一生をつうじてのアイデンティティの変容を「発達」や「成長」ととらえるようなエリクソンの規範意識、そしてその過程で、アイデンティティは統合されなければならない、とする「統合仮説」"を指摘しつつも、エリクソンが過剰な同一性を批判している点やアイデンティティの構築性が前提にされている点を挙げ、社会学との接合点を見出している（上野千鶴子 2005: 1-41）。

第4章
「発達障害」概念の様相

第1節　概念より捨象されたもの

　筆者がAと関わる上で、「発達障害」という専門概念は、その背景に常に潜在するものであった。本章では、「発達障害」という言葉と関係性に焦点を絞り、検討したい。まず、筆者が「発達障害」概念に囚われたことで捨象されたAの様子の一部を示す。「発達障害」の特性において、相手の気持ちを読み取ることが不得手なため、その場で望ましい言動が選択できないとされるのは周知のことである。例えば、文部科学省（2003）の「今後の特別支援教育の在り方について（最終報告）」の高機能自閉症における具体例では、以下のような項目が挙げられている。
　・いろいろな事を話すが、その時の状況や相手の感情、立場を理解しない。
　・共感を得ることが難しい。
　・周りの人が困惑するようなことも、配慮しないで言ってしまう。
　これらの概念特性から筆者は、「Aが人の気持ちを把握し、配慮することに関心がない」と決定してしまっていた。以下は、そのことに気づき、筆者の固定化していたA像を動かすきっかけとなった同僚スタッフとの会話である（下線は筆者による強調）。

【Eインタビューより①】（I：筆者）
　I：僕がすごく気になって、彼（Aさん）に要求することがあって。相手の
　　　人の気持ちを考えようと。相手がどう思っているか想像せなあかんよと。
　　　（中略）
　E：話しているときとかでも、Aさんが「土下座しよか」って言いはるんで、

私、いつも「土下座されたら何て言ってます？」って言ったら、「Ｅちゃんはいつも嫌がる」って言いはるんで、頭ではわかってはるんですけど、その部分がシュッと通り過ぎて。でも自分はした方がいいし、Ｅちゃんもした方がいいと思ってるやろ、みたいな。良い方に良い方に捉えたり、とかしはるから。言われたことは覚えてはるんやろな、とは思うんですけど。でも、それがなかなか実感を伴わないっていうか。
Ｉ：やっぱり、わかっているけどコントロールができないって、Ｅさんも思っている？
Ｅ：そうですね。うーん。コントロールしようと思わないかな。やろうと思ってできないっていうんじゃなくて、「それは見せかけや」「ほんとはこうや」って言いはるんで。
Ｉ：見せかけって？
Ｅ：なんか私が嫌がっているんも、「嫌がっている振りしてるだけやろ」みたいな。
Ｉ：あー、言うよね、「お世辞やろ」って。
Ｅ：「ホンマはして欲しいって思っているんやろ」みたいな。
Ｉ：そうか、相手の気持ちは関係ないっていうんじゃなくて、自分の良い方にとっちゃうってことなんかな？
Ｅ：一応、考えてはるとは思うんですよ。相手にとって「土下座されたら気持ちいいやろ」って思ってことは、相手のことを考えているからそういう発想になると思うんですよね。だから、考えているんですけど、それが全部なんか、ネガティブな方向になるっていうか、自分の都合に良いようになるっていうか、そうしてしまう。だから、もうちょっと私のことも考えて下さいよって言ったら、「考えてるやん」って。だから考えては、いてはるんですけど、結論がやっぱり自分のものになってしまうんで。
Ｉ：そうかあ。（中略）人の気持ちを考えるのが苦手、もしくはそういうことは考える対象じゃないって思ってはるんかな、って思っていたけど……。
　　Ｅ：まったく考えてはらないんじゃないと思います。

【Ｅインタビューより②】（Ｉ：筆者）
Ｅ：私が「ふれんど」に入って来たときは、まだＡさん落ち着いてはって、

第 4 章　「発達障害」概念の様相　　117

今は全然言いはらないんですけど、その時はAさん、私に「嫌なことがあったら、嫌って思うんじゃなくて、今の言葉嫌やったとか、今話し掛けんといて、とか言ってな」って、私に言ってくれはったんですよ。

I：ヘー、Aさんが？それっていつ？

E：私が1回目見学に行ったときくらいですね。3月ぐらい。私その時、第一印象としては、この人は障害持ってはるかもしれないけど、自分でコントロールしようとする人やっていうのが、第一印象やったんです。今のAさんを初めて会ってそのまま受け容れられるかっていわれると、私も一歩引いてしまうと思うんですけど、初めて会ったAさんがそういうこと言うてくれはって。で、「僕は止まらなくなったら、すごいもう、いろんなことをしゃべってしまうから、止めたくなったら、遠慮せずに止めて。口に出さずに嫌な思いされるのが一番嫌やから」って言ってくれはった、そのAさんを知っているから、最近は不安定なだけで、Aさんは自分のしんどさとかわかってて、でも、うまくいかへんのやろなって思える部分がどこかにあるので。

【Dインタビューより①】（I：筆者）

D：最初は気を遣って、ウチに話しかけてきているはずなんですよ。最初からグイグイは……、グイグイきてますけど（笑）、それでも最初からテンションマックスで来てるわけじゃないんで。何々知ってるかとか、そういうので、最初は知事の名前知っているか、みたいな言って、HさんはAさんが過剰に反応しちゃうの、たぶんしたんだと思うんですよ。それでいきなりテンションマックスなっちゃって、それも特に怒りの方になっちゃって、止まらなくなっちゃったんですけど。最初は気を遣っているというより、やっぱり女の子としゃべるというので、誰でもそうだと思うんですけど、異性としゃべる時は、ま、ちょっと同性としゃべる時よりは、何かしらの心構えもあるんじゃないですか。その中で、だんだん自分の気持ちが勝っちゃって、「あれ」みたいな。で、気づいたらみんなに怒られてた、みたいなんじゃないですかね。

I：なるほど。最初は冷静に関わろうとするけど、だんだん感情の方が勝っ

ちゃって。
D：そうだと思いますよ。だって、最初からその、例えば、Ａさんが女の人好きだとするなら……、ま、誰でも男の人なら女の人好きだと思うんですけど、もしそうだったら、いきなりケンカ腰の人なんていないじゃないですか。やっぱ、最初は様子見るっていうか。その様子見がウチらの感覚よりちょっと下手くそっていうか、掴みがよくわからないっていうか。だけど、気を遣ってないわけじゃないですよ、きっと。（中略）
Ｉ：Ａさんが相手の気持ちを考えているとか、相手の思いを感じているなぁって思えることが少なくて、「わかってる」って言うけど、本心でそう言っているのかなぁって、思うことがあって、聞いてみたんですけど。
D：まあ、ないってことないでしょ、ぐらいしか言えないんですけど。自分の気持ちを優先するっていうのは合っていると思うんですよ。人の気持ちが大事だとはきっと思っていないとは思うんですけど。でも、うーん、考えていると思いますけどね。

　概念を用いる際に、捨象されたものに目を向けることが、新たな側面を見出すことになる。Ｅは、相手のことを考えることはできるが、その可能性の中のいくつかの選択において、自分の都合を優先することをＡさんの特性と解釈している。また、Ａとの最初の出会いにおける印象深い経験から、彼が周囲に配慮できる人であると判断している。Ｄは、相手への配慮ができる人だが、だんだん話しているうちに自分の感情が勝ってしまうと解釈している。筆者は、このように人に配慮するＡの姿を「発達障害」の枠にはめて捉えることで捨象していたといえる。これらは勿論、「発達障害」の特性は、ひとりひとり異なるので、Ａさん独特の姿だと説明することは可能である。しかし、もしそうであるなら、彼を「発達障害」として範疇化することにどんな意味があるのだろうか。この概念について検討するためには、「発達障害」を使用する側に焦点を当てる必要がある。専門家が「発達障害」という概念を用いることで、支援の関係性にどのような影響を及ぼしているのであろうか。

第 2 節　「発達障害」概念とは何か

　今日、「発達障害」がブームである（斎藤 2013）。杉山（2011）は、世界の常識を崩し、自閉症スペクトラム障害の世界的な広がりの嚆矢となったのは日本の研究であると述べる。しかし斎藤環は、「発達障害」の急増ぶりはとりわけ日本で突出しており、先天的な脳の器質的障害であるにもかかわらず、広汎性発達障害の有病率が欧米の調査結果の 2 倍以上というのは奇妙なことだと指摘する[1]。筆者の周囲でも、この 10 年ほどの間で「発達障害」という言葉を耳にする機会が多くなった。そして筆者自身、日常的な関係の中で違和感を持つ他者、理解困難な事象に遭遇した際、「発達障害」が真っ先に思い浮かぶといった経験も少なくない。早期の乳幼児検診の重要性が叫ばれるなど、「見えにくい障害」とされる「発達障害」をいかに可視化するか、の論は枚挙に暇がない。なぜ、「発達障害」という言葉はこれほど急激な広がりを見せるのだろうか。

　「発達障害」とは、国内では発達障害者支援法（2005 年 4 月 1 日施行）に"自閉症、アスペルガー症候群その他の広汎性発達障害、学習障害、注意欠陥多動性障害その他これに類する脳機能の障害であってその症状が通常低年齢において発現するものとして政令で定めるもの"と定義され、行政における用語の使用はこれに沿っている。しかし、それ以外での明確な定義づけはなく、非常に曖昧な概念であるといえる[2]。そもそも発達障害という用語は、米国精神医学会の 1987 年版「精神疾患の診断・統計マニュアル」（DSM-Ⅲ）で採用されたのち一度は消える用語であるが、日本においては医療よりも文部科学省や厚生労働省などの教育・福祉行政の場から定義され、広がりを見せることになる。その結果、"何が共通した本質か、専門家や臨床家の間に合意された認識があるわけでない（滝川 2008: 45）" "さまざまな状態がミックスした（玉永 2013: 145）" 用語との指摘もある。

　教育・心理の臨床に携わる専門家の間では、「発達障害は脳に何らかの障害があることに起因する生物学的概念」であることが自明の理とされる。しかし、社会性やコミュニケーションといった「関係」の障害にかかわらず、

当事者にその要因が還元されることについての批判も多い（例えば、綾屋・熊谷 2008、小林 2010）。一方、障害学の領域では、障害を器質的なインペアメント（Impairment）と社会的に構築されたディスアビリティ（Disability）とに分け、とりわけ社会的障壁となるディスアビリティの解消を目指す。障害を社会に方位付ける言説は社会学領域においては一般的であるが、反面、構築概念の説明に終始し個別の経験に迫れていないとの障害学内部からの批判もある（バーンズ, C・マーサー, G ＆ シェイクスピア, T 1999/2004）。どちらもそれぞれの哲学的基盤に依る学問領域では「常識」であり、障害を取り巻く日常においては、専門家を通じて我々の生活に深く埋め込まれ、浸透しているといえる。本章では、その是非や発生の起源を問題とするのではなく、障害に関わる言葉が我々の生活世界の中でいかに複雑に絡み合い、錯綜して用いられるかに焦点を当てる。実践現場における概念操作が、障害を巡る社会的関係をいかに組織化するのか、その様相を探求する。

　特に「発達障害」という概念においては、「コミュニケーション」「社会的相互交渉」などの周囲との関係に関する項目が重要な位置を占める以上、当事者とされる人々を取り巻く社会・文化的環境を無視することはできない。むしろその関係に着目し、従来の生物学的概念からの現象理解と、社会・文化的概念としての関係理解の複雑な絡み合いの様相と捉え直すことで、「発達障害」に迫れると考える。国内における「発達障害」という診断名が、当事者にとってどのような意味を持つかについては、当事者による自伝や研究・論考によりその個々の経験は明らかにされつつある（例えば、ニキ 2002）。また、研究者・支援者側からの「発達障害」概念に関する先行研究も、論考においては散見する（例えば、戸恒 2011、湯野川 2011）。しかし、関係者間におけるその概念の操作過程や意味について提示したもの、さらには発達障害当事者との関係において、研究者自身に生じる経験を詳細に記述したものは管見ではあるが見当たらない。概念化を「複雑な事象を同一と差異により分類し名づける行為」とするならば、その主体は障害当事者とされる者ではなく、自らを「正常」と位置づける「普通」の人々であり、概念を用いるその経験に迫ることこそ、意味を探るうえで肝要である。そこで次節では、「発達障害」概念がいかに我々の日常生活の中で操作され、関係を組

織化しているのかについて、筆者の生活世界における経験より抽出し、浮上させる。

第3節　筆者が見る世界の鮮明化

1　筆者の視角変化に伴うA像の変容

　本節では、Aとの関わりから鮮明化した筆者が捉える世界のうち、筆者が構築したA像の変化と筆者の固執を提示する。当初、筆者が形成したA像は、自己統制を行いにくいが、そのことを含め自らの状況がよく見えている「困っている人」であり、いわゆる発達障害者の"周囲を困らせている奇異な行動が困っている人のもがき・試行錯誤・悲鳴・絶望であるとの理解（神田橋 2013）"であった。そのため、周囲による承認機会が少ない過去の経験から「自尊感情の低い人」と把握していた。しかし、その印象は時間と共に変化する。Aの自己否定的言動は自己省察ではなく、これまでの会話経験から「自らを理解できているとする姿勢の会話スキルを、形式的に身につけている」と考えるようになる。また、自信のない部分よりも多数の自信を持つ分野があり、決して自尊感情の低い人ではない。むしろ自信による過剰な言動が周囲を困惑させている。そして、人との関係において周囲は明らかに困っているが、A自身はそれほど困ってはいない。塚本（2013）は成人期の発達障害者について　①うまくいかず困っている人　②うまくいっていないが、それに慣れ困っていない人　③うまくいかないのは、自分のせいでなく他者のせいにする人　との分類を示すが、筆者はまさに③にAを当てはめる。

　これらA像の変化は、関係変容に伴う視角の位置が大きく影響している。関係構築当初、筆者の姿勢は受容的であり、その視角はAの立場での把握を試みるものであった。筆者は、Aの中に筆者自身の姿を見出し、彼の経験を自身の経験と照合し類推していた。しかし、推察困難な経験が増すにつれ筆者の姿を類比することは減少し、逆に困難を共有するスタッフの中に筆者自身を見取るようになった。結果、記録ではスタッフ側の視角からAを批判的に見る記述が増加することになる。

2 葛藤要因となる筆者の固執

　次に、Aとの関わりから照射される筆者の固執を提示する。筆者の彼への関心は、徐々に以下の2点に集約され、それらが筆者の価値観を揺さぶる大きな要因を占めていく。

　一つ目は、Aの周囲への配慮が希薄な点である。筆者は多くの不快感を記している。筆者の対人関係の枠組みは、「相手を思いやる姿勢を大切にする規範」を背景とする社会文化的価値観の中で形成されてきたといえる。Aとの出会いは、その前提を揺さぶり、筆者は真剣にその枠組みを突破したいと渇望するようになる3)。しかし、「Aらしさ」を尊重したい反面、集団活動におけるスタッフ役割では、「常識」とされる「場に応じた振る舞い」を「状況に合わせて推し量る」ことが要求される。そこで筆者は次のように苦慮する。Aに対する相手の気持ちへの推量要求は、それが「発達障害」の不得手であれば、彼にとって酷ではないのか。トレーニング・プログラムなどに従って学ぶことを勧める方が良いのか。しかし、それはAを「発達障害」だと定めることになり、その受容を彼自身へ求めることに繋がる。Aは自らに問題があるとの指摘を頑なに拒否する。そして、他のスタッフと対等に扱われないことに強い不満を抱く。Aの望みは自己ではなく周囲の変容であり、トレーニングを受け容れることは難しいのではないか。これら「周囲との関わりへの問題意識」は、「ふれんど」のスタッフとして活動に参画する筆者自身の悩みでもあり課題でもあった。そこに固執する筆者は、Aの中に筆者自身を投射しているともいえる。同僚スタッフへのインタビューで繰り返し、Aと周囲の関わりについて聞くのはそのためである。

　二つ目は、子どもと女性への暴力的言動、抑圧的態度である。筆者は、これらに強い嫌悪感を示す。子どもや女性に激しい言動で迫り、威圧する行為は、筆者の不安を煽り過剰な危機感を抱かせた。筆者は、この年に起きた複数の大きな事件が頭をよぎることがあった4)。Aとそれらの事件を結びつけることに全く根拠はなく、Aに対して失礼なことである。勿論、直接口に出さなかったが、筆者はまぎれもなく不安を感じていた。小児科医である戸恒（2011）は、"少年事件の少年たちが発達障害を持っているとマスコミで取り沙汰されていて、事件が起こる度に、自分の子どもがそうでないかと不

安になった親の相談が続くことがある（戸恒 2011）"と述べている。このような根拠のない憂慮こそが、統制への抵抗があったはずの筆者に、Aへの統制欲求を生じてさせていく。

　以上、筆者の記録からは、Aとの関係や筆者が存在する場での悩みから生じる不安・葛藤の契機に「発達障害」概念が導かれ、自身を守る概念装置として操作される様子が浮上してきている。

第4節　「発達障害」概念の多義的な作用

　本節では、筆者とAとの日常の関わりを通した「発達障害」概念の操作及び、結果として潜在する意味の様相を開示する。同僚スタッフの経験を参照し、関係者間の交通より表出する「発達障害」概念の作用を検討することで、言葉の使用が関係にどのように影響を与えているのかを考察する。

> 意味という語を利用する多くの場合に（中略）ひとはこの語を次のように説明することができる。すなわち、語の意味とは、言語内におけるその慣用である、と（ウィトゲンシュタイン, L. 1953/1976: 49）。

　後期ウィトゲンシュタインなどの言語使用論的立場に拠るならば、言葉の意味とは関係の中で発話主体の意図を超越し、その構造体系（ラング）の外で事後的に説明されるものである。言葉の意味の決定は対話活動の結果であり、意味はそれ自体として決まるのではなく、発話行為により産出される[5]。本節では、筆者とA及び周辺の同僚スタッフによる「発達障害」という概念の操作と意図を超える意味作用を整理する。

　筆者とスタッフは、「発達障害」という言葉を、科学性を帯びた専門用語として使用している。しかし結果的には、その語義を超えた多義的な働き（意味）を持つ概念装置として操作し、上述した関係変容を伴うことになる。多義的とは、辞書の記載のように整理された複数の意味がすでにあるような誤解を招くが、「隠喩的」である（能智 2011）。オング, J（1982/1991）によれば、辞書にある語の様々な意味は、年月の特定できるテクストの記録のま

まに公式な定義づけがされ意味の層をなすが、この層の多くは現在の通常の意味とは無関係であり、辞書は意味論的なズレを明示する。語の意味は、常にそこに固着した現実の状況からしか生まれない「現在から発するもの」であり、実際に話される語が常にその中で生じる実存的状況を含む、とされる。つまり、言葉の意味はその状況において辞書の意味を超えており、"個々の実現状態において、いつも現に弾力的に伸縮・振動中である（佐藤 1996: 274)"。以下、意図の有無にかかわらず発話主体間の関係の結果働く、言葉が持つ多義的な意味作用を隠喩的な「機能（function）」として説明する。

1　翻訳機能

　翻訳ソフト（対象を積極的に示すことができる語義があるとの前提でプログラムされている）などを使うと、文法や文脈に依存せずに選択された言葉の「意義（ひとつの語が文脈を離れても表し得る固有の内容）」が直訳されて繋がるため、結果として「意味」が通じにくい文章になる。しかし「意味」の受け手として我々は、無造作に繋がれた文章全体から内容を把握しようと努め、前後の文脈から作者（発話主体）の意図を推察し、言葉の「意義」とは別にふさわしいと思われる「意味」を再選択する[6]。そして文章を修正し、おおよその理解を行う過程を辿る。「翻訳機能」とは、このような合理的理解へ効率的に導く働きを指す。我々は、自らの日常世界とは異なる理解不能な事象に直面する際不安になり、その状況をできるだけ早く払拭したいと切望する。この機能は、短時間または限られた状況下にて相手のことを把握する場合に有効である。既成の枠組みにあてはめ、該当するかしないかの取捨選択のみで相手を測る操作だからである。便利な反面、捨象されるものも多い。眼前の個別具体的状況へ迫る精緻さが欠けることに留意する必要がある。しかし、ここでは早急に相手の概略を掴みたいのであり、そのためには一般化された抽象概念は大いに役立つ。

　「認知的関連性の原理（Cognitive Principle of Relevance)」を提唱したスペルベル, D & ウィルソン, D（1995/1999）によると、我々は、記憶や一般的な常識といった「想定（assumptions）」から、相手の発話を解釈するにあたってコンテクストを引き出し、それを手掛かりに言葉の含意（implicature）

を推論する。そして、無意識のうちに認知環境（cognitive environment＝想定の全体）の改善を図るため、①想定を増やす　②不確定な想定をより確かにする　③誤った想定を正しい想定に置き換える　ことを要求している。しかし、我々はコストをかけずに認知環境改善の効果を上げたいため、「関連性」の高い情報にアクセスする、とされる。かつて心理学理論を学び、そこで得られた知見を活かし生業とする筆者は、理解不可能な経験に直面する際、心理学理論と観察可能な心理学的現実をつきあわせることにより、自らの経験を関連性の高い心理学的情報と結びつけ、理解可能な現実に書き換えているといえる。A像は、心理学領域では「常識」とされる専門概念での単純な対応的説明として完結する。記録の大半は、筆者の日常との差異から生じる違和感を中心に記述されるが、それらが生じる源泉は心理学的知見より把握が試みられる。「発達障害」概念の活用としては、出来事の詳細な記憶や、状況を数値化して表現することに筆者の関心が強く向く。さらに、相手の気持ちを推量せず、自身の感情をそのまま相手の感情と捉える傾向の強いことが、筆者を最も惹きつける。

　以下の記録は、関係構築初期のA像形成にあたり、筆者が大きく影響された会話である。この日はスタッフEの誕生日前日であり、AはEへのプレゼントとしてスナック菓子を持参していた。しかし、Eが来所せず不機嫌になり、この日が初参加のスタッフDに菓子を渡そうとする。

【201X.6.29 会話記録 No.3】（I：筆者）
　A1：Dさんにあげたらいいと思うねん俺な。今日はもう納得して帰ってい
　　　ただきたい。
　I1：えっ、Dさん、もらって納得するんやろか？
　A2：Dさん納得するとかそんなんどうでもええねん。
　I2：あー、もらってもらったら、Aさんが納得するってこと？
　A3：そうそう。もう、1点でいいわ。今日はもう。ほんとは0点やけどな。
　I3：えーと何？　Eさんにもらってもらえなかったから、0点ってこと？
　A4：そう0点。だって今日あれやもん。こんだけ、6月29日来るでって言
　　　ったのに来なかったんやからね。

Ｉ４：あーそうかそうか。
Ａ５：だって、9日にも言った、8日にも言ったで。来るでって何回も。
Ｉ５：Ｅさんさぁ、最近、あんまり来てないことない？ 忙しいん違うかな？
Ａ６：逃げてるんちゃうかな、一部情報では。(中略)
Ａ７：そら思うわ。そらこの日来なかったらそう思うやん。だって、ここにも言ってるし、5月にも言ったし。
Ｉ７：あのー、29日は絶対来るよって？
Ａ８：29日は、絶対たっ君来るよって（たっ君はこの日連れてきたＡさんの友人：仮名）。
Ｉ８：あっ、たっ君にＥさんを会わせたかった？
Ａ９：そうやなぁ。今日はもう完全に失敗やな。事実上の。だからＤさんにあげて帰ろかな、今日はもうそれでいいやろ、それでもう今日は100点ですわ。
Ｉ９：えーええ、Ｄさん、だっけ？それで、受け取ってくれはるんやったら、Ａさんがそれで納得するの？いいんかな？
Ａ10：まぁ、しゃーないわな。
Ｉ10：Ｄさんは、もらってくれるって言うてはったん？
Ａ11：約束したよ。もらってくれるって。
Ｉ11：それならまぁ……。(中略)
Ａ12：Ｄさんになぁ、プレゼント受け取ってくれんと帰られへん今日、絶対みんなぁ。
Ｉ12：Ｄさんがプレゼントもらってくれんと帰りづらい？
Ａ13：帰りづらいよ。だって今日、悔しいどころちゃうもんそんな。ちゃう、悔しんちゃう。終わりやでほんまの話。今日0点やで。0点言わへんけどな、0点に近い状態やな。ま、いろいろ問題なってるよね、最近は。なんか僕のせいばっかなって嫌ですね。なんでも。
Ｉ13：Ａさんはそういう風に思っちゃうんやなぁ。
Ａ14：うん。思うのは自由ですよ。違います？思えへん？思うのは。
Ｉ14：思うのは自由やけど、それを直接相手に「あなたのせい」とか言っちゃうと、Ａさんだけの問題じゃなくなってくるからねぇ。

A15：ま、実際Eちゃんの問題でもあるよ、今日はね。29日来なかったんやから、これ、ただでさえ問題なってんやからな。何人かの人は思うな。今日は期待してたのに来なかったって。

I15：そんなにEさんが、今日は確実に来るみたいなこと言ってた？

A16：言ってたよ。

I16：ほんまぁ？

A17：スクールカウンセリングなんて、たぶんな、でたらめちゃうの、どっかで。わざと、B型の弁護士の誕生日と一緒にされるの嫌やから、わざと逃げたんちゃうの、わざと、そんなん。どうかな、わざとらしいんかもしれませんな、もしかしたらな（この日は、弁護士でもある原市長の誕生日であった）。

I17：時間気になる？（腕時計）真ん中置いとこか、ちょっと。

A18：だって今日、あと5、6分で終わらなあかんと思うな。だってもうそれで0点やねんで、事実上な。どう思います0点って。

I18：その0点をちょっと10点とか20点に上げようと思ったら、どうしたらいいの？

A19：もう、Dさんにプレゼントもらうしかないわな。そやろ？

I19：でも、Dさん、ほんとは欲しくなかったらどうする？

A20：そらしゃーないやん、欲しくないとか問題やないやん。

I20：なんで？

A21：そんな問題じゃないやん。こっちは、謝りの代わりもあるねん。謝りの代わりも。

I21：だけど、Dさんは関係ないやんか。Eさんが来なかったことに。

A22：今日来て、謝ってもらわなあかんやん、謝らなあかんやん。謝るっておかしいな。俺今日悪い事してるんで謝まるねん。少しな。

I22：誰に？

A23：Dさんに悪いことしたんや。

I23：あっ、Dさんに悪いことしたなぁって思うから、「△△（菓子名）」をあげるん？

A24：当たり前やん。それ以外目的ないよ。何も。

I 24：でも、Dさんからすると、「イヤ、そんな謝ってもらって、プレゼントもらっても困りますから」って、断りはったらどうする？

A 25：そうなったら、困るな、俺。今日は、嫌な一日なりそうやな、俺。だって、裏切られたもんな、気持ちとして。そやろ。こうやって裏切られるねん、人間な。今日は、そら誰かて今日怒るわな。今日は嫌な一日やわ。

I 25：せっかく遠くから来てるのに、嫌な気持ちで帰るのは残念やね。

A 26：だからたっ君に、Dさんに土下座して帰らなあかん、今日は。

I 26：土下座されたら、Dさん、きっと嫌な思いするよ。

A 27：嫌な思いするとか、そんなん、相手の自由やないすか、そんなん。

I 27：自分が嫌な思いするのは嫌やけど、人が嫌な思いするのはいいってこと？

A 28：人が嫌な思いかどうかわかれへんやん。それは。ホントはして欲しいかもしれへんやん。ホンマのこと言えば。

I 28：聞いてみたらいいやん。ホントは嫌な思いしませんかって。

A 29：聞いてみたことあるけどな。でもそれお世辞かもしれへんやん、そういう言い方するの。

I 29：そんなん言うてしもたら、相手が嫌や言うたって、関係ないってことやん。

A 30：そうやな。

I 30：嫌って言うたって、そんなんお世辞やないですかって。

A 31：それな、何でそう思うかって、最近な。なんかな、そう思うねんな人間って。最近、人間嫌になってきた。人間が。

I 31：人間が嫌になってきた？

A 32：だって嫌やん、嘘つくし、裏切られるしな。そんなん誰だって嫌じゃないですか。嘘ついたり、裏切られたりしなかったらそら嫌じゃないですよ。（中略）

I 32：それは、Aさんの勘違いってことはないの？

A 33：勘違いでもなあ、たっ君来てるからなあ。それはちゃんと謝ってもらわんと。

I 33：それはだけどさ、勘違いしてた人が悪いん違うの？

A 34：違う、悪ないよ。これ何回も言ってる。8日も言ったし5月にも言ってんで何回も。

I34：だけど、その日確実に来るってEさんが言ってないんやったら、仕方ないやん。
A35：そういう問題じゃないやん、だって。問題が違うやん。でも、たっ君ここに来たんやで、わざわざここに、わざわざな、そのために。

　Aは、格助詞（てにをは）を誤って使う場合や、相手に使う言葉を自身に使うことがあり、聞き手は困惑することがある（A1、A19）[7]。その日の出来事を評価的に点数化する表現や、EへのプレゼントをDにあげることでも了解でき、0点が一気に100点になるとする極端な考え方に、筆者は困惑しつつ関心を持っている（I3、I9、I18）。そして次第に、別人へのプレゼントをもらうことや土下座をされることでDがどのような気持ちになるかに意識が向き、繰り返し質問している（I19、I24、I26～30）。しかし、Aは自身の気持ちを優先することに終始する（A20、A21、A27～30）。EがAに約束したとする回答（A16）や、Dがプレゼントをもらってくれると言ったとするAの主張（A11）については、後日E、D両者に確認し、二人ともAの主張を否定している。この出来事より筆者は、相手の気持ちへの推量が困難で自身の考えるように相手も思っている、数的表現が得意、極端な是非判断、などの「発達障害」的傾向がAにあることを強く認識する。また、「Aが想像で都合の良い話を作る」と考えるようになる。さらに「人間が嫌になった」などの発言（A31、A32）によって、彼が「困っている」と推測する。
　社会人学生のOGで活動への古参成員であるFは、Aについて話す際、普段から「発達障害」を頻繁に用いる。以下のインタビューにおいても、筆者はAの血液型と誕生日への関心について質問しているが、Dは「こだわり」という言葉が鍵となって「発達障害」を用い、数字にこだわるという行為だけでなく、コミュニケーションの問題までも、文脈に関係なくAの特徴として説明している。

【Fインタビューより】（I：筆者）
I：血液型や誕生日のことはどう思います？
F：自分が何か言われたんでしょうね。

I：自分が言われた？

F：自分がB型で、何かすごいマイナスなことをいっぱい言われたんじゃないですか？それでたぶん<u>こだわって</u>いるんかなって。

I：人の誕生日とか星座とかをすごい覚えてはるじゃないですか。

F：<u>あれは発達障害の特徴</u>。数字とかね。□□さんもそうでしたけど、ババーッと時刻表見るとかね。私らにとったら結構いい加減でいいことが、<u>こだわり</u>なのかなって思っています。だからそれは、そこら辺から見るんじゃないですか、彼は？

I：何ていうか、人の区別というか、そういうのを誕生日とか血液型で…。

F：そうそう。

I：それは僕も感じるところがありますね。

F：だから<u>それが障害っていうかね、言っても聞かないっていうのが障害な</u><u>んかなって思う</u>ことがある。言われたら少し退くじゃないですか、人間って。彼はそれがないですね。<u>そこが障害なんかなって思って</u>。コミュニケーション障害って大きい言葉で括られるけど、社会で生きていく上ではきついんやろうなと思って。

2　緩衝機能

　障害があるとされる当事者が他者や社会からの批判に対し、診断名を要請する言説は知られている。例えばニキ（2002）は、汚名返上のために障害名を求める経験を述べ、自身の失敗に"機械的で、即物的な神経学的説明がつくのは、大変な安心感だった（ニキ 2002: 189）"と語る。このような障害概念の使用は、一種の緩衝装置としての障害名の利用といえる。しかし本章の主題としては、関わる支援者側にとっての緩衝機能を提示したい。筆者は、個としてのAを理解したいという思いから、安易に既成概念に当てはめず、徹底してA世界について熟考する態度を模索してきた。また、「友人」でありたいとの願いから、二者間の隔たりを埋めたい欲求が生じ、筆者の期待する関係様式をAに求めていた。こちらの思いが伝わるまで、話しかけ、説得し、熟慮を依頼し、共有できる世界を彼に要求していた。しかし、関わりが濃密になるに従い、思いが伝わらない虚無感や諦念、筆者の存在が感じら

れず無視されるような疎外感、他者への攻撃の一端を自らも担っているのではないかとする罪悪感に覆われるようになった。さらに、Aの言動への苛立ちや周囲から要求される役割との乖離による自己嫌悪や焦燥感に、次第に自身が傷つき、疲弊していることに気付く。状況を変え自らを守りたいと考えた筆者は、Aとの友人関係の構築を諦め、「支援者」とする態度変更を意図的に行う。

　この態度によりAとの世界は分断され、関係は変質する。つまり、筆者がAに対して感じていた違和感の要因を器質的なものであると暫定的に判断する。そして、ある程度の行動改善の期待はあっても根本解決はできず、Aの努力欠如や性格の問題ではないので仕方がない、と捉え直す。それは、筆者自身の関わりや考え方の問題でもないとする自身の常識世界の防護ともなる。結果、違和感の衝撃は和らぎ、相手も自身も責めなくて済む。これにより、関係の位相は変わり再構築が行われる。「友人」ではなく「専門家・支援者」としての役割で自らを覆うことで、筆者は自身を守り冷静に関わることも可能になる。また、徹底していたA世界への探求も安定した定義の上で行うことになり、疲労も減少する。

　次の記録では、Aへのこれまでの接近の仕方を諦めた筆者が、冷めた様子で学生スタッフBの（かつての筆者のような）方法によるやり取りを見ている。また、支援者的関わりでAの行動が統制でき、筆者に余裕が生じている。

　【201X.12.7 フィールド記録（17）より】
　　イベントの後は白板の前で、B君がAさんに一生懸命何かを説得しようとしていた。しかし、今日のAさんはかなり食い下がっていて、大きな声で何かを言っていた。前回のような感じではなさそうだった。Fさんが「B君がAさんに手を取られてしまって、子どもの対応ができないのは困る」と言っている。かなりの時間続いていたが掃除の時間になったので、私が白板を動かしながら「場所を変えるか、中断するかできるかな？」と二人に話しかけると、ようやく終了した。B君は疲れた顔をしている。後で椅子に座っているB君がぐったりしていたので、「お疲れさん、理論的に説明しても難しい

んじゃない？」と肩を揉みながらねぎらうと、「そうですね」と今日はさすがに参った、という表情をしていた。この日は、18時で閉めるということなので、お母さん方もあわてて乳母車を押してエレベーターで降りようとするが、Ａさんは車掌のようにエレベーター前を仕切っている。ただ、「閉」ボタンを押してからすぐに「上」ボタンを押してエレベーターを呼ぶので、何度も開いてしまいなかなか下に降りられない。さらに乳母車3台入れるところを2台に制限して、「後にしてください！！」などと言っているので、お母さん方は困惑しているようだった。見かねたＦさんは「お母さん方が困っているから止めてください」と言い、Ｊさんは「ボタンを押してから10秒数えてください」と言っていた。その場から離れることが良いと感じたので、私が「今のやり方やったら車掌さんクビになってしまうで」と声を掛けると、「それは大変や」とあわててエレベーターから離れた。<u>彼の世界観で話をする方がうまくいくと思った。（中略）今日は、仲良く話をした感じでまったくイライラしなかった。なぜだろうか？</u>

　このような概念操作による関係の作り方は、学生スタッフのＨやＥのＡについての語りからも見られる。Ｈは、ほぼ初対面のＡからの「ストレートな言動」を、発達障害の小学生との経験に置き換えて理解しようとする。Ｅは、Ａを「支援の対象者」と捉えることで、時には何時間にも及ぶ彼の一方的な言動を聞くことができたと語る。「友人」関係でなく、「障害者」と「支援者」の関係に戻った筆者の第3期の態度変更同様、相手を「障害者」、つまり自らの日常世界とは異なる存在、とみなすことで、理解しがたい自身への「理不尽な要求（Ｅインタビューより）」や威圧的で傲慢な態度を納得し許容する。このことで、自らの常識的日常世界を守り、傷つきを和らげることができる。

【Ｈインタビューより】（Ｉ：筆者）
　Ｉ：いきなり「常識ないねえ」って言われたら結構気にならない？
　Ｈ：たぶんその、<u>障害があらはる</u>っていうのが、小学生の子もやっぱり知らんうちにきついこと言ってしまう子とかもいて、確かに普通っていうか、

一般の子見てると、そういう言葉って相手傷つくし言わんとこっていう配慮みたいなのできるかもしれないですけど、発達障害って言われてる子は結構ストレートに言ったり、相手が傷つくやろなとか思うんじゃなくて自分の感情そのまま言ってしまう人が多いんで、Aさんもそうなんやろなって思って。
Ⅰ：Aさんのことを発達障害あるよって言った人、いなかったと思うんだけど、最初からそんな感じやって思ってた？
H：うーん、そうですね。

【Eインタビューより③】（Ⅰ：筆者）
Ⅰ：長時間、話を聞くことについてしんどくなかった？
E：それはやっぱり支援の対象やと思えばこそ、できたことかなとは思いますから。私自身、割と気が短い方なんですけど（笑）。でもやっぱりその、学校とかで教育心理とか子どもたちの中でその、人によってその理解の早さとか、そういう思いが違うんやってわかったら、やっぱりその普段の私とは別に、なんかそれこそ仲間としては完全には受け容れられないけど、支援の対象やと思うことによって受け容れやすさがまた違うので、その意味でも支援の対象と思うことによって、私はその、自分を守ろうとしてたんかなと思います。
Ⅰ：あー自分を。
E：その、Aさんの仲間やと思ってたら、やっぱりしんどくなる部分がその、どうしても合う人合わない人がいるんで、どっちかっていうとAさん、私にとって合わない人なので、なのでそういうときには、また別の、私はこの人は支援してあげようって思っているし、こういう時は傾聴せなアカンし、的確な前向きな姿勢ってのはこういう事だよって言ってあげるタイミングなんやな、っていう風に考えれば、話も聞けるし（笑）。なので、知らず知らずのうちに私もやっぱりその、自己防衛をしてAさんに接してたんやと思うんです。

3 拘束機能

　隠し絵は、一見したところまだら模様や陰影が入った絵である。しかし、これらの絵画のどこかに動物が隠れており、正解を知った後はその形にしか見えない、といった認知上の経験が生じることがある。同様に、特定の概念を知ることにより、浮かび上がる相手の姿が知識に囚われ、観念に拘束されるという事態が生じる。対象として生み出された「知」はその主体を捕らえる桎梏ともなる。科学哲学者のハンソン，N.R（1969/1982）は、「見ることの理論負荷性」を提示し、絶対的客観性を否定した。つまり、科学者が「事実」を見るということは、彼らの持つ理論的文脈や社会的背景なしにありえないということである。我々は専門知識を得ることでまた失うものも多い。「発達障害」がTVなどのマス＝メディアに取り上げられた直後、自身がそうではないかと診断に訪れる人が急増する事例や、研修を受けた教師が子どもたちを見て、ADHD傾向やアスペルガー傾向といった素人診断を交えた日常会話を行うようになることがその一例であるといえる（例えば、中島 2003、玉永 2013）。精神科医であるサックス，O（1985/1992）は、1970年当時では百万人に一人の発症率とされるトゥレット症候群の患者を診察した翌日、ニューヨークの街中で一時間のうちに三人も患者を発見して驚いたと述べ、それ以来特別に探したわけでもないのに見つけられるようになったと記している（サックス，O 1985/1992: 171-186）。

　Jとのインタビューでも、興味深い語りが聞かれた。彼女は一人の保護者の意見としながら、学生スタッフに対しても「子どもへの理解は診断名を通した障害児としての理解ではなく、一人の子どもとして関わりの中から個々の特性として理解してほしい」と常々語る。一方、インタビューからは、Jが「発達障害」を通してAを捉えようとする語りも聞かれた。彼女はAを、自閉症としての診断があるタロウ君（仮名）の行動や「自閉的傾向」「自閉症スペクトラム」といった概念で捉えようとする反面、その諸概念について詳しくないと述べ、診断名での判断に抵抗をも示している。これは、安易な障害概念の使用に抗いたいにもかかわらず、Jの日常生活に抽象的専門知が深く浸透していることを示しており、関係構築当初の筆者同様、既存の「自閉症」や「発達障害」の概念に囚われていることを端的に表しているといえる。

【Jインタビューより①】（I：筆者）

I：わかりやすく物事を捉えることによって、成功体験を彼に積ませてあげたいなっていう思いからなんですか？

J：あまり深く考えてないんですけど、いわゆる自閉的傾向のある方に対しては、ダメとかいけないとかっていう否定系をすると逆効果ってのを、まあ、いろんな経験をしているので。例えば、タロウ君に彼が3、4年生ぐらいの時に「触っちゃダメ」って言ったら「帰ります」になっちゃって、（中略）そういう時どう対応すればよかったって聞いたら、ダメって言ったら全否定されたと思っちゃうので、もう僕はここにいてはいけないって思っちゃうので、（中略）ダメとかアカンとか彼らにはすごい言葉として響くんだなって思ったから、次にこうしたら言ってあげるとわかる。あとソーシャル・ストーリーってご存知ですか？

I：ソーシャル・ストーリー？

J：物語風に教えるんですって。（中略）次に何を、どうすれば成功するのかを教えてあげたらいいのかってことは、常に思っていたんで、たぶんAさんに対してもそういう言葉がけになったのかと思います（中略）。

I：Jさんの中では、Aさんは、例えばさっきの関わりのことでタロウ君のこととか、そのフラッシュバックという専門用語を使われていたんですけど、自閉圏の方だという認識がある？

J：自閉系？というよりも、うーん、ちょっとわかんない、広汎性……最近言われる発達障害。私、区別がよくわかんなくて、ADHDとかLDとかいろいろ言われて……最近LD親の会のお母さんたちと話したりとか子どもの話をよくしてて、あーそれって大きくなったらAさんの姿ちゃうんみたいな子どもさんの話も聞いたり、いうような感じでは見ているんですけど。どうなったらLDで、どうなったら自閉症か私の中では整理がついてないんですけど。そういう意味では、診断みたいなことは彼に対してはできないですね。ただ経験不足とたぶん周りから否定されながら生きてきた、まあこういう言葉が当てはまるかどうかわからないけど、二次障害的なところもあるんかなって。（中略）自閉症スペクトラムの親向け勉強会があって、A君はどう思うのかなって。（中略）

I：□□さんや△△さん（女子学生の名前）に、Ａさんは来てほしい、参加してほしいと思うけど、そこにその相手がここに来たいかとか、相手がどういう風に思っているかっていう考える余地って……。

J：ないな。

I：ないな、と僕も感じるんですけど、Ｊさんもそういう風に……。

J：思いますね。だからそのＡさんと話する時に「じゃ、相手はどう思ってんだろうね」みたいなことは促すんですけど、そこは彼は立ち入らないですね。

I：関係ないって、よく返ってきますね。相手の気持ちは関係ない。

J：（笑）そうなんや。

I：嫌って言ったらどうするの？って聞いても、「嫌って言ってもそれはお世辞かもしれない」って。

J：お世辞？遠慮して言っているだけかもしれないってこと？良いように良いように捉えるんやね。

I：そういうやりとりは、結構彼とはやっているんですけど。

J：相手の気持ちを思いやれないっていうのも、ある意味そういう<u>自閉症スペクトラムといわれる人たちの特徴</u>でもあるんですよね。

I：まあ、そういう風によく言いますね。心の理論の話とかって。

J：相手がどう思うのかってのを推し量ることが難しい、という風に私も聞いたことがあるんだけど、それも何回も何回も相手から言われないと。自分の都合の良いように解釈してしまってるよっていうことを繰り返し言わないと。<u>一遍刷り込んでしまったら、そう思い込んでしまったら訂正がきかない</u>っていうのもそういう傾向もあるんだろうなっていうことも思ったりしますけどね。そこをどうしたら彼は、うまく人と付き合えるような関係を作っていくことができるのかっていうのは、誰か教えてって感じですよね。

　第１期において筆者は、抽象概念、特に心理学的専門知により説明する姿勢が顕著に見られたが、第３期はそのような専門家としての態度を意図的に造出する。自身を守るために、あえて関係に線引きすることになる。この

ように自身の経験を類型化することにより、筆者の経験は「匿名化」される。匿名化された「障害者」と「支援者」の関係は筆者の存在を隠蔽し、個の生としての複雑な関係は解消すると共に単純化される。「緩衝機能」と同様、筆者は重荷から解放される。換言すれば、「諦めるための言い訳」として「発達障害」を用いるとも言えよう。「翻訳機能」は概念からの影響に配慮せず、能動的・積極的な相手への接近操作であるが、「拘束機能」はその反動として現れるといえる。さらに、相手との距離を確保したい場合も要請され、且つ概念作用について意識するにもかかわらず、主体を統御する強い拘束性を有している。

4　同定－繋属機能

　言葉を恣意的な共時的体系（ラング）の差異と、一切の法則性を逃れた偶発的「出来事」とする通時的歴史性から捉えたソシュールは、"コトバは差異の体系であると同時に差異化しあい自己を組織化している動くゲシュタルトである"とする（丸山 2012: 291）。差異は複数の「もの」を同時に出現させるが、その代わりにその他の差異は捨象され大雑把な共通点で括られる。これは、人間の言語が本質的に有する象徴化能力である（立川・山田 1990）。
　「発達障害」は差異と同一によって「分類」された結果、生成される概念であるから、ある人が「彼は発達障害だ」と言葉を発することで、状況・文脈に応じた分類が生じる。既述したF・H・Jと筆者のインタビューでの対話も、「発達障害」という語が発せられた直後、いくつかの分類が瞬時に生じた。まず、Aを「発達障害」の枠に当てはめることになる。すると同時に我々は発達障害者ではない「非－発達障害者」であるとの認識が共有できる。Aの世界は「異常」で我々の世界は「正常」であるとの線引きが瞬時に行え、「理解可能な同じ世界の住人」としての「繋がり」を持つことが可能となる。さらに「発達障害」という用語を知る「専門家」としての枠組みをはめることもできる。流布しているとはいえ、専門性を帯びた用語であることは否めない。F・H・Jのインタビューの場合、発話者自らが「発達障害」を使う行為は、相手も既知であろうことを前提に用いられており、我々が専門用語を共有する位相にあることを確認できることになる[8]。当事者が

用いる場合も一瞬のうちに同定できる点は同様である。例えば、目の前の相手が障害当事者だと思われるとすると、同胞としての「繫属」を求めることになり、健常者と思われる相手に理解や配慮を求める場合は、「緩衝機能」も同時に期待しての操作となる[9]。このように使用する文脈に応じて「意味」は異なるが、一撃のもとに相手を分類し、自らも同定し、同胞としての繫がりを承認し合える機能があるといえる。これは、異質なものの排除による同質性でその集団を定義する「他者化（otherizing）」作用に繫がる恐れもあるといえる。

以下は、Aと筆者の会話記録である。Aは、山川啓一知事（U県知事：仮名）を称える話を頻繁にするが、それをある施設の職員から「こだわりがあるから発達障害だ」と言われ、腹が立ったと話している。Aは自身を「発達障害」ではないと位置づけ、筆者についても同様に「非－発達障害」と定めて話す。聞き手の筆者も、自身を「非－発達障害」と位置づけ、Aを「発達障害」だと定めないことで会話が成立する。Aに「発達障害」という言葉を投げかけた施設職員は、彼を「障害者」と同定し自身は違う存在と位置づけたのであろう。しかし、発話したかどうかのみならず、Aにとっての言葉の「意味（自身が発達障害者であるとされることは問題だとする意味づけ）」が関係に大きく影響を及ぼしている。概念が他者化により差別的に作用した事例といえる。

【201Y.3.8 会話記録 No.17】（I：筆者）

A：俺、絶対許されへんこと一個あんねん。

I：許されへんこと？

A：何が許されへんかって言うたらな、不当なこと、Aもいろいろあんのよ。
　　そらまあな、支援とか言いながらホントはいいことばっかりしてるわけ
　　じゃないのよ。ある施設行ったらな。

I：さっきの某施設って所の話？

A：某施設行ったらな、いいことばっかりって言ってるから怒ってんねん。
　　その全員、支援の連中に。

I：先生のOBっていう人たち？

A：そうそうそう。自分らいいことばっかりやっている訳違うんやでって。悪いこともしてるんやで、ちゃんと。悪いことの内容は、自分らでいいことって思っているから言うけどな。

I：ふーん、どんなこと？

A：極端な例やで、山川啓一を県議会議員と思えとか言うとかな。（中略）陥れようと。陥れたらアカンでって。（中略）

I：施設の支援の人たちとそんな（政治の）話するん？

A：山川啓一のなんていうん、<u>それはこだわりで発達障害とか言う。知事の名前をな、知事にこだわってるのと違うやん、知事は山川啓一しかおらんのに。</u>

I：<u>発達障害って誰に言うの？</u>

A：<u>言われてんねん！！</u>

I：あっ、Aさんがそういう風に言われてんの？

A：山川啓一しか知事おれへんのに。他おるか？ 山川啓一以外。な、鈴木省吾（P県知事：仮名）ちゃうで、知事。

I：それさっきのたっ君の話と一緒？ たっ君にもそんなこと言われた話やったけど。

A：そうそうそう。たっ君がその団体から言われたからな、頭来てんねん。山川啓一陥れることばっかりやっているから怒ってんねん。陥れるような、誰が見たって！

I：山川知事のことを発達障害って言ってるんじゃなくて？

A：山川啓一褒めたらな。褒めて、<u>こだわったら発達障害って。こだわってないやん！！</u>別に知事は山川啓一しかおれへんやん！知事って他におる？山川啓一しかおれへんやん、U県は！！

I：<u>Aさんのことを、知事のことでこだわっているから発達障害って言う人がいるってこと？</u>

A：そうそう。でも知事は山川啓一しかおれへんからな。知事は鈴木省吾でも■■（別の自治体首長名）でもないんやで。

以下のJのインタビューは、Aの女性への支配欲求という文脈で話された

内容である。筆者は、男子児童の様子や「カーッとして（自らを）押さえられない（J4）」という発言の後に、突然「発達障害」を使用する（I4）。これは、専門家のカウンセリングという行為が、専門的概念である「発達障害」と強く結びつくはずだとする筆者の意識より発せられたと捉えられる。それは、Jも当然「発達障害」を知っているとの前提で使用される。一方Jは、発達障害児親の会の名称を筆者が知っており、男子児童を発達障害児であるとの前提で会話をしていた（J1、J2）つもりなのだが、筆者が児童を「発達障害」であるかどうかを確認すべく用いたために、「伝わっていなかった」と驚いた返答をしている（J5）。「発達障害」が専門家言語として、また様々な背景を省略できる概念として会話に用いられており、互いを専門知の持ち主と同定する使用の一例である。

【Jインタビューより②】（I：筆者）
J1：一年生の男の子が3歳の妹に「さっき僕と遊ぼうって言ったよな」って。下の3歳の女の子がもう飽きたから「お母さんとこ行っておやつ食べる」って言ったら怒って、「僕とさっき遊ぶって言ったやんか！」って。すごいなんか支配、お兄ちゃんが妹を支配しようとするってお母さんが話してはって、あーそれってなんかどっかで見た光景って思いながら話し聞いて。で、それをどうしたらいいかって相談受けたときに、▲▲（発達障害児親の会の名称）のリーダーのNさんが、「それはもうピア・カウンセリングの範疇ではどうすることもできないんで、カウンセリング受けた方がいいと思います」っておっしゃったんですよ。

I1：お母さんが？

J2：はい。子どももお母さんも。で、R大学のO先生とか紹介してはったんですけど、子どもがそういう気持ちになってしまうのは、そういう傾向があるのかなみたいな。で、一方で（中略）子どもたちの中にも自分より弱い子を支配したいっていう気持ちもあるじゃないですか。それを、いやそういうもんじゃないんだよっていうことを付き合う中で、学んでいったり、社会に出て行ったら先輩後輩の中で大事にせな

あかんみたいなところもあったりするんだけど。そこは兄妹だったからかもしれないけど、ま、そういうアドバイスされてたので。
I2：そういう傾向ってどういう傾向なんですか？
J3：あの、力がある者が力のない者を支配するみたいな。
I3：という傾向があるからカウンセリング受けた方がいいって話なんですか？
J4：あー、その子どもさん？　そこでも、<u>もうカーッとなって、もうそこを押さえられない</u>ってお母さんが。どう扱っていいかわからない。
I4：<u>発達障害かもしれないみたいな話が……</u>。
J5：<u>あっ、でも彼は発達障害と（診断を）受けてるんですけどね。LDか</u>なんかって言われてて。その彼が下の3歳の子にそういうことするんやって、それはもう親同士の情報交換の中だけではもう対応し切れないかもしれないんで。
I5：専門家に関与してもらった方がいいっていう形に？
J6：その方は、◯◯病院の精神科に通ってるって言っているけど、私もNさんもそこよりは、O先生の方が良いかもって（笑）話をしながら。

　これら4つの機能は、それぞれが独立するものでなく、相補し合い相互干渉しながら状況・文脈に応じて複雑に絡み合い作用する。例えば、「同定－繋属」することが「緩衝」にも繋がり、「翻訳」することが結果として「拘束」になる場合もある。時間により流動的に変化することもあれば、同時に現出する場合もある。明瞭に分節できるものではない。また、それぞれの機能は、操作主体が理解不能と感じた事象に対峙した際の興味・関心よりも、むしろ不安・危機・摩擦・葛藤・消耗などに対抗して発動しやすい。そのため、意味がその意図を超越して随伴的に生じたり、主体の意識を離れた複雑な相互作用として関係へ影響を及ぼしたりする。そして、意図的操作も可能だが、これらは主体による対象を指し示す言葉としての「概念」操作、つまり「釘（対象）」を打つ目的としての「ハンマー（道具＝言葉）」と「手（操作主体）」のような単純な二者関係ではなく、関係の結果として生起する言葉の作用が、発話主体同士の関係に影響を及ぼすことになる。意図の有無を

問わず、言葉が関係に影響することで新たに関係が変わり、さらに異なる作用が生じる循環的往復運動となる。言葉の意味はひとつに固定された静的な「もの」ではなく、常に関係と共に生起し変化を続ける「こと（出来事）」であり、交通の連関が招来する流動的運動の結果といえる。

第5節 「正常」を守るための概念

　関係から生じる不安や葛藤を回避するための「発達障害」概念の意味作用を4つ示した。「翻訳機能」は、関係早期に直面する理解困難な事象を、効率よく把握するために有効であり、早急な不安払拭が可能となる。反面、捨象される部分も多い。「緩衝機能」は、他者世界からの衝撃を緩和し、共有が自明とされていた自らの常識的世界を崩壊から守るために使われる。「拘束機能」は、概念への囚われを自覚してもなお強く操作主体を捉えるが、背景に退く知的枠組みに意図的に身を投じることで、自らの存在を匿名化し盲目的になることも可能となる。「同定－繋属機能」は、「非－発達障害者」や専門家などとして互いを瞬時に同定し、理解可能な同胞として了承できる一方、「他者化」に作用し差別的に働く恐れもある。

　前述したニキ（2002）のように、障害当事者側からの視座による概念操作の記述はこれまでもなされてきた。石川（1999b）は、人が自身の価値を証明するために他者の承認を得る行為を「存在証明」と呼び、それには「印象操作」「補償努力」「他者の価値剥奪」「価値の取戻し」の方法があると述べる。これらは深刻な価値剥奪を受けたアイデンティティ問題に直面する人々にとって、価値を作り替える、または新しい価値を創造する機会となる政治的手段であるとされる。筆者の提示した「緩衝機能」「同定－繋属機能」は、障害当事者の「印象操作」や「価値の取戻し」として、非当事者ならば、「補償努力」や「価値剥奪」の働きを持つとも言える。他にも、社会的低位にある被差別者の概念操作として、暴走族である十代の若者が「ホットロッダー」と自称する行為を「社会の支配文化」への「対抗文化」として位置づけた、サックス,H（1979/1987）の「自己執行概念」が挙げられる。これは、「同定－繋属機能」と近接する概念である。

一方、本章の主題と近い社会的多数派の行使についても著名な論究がある。オルポート，G.W（1968/1977）は、偏見の要因を個人の欲求や願望に帰した。そのうち、「分類への欲求」は「翻訳機能」及び「同定－繋属機能」、「不安と安全の欲求」は「緩衝機能」に類似すると言えるが、本章で提起している「関係から生じる作用」とする観点から外れる[10]。ゴフマン，E（1963/2009）は、眼前の未知の人を他と異なることを示す望ましくない種類の属性へと分類し、その人を貶め、信頼・面目を失わせる働きをするとき、その属性を「スティグマ」と呼んだ。しかし、問題は属性そのものにあるのではなく、我々の持つ「ステレオタイプ」との不調和な関係であるとされる。つまり「スティグマ」は関係から産出され、個人の「対他的な社会的アイデンティティ（a virtual social identity）」と「即自的な社会的アイデンティティ（an actual social identity）」との間に特殊な乖離を構成する。ゴフマンは、「常人」が差別を正当化するために「スティグマ」を付与するとし、「スティグマのある人」が「常人」に対して行う「情報の管理／操作」の方法や、「同類」が属する「内集団」と「常人」が属する「外集団」との複雑な関係に焦点を当てる[11]。

　「スティグマ」を生む不調和の要因となる「ステレオタイプ」の命名者リップマン，W（1922/1987）は、"我々はたいていの場合、見てから定義しないで、定義してから見る（リップマン，W 1922/1987: 111）"と述べ、すでに受容している様々な形式や現在流行りの類型、標準的解釈などが意識に届く途中で情報を遮るとする。このような固定的イメージが特定集団内で流布する理由は、経済性の問題による思考の節約と、我々の自尊心を保障し伝統を守る砦として安泰を感じるための防御だとされる。これは本章の「翻訳機能」と「緩衝機能」に類似する側面を持っている[12]。「ラベリング理論」の提唱者ベッカー，H. S（1963/1978）は、"社会集団はこれを犯せば逸脱となるような規則を設け、それを特定の人々に適応し、彼らにアウトサイダーのレッテルを貼ることによって逸脱を生み出すのである（ベッカー，H. S 1963/1978: 17）"として、規則に逸脱した行動が「ラベリング」されるのではなく、「ラベリング」が逸脱行動を生むとした社会統制及び制度への批判を展開した。「スティグマ」や「ラベリング」は、逸脱行為者の内的属性ではなく、権力

や利害関係などを背景とした集団内の社会的相互過程から生じるものであり、我々の常識的社会の秩序を乱す逸脱に対しその行為者を同定し、境界外部に隔離する作用を持つことになる。この点からいえば、「拘束機能」や「同定－繋属機能」は、排除に繋がる可能性を孕む機能であると言える。

　ゴフマン、リップマン、ベッカーらの概念は関係から構築され、「異なるもの」から「正常」を守るための多数派の防御壁として働くことが指摘されていた。「発達障害」は他の障害と異なり関係に端を発し、不可視であることがその大きな特性である。それ故に掴みどころのない曖昧な概念となり、その境界も明確でない連続帯とされる。その結果、相互の連関より生じる誤解や違和感から不安や葛藤が特に頻出する現象と言える。そこで「発達障害」概念は、その周辺にある存在にとって、それぞれの身を守るための境界を容易に引くことのできる言葉として使用されているのである。

第 6 節　障害という「こと」

　2013 年 5 月に改訂された DSM-5 より、アスペルガー障害という呼称がなくなったことは記憶に新しい。DSM-Ⅳ-TR の「広汎性発達障害（Pervasive developmental disorders）」における「自閉性障害」「アスペルガー障害」「特定不能の広汎性発達障害」などの複数の単位障害の分類が廃止され、単位障害のない「自閉症スペクトラム障害（Autism spectrum disorder）」に統合された[13]。「広汎性発達障害」は、「対人関係の障害」「コミュニケーション障害」「制限された反復的及び常同的な興味及び行動」の 3 領域の「異常」により定義されていたが、DSM-5 では、「社会的コミュニケーションおよび社会的相互交渉」と「制限された反復的及び常同的な興味及び行動」の 2 領域に集約された。また、診断基準を満たす症状数による重症度評定や、診断基準を満たさなくなった状態を部分寛解や寛解とするルールは採用されず、2 領域ごとに必要な支援の程度によって軽度・中度・重度の 3 段階で記述するようになった（栗田 2013）。

　このような改訂の背景として、DSM-Ⅳ改訂時の作成委員長であったアレン・フランセスは、DSM-Ⅳ以後、アメリカにおいて ADHD の発生率が 3

倍に増え、自閉症患者が20倍に増えた、とする調査結果の影響を述べる（フランセス・大野 2012）。フランセスは、DSMの影響が精神科の領域に留まらずに広がり過ぎたとし、臨床的に必要がなくても診断が過剰に下される傾向、及び製薬会社の広告や学校・法律における「間違った使われ方」に警鐘を鳴らす。実際、アスペルガー障害がDSMの診断に加えられてから、最小5000人に一人、最大でも2000人に一人の数値であった同障害の子どもは"予想を超えて極端に診断率が上昇し、今や米国で88人に一人、韓国においては38人に一人が自閉症と診断されるようになった"。さらに、第Ⅳ版でアスペルガー障害と診断された人の4分の3は第5版では自閉症スペクトラムと診断されない、とする研究報告もある[14]。すると「発達障害」の広がりは、潜在的に脳の器質的障害があった人々が「新たに発見された」という単純な図式では説明できなくなる。ハッキング，Ｉ（1999/2006）は、物理的な実在物の存在を認めつつも、概念との違いを指摘する。彼は、専門的関心から人間集団を俯瞰的に眺める研究者等が、人々に名前を付け種類に分類する行為そのものが、分類された人々の自己認識や行動様式を変化させ、新たな概念がさらに生じるとする相互的な関係を「ループ効果（looping effect）」と名付けた。新たな診断名が生まれるとその患者数は急増し、患者が多くなると新たな分類のための診断名がまた生まれるということになる。

　我々は「障害」という概念が安定した静態的な「もの」と考える傾向があるが、それは日常から切り出した専門概念（医学概念）ゆえであり、加工された二次的世界の人工物だからである[15]。しかし、現象理解や他者への接近には、加工前段階の我々の日常生活世界に降下する必要がある。自閉症や発達障害者の世界という特別な世界があるとするならば、我々の常識的日常の世界との線引きを無批判に受け容れる前に、「自閉症」と「定型発達」といった区別がどのような意味を成すのか、何に都合が良いのか、誰が線引きしないと困るのか、どのような理由で困るのか、といった疑問が生起してもおかしくない。スペクトラムというが、診断名としてその名がある以上、線引きは存在する。ならば、ハッキングが指摘する「専門家が考案する科学的概念と分類される当事者との間に生じる相互的影響関係」に迫る必要があるのではないか。本章は、このような問いに対する個別具体的に探る方策の試

みであった。

　本章では、「発達障害」の概念機能について一般化を試みたが、理論射程については今後も検討が必要である。特に「見えにくい障害」と「あいまいな概念」より生成した理論であり、他の障害概念との比較が求められるであろう。また本章は、既成の抽象理論の他者への枠づけを一律に批判するものではなく、枠づけせざるを得ない状況をいかに把握するかを課題とした。今後は、マクロ社会学的な議論を含めた検討の余地があると考えられる。そして、筆者の不安の源泉や、その解消にしか目が向かなかった背景についても、十分に議論を深めることができていない。その点に関しては、第6章で検討する。

［注］
1）本章では、診断の増加のみならず、その用語が日常的に使用されるようになったことを問題とする。平成22年の国立特別支援教育総合研究所の研究報告（国立特別支援教育総合研究所 2010）では、平成8年度以降に特別支援学校の在籍者数が増加にした要因となる社会的事象として「発達障害への注目」を挙げている。また、平成元年に11,000人程度だった自閉症・情緒障害の小・中学校特別支援学級の在籍者数が、平成20年度には約4倍の43,702人に達し、その他の障害についてはほぼ横ばいで推移する実態も示され、特別支援学級の在籍者数急増の要因は、自閉症・情緒障害の在籍者数増加であるとされている。黒田・木村-黒田（2013）は、自閉症増加論争は「増加している」として決着済みであり、その主たる要因は、化学物質による神経回路形成不全とする。坂爪（2012）も自身の臨床経験と複数の統計データから、増加の要因として低出生体重児の増加や胎児期の低栄養などの環境要因が遺伝子に与える影響を考察している。しかし斎藤は、これらの脳機能還元論に疑問を呈し、コミュニケーション偏重主義と専門家の過剰診断を指摘する。
2）日本発達障害学会は、「発達障害」とは「精神薄弱」への批判に対し使われるようになった広い概念を持つ用語であり、"ひとの運動、認知、言語・コミュニケーション、社会性などの発達諸領域における遅れや、それに伴う偏りによって生じる行動上ないし生活上の問題を包括した概念であり、医学的な概念というよりは、福祉的あるいは教育的概念である"と定義する。よって発達障害者支援法の定義は、従来の支援や教育において、隙間にあった障害を括る用語としての暫定的な概念と捉え、それまでの発達障害とは異なる概念である、とされる（『発達障害ハンドブック』2012: 1-2）。
3）例えば、謝罪することが責任を負うことに繋がるため、安易に謝罪しない方が良い、という規範が常識的とされる文化であれば、Aさんの行為はそれほど特異とはみなされないかもしれないと考えたことがある。
4）加害者が「発達障害」と診断された事例や、若い女性に対する重大犯罪。

5）我々は聞き手となる際、字義通りの意味（literal meaning）だけでなく、その裏側にある含意（implication/implicature）にアクセスしながら意味を理解している。ラッセルや前期ヴィトゲンシュタインらの、言葉が現実世界を表し、その真偽を問題とする論理実証主義的な言語哲学に対し、日常の発話には矛盾や論理的でないものが多く含まれるとして、日常言語の非合理性を指摘したのが日常言語学派である。前期のヴィトゲンシュタインは、主著『論理哲学論考』において、語られる真偽を重要視し、現実世界が言葉を参照できなければ、沈黙せねばならないと説いた。つまり、話すことができることのみが問題となる。しかし、後期のその思想は、『哲学探究』における「言語ゲーム」に代表されるように、言語は現実世界を写している（refer）のではなく、ルールに沿った駒のごとく言葉を使用しており、言葉の意味は、その使い方（use/usage）そのものであるとする。

　オースティン．J. L（1960/1978）は、『言語と行為』（坂本百大訳　大修館書店）の中で「発話行為論（speech act theory）」として、発話には事実確認的発話（Constative utterance）と行為遂行的発話（Performative utterance）があることを指摘する。「今日は天気が良い」などの真偽判断が可能な事実確認的発話に対し、「I apologize（私は謝罪する）」や「I name this ship "Queen Elizabeth"（私はこの船をクイーンエリザベスと名付ける）」は、真偽の判断が不可能であり、また、自身の発話そのものが自らの行為を指示し（self-referential）、立証する（self-verifying）。さらに決して偽ではないため、論駁不可能である（non-falsifiable）。このような遂行動詞（Performative verb）は、一人称単数、直説法現在形、能動文において、herebyと共に用いられることがその特徴であるが、ひとつの発話（utterance）において、発話行為（locutionary act）、発話内行為（illocutionary act）、発話媒介行為（Perlocutionary act）の3つの行為が含まれる。つまり、我々の発話は多くの機能を有しており、言葉を使うということは、事を遂行すること（perform）とされる。

6）例えば、明けの明星と宵の明星、2＋2＝4と2×2＝4は、意義は異なるが意味は同じである。
7）筆者は、相手の言葉をそのまま繰り返す「エコラリア」を想起することがあった。
8）相手がそれほど親しくなければ、相手が特定分野における専門性を有するかどうかの確認ができ、さらに自らは「専門家」であることを示すことができる。
9）ニキ（2002）は、障害名を求める行為について、帰属する場所としての安心感を求めることに言及している。当事者にとっての「同定－繋属」機能といえる。
10）オルポートは、他に「スケープゴート」「性的葛藤」「権威主義パターン」を要因に挙げている。
11）しかし、この両者の関係は役割に過ぎず、いつでも入れ替わる可能性のある脆弱なものであるとされる。
12）ホッグとアブラムス（1988/1995）は、「ステレオタイプ」のマクロ社会的側面を解釈することが集団間の行動分析には重要であるとし、その社会的機能として、①社会的因果律の提供　②社会的正当化　③社会的差異化　を挙げている。
13）DSM-Ⅳ-TR及びDSM-5については、引用文献を参照のこと。
14）Volkmar（2012）は、McPartlandらとの共同研究（McPartland J, Reichow B. & Volkmar F. 2012）を踏まえ、DSM-5における診断基準の整理統合が、多くの人々を

自閉症スペクトラム障害の診断から除外すると主張する。1993 年時点（DSM-Ⅳ field trial）で自閉症と診断された人たちの約 4 分の 1 が新基準では識別されない恐れがあり、アスペルガー障害の約 4 分の 3 及び特定不能の広汎性発達障害の 85％の診断が適格でないとされるだろうと述べている。この主張については、数字の誇張とする指摘もある（2012 年 1 月 20 日 The New York Times の記事）。
15）「診断：diagnosis」は、横切るという意の dia- と知を意味する gno- 状態を表す -osis から成り、まさに切り出された知識である。

第5章
障害支援の包摂と排除
―― 「場」の権力作用と「合理的配慮」

第1節　権力への固執

　筆者の持つ権力性についての強い関心が、Aとの関係に大きく影響を与えていることが分析過程で示された。筆者は、Aが権力を持つ政治家（Aは「B型の弁護士」と呼称する）と自身を同一視し、自らが権力者のように装う姿勢を見出していた。しかし、以下の同僚スタッフとの会話から、筆者がAの特性だと焦点化するほど、周囲の印象には残っていないことが明らかとなった。

【Eインタビューより①】（Ｉ：筆者）
Ｉ：彼が権力に憧れているって思うんだけど、時々、自分のことを「B型の弁護士」って言わない？（中略）
Ｅ：あー、あれはたぶんAさんのことじゃなくて、どう言ったらいいんかな。なんか「B型の弁護士」は原さんのことなんですけど、Aさんの中では、原さんが嫌いやから「ふれんど」という社会活動に参加せずに原さんの邪魔をするみたいな感じにたぶんなっているんです。なんかうまく言えないんですけど、あれはたぶんAさんのことじゃなくて、Aさんの中では「B型の弁護士嫌いやから」と「（何かを）しないんちゃうの」の中にこういろいろあって。「B型の弁護士嫌いな人」はアカン人やと思ってはるじゃないですか。で、何か、どう言えばいいかな。その時は、私もよくわかんないですけど、その時に「いや、B型の弁護士関係ないですよ」って言うと、Aさんは「いや、でもB型の弁護士を市長から降ろしたい

からや」って言うじゃないですか。それは、Aさんが自分のことをそう思っているんじゃなくて、「ふれんど」に来ない人は、まあ悪い人やというカテゴリーがAさんの中にあって。で、同じ悪い人のカテゴリーの中に「B型の弁護士が嫌いな人」っていうのが別にあるから、そこをこう繋げて「悪い人」っていうことを言いたいんじゃないかなって思っていました。

【Jインタビューより①】（I：筆者）
I：彼よく「B型の弁護士」って使うじゃないですか？
J：彼は、原さんのことが好きなんでしょ。
I：私はよく自分のことを指す時に使うように感じるんですけども、要するにその原さんと自分が…。
J：一体化している。
I：ように感じることがあったんですけど、Jさんはそんな風にはあんまり……。
J：一体化という風に感じたことはないけど、まあ原さんが好きなんだなあと。市長の言うことは聞かないといけないよ、みたいに捉えてて、だから僕は原さんの言うことを聞くよみたいな、みんなもそうしなさいよ、みたいな。（中略）
I：じゃあ、自分のことを原さんみたいに話すなぁってことは…。
J：そこまでは感じてなかったですね。で、あの前、政策に対して批判する劇やってたじゃないですか。あれを受けて彼の中でさらに火がついて。（中略）偉いさんの言うことは聞かないといけないっていう教育を受けてきたんかなって、感じで。それで、位の高い人とか、上下関係が彼の中でバッて入っているんかなって。

　この他、Bは、「B型の弁護士について、そこまで考えたことがなかった」と語り、D、Hは、記憶にすら残っていなかった。Hは、Aの態度を以下のように解釈していた。

【Hインタビューより①】
　Aさんが興奮される時って、みなさんと一緒の時じゃないですか。食事会であったり、合宿の食事の時であったり。二人で帰った時は、自分の悩みというか、自分の背景みたいことしゃべられてて、みんなの前では、なんか威張りたいっていうか。「僕はHさんよりは上だよ」みたいに言いたいんかなって思いました。私の解釈ですけど。(中略)男の人って、女の人の前でちょっと威張りたいっていうか、そういうのあるじゃないですか。それが強い人なんかなって思いました。

　Hは、Aの態度を男性一般によくある傾向として把握しており、集団の前だけ強い態度に出る人だと思っていたと述べている。筆者の権力者へ憧憬とは異なる解釈である。これらの見解からは、「権力者の威を借り同一視する姿」は垣間見られない。一方、筆者に大きく影響を与えていたFの見解は異なっている。

【Fインタビューより①】(Ｉ：筆者)
Ｉ：もうひとつ気になるのが、「B型の弁護士」ってよく使うじゃないですか？　あれって？
Ｆ：あれ、原さんのことですよね。
Ｉ：ですよね。でも自分のこと言っているような気がしません？
Ｆ：あのね、彼はね、発言の時思うのが、ダブってますよね。私そこがホンマに障害やと思う。だから、錯覚してんのと違うかって。なんかすごく偉くなったような。自分とダブっているんです。自分が実際したことじゃないのに、うそでしょって言いたいくらい重なってることがすごく多い。私そこ結構うんざりするところなんです。
Ｉ：それって原さん以外のことでもあります？
Ｆ：結構、政治経済の話するときにそういうのありますよね。知ったかぶりをして、ワーって言うけど、ホントにどこまでわかって言ってるんかなって。(中略)難しい言葉使うねんけど、いっこもわかってない。それに気づいたんですね。障害のある人が身を守るためにしてるんかなってい

うのを学びました。
　Ｉ：身を守っている？
　Ｆ：自分は偉い。普通と変わらない。ということを装うというかね。

　ここからは、筆者の権力性への関心と A への焦点化は、筆者の歴史的背景の影響だけではないことが推察できる。「共生」を標榜する共同体である「ふれんど」には、様々な価値観が交錯し、多くの規範が存在すると考えられる。そこで本章では、共生の「場」で何が起こっているのかを検討する切り口として、筆者の関係網にある権力性に注目し、障害に関わる包摂と排除の問題について考えてみる。

第 2 節　インクルーシブ教育と「合理的配慮」の問題

　障害者権利条約の批准に伴う障害者差別解消法や障害者雇用促進法などの施行により、国内において共生社会へ向けての議論が高まりを見せている。教育環境においては同条約第 24 条にあるように、「完全な包容という目的に合致する効果的な個別の支援措置の確保」が求められる。しかし、上意下達で行われる制度的「共生」を、教育現場は円滑に受容できるだろうか。市場経済的な合理性が日常化する我々の生活において、共生が様々な「葛藤」「摩擦」「問題」を生起させるであろうことは想像に難くない。合理化、効率化の価値を優先すれば、「葛藤」や「摩擦」は雑音となり、「リスク」として除去対象となる。教育現場にて、学校文化に馴染まないとされる子どもたちが障害児として「排除」されている、とする批判的論説は多く見られる（例えば、宮崎 2004、鈴木 2010、堀家 2012）。

　データからも、国内の特別支援学校や特別支援学級に在籍する児童生徒が毎年増加しており、また、小・中・高等学校から特別支援学校に転籍する学生が多数存在することも示されている[1]。「排除」という言葉が否定的な印象を纏うことは否めない。しかし、この現象を見る限り、かつて通常学級にいた児童生徒が、特別支援教育の枠組みによって別の空間に配置され、異なる教育環境にいるということになる。国際的動向からは、インクルーシブな

教育環境に向かうことが期待されているはずである。なぜ、このような学習環境の選別が生じるのだろうか。

ヤング，J（1999/2007）は、近代から後期近代への変化を「包摂型社会」から「排除型社会」への移行と捉えた。個人主義の拡大から台頭した多元主義と経済危機による労働市場再編により、安定しているように思われていた世界は、"多様な価値観が錯綜し、人々の意見がたえず衝突し、なにごとも不透明な世界（ヤング 1999/2007: 18）"となった。近代社会において「逸脱する他者」は、明らかなマイノリティとして社会に統合されるべき少数存在だった。しかし、後期近代には誰もが潜在的な逸脱者となったことで、異質性がはっきり見える他者はどこにもいなくなった（前掲書：50）。一貫した価値観の喪失による存在論的な不安が増大する社会では、問題が起こる蓋然性が注視され、被害を最小化させる保険統計主義的「リスク計算」が重要となる。そして、"リスクを心配し、道徳的な不確実性を憂慮するような「保険統計的」な態度こそが排除のルーツ（前掲書：200）"となる。さらにヤングは、「排除型社会」はただ排除するのではなく、包摂と排除の作用を同時に行う「過食症社会」であるという。"それは内部に多様性を取り込みながら、寛容性のさまざまな程度に応じて包摂と排除を行う（前掲書：166-167）"。そして、"文化的に包摂されることで社会的に排除される（前掲書：222）"。もし、この理論が当てはまるのであれば、インクルージョンに向かう国内の教育現場では、包摂と排除が同時に進行しているといえる。

この問題を検討する上で鍵となるのが同条約の「合理的配慮 reasonable accommodation」という概念である。その定義は"障害者が他のものと平等にすべての人権及び基本的自由を享有し、または行使することを確保するための必要かつ適当な変更及び調整であって、特定の場合において必要とされるものであり、かつ均衡を失した又は過度の負担を課さないもの（同2条）"とされ、権利の実現に当たり確保、提供されるものである。しかし、各国においてその解釈に違いのある曖昧な概念ともされ、わが国においても早急な調査研究とデータベースの整備が必要とされている[2]。

この概念は、「ADA（障害のあるアメリカ人法）」において初めて示されたが、当初は、障害のある人の雇用を中心とした社会モデルの概念として研

究された（半澤 2012）。1960 年代の公民権運動から色濃く影響を受けたアメリカ障害者の当事者運動は、「社会的差別に対する個人的適応」を「社会的差別に対する社会的対応」への転換を目指した（杉野 2007: 197）。公民権型の新しい障害政策を勝ち取るための職業リハビリテーション行政との戦いという文脈で登場するのが、1973 年制定の「リハビリテーション法504条（連邦補助を受けている教育プログラムにおける障害差別禁止）」である。杉野によると、同法においては、「合理的配慮」の曖昧な解釈の余地により、障害者のアクセス配慮の費用対効果が論争の的になった問題や、看護学校に入学を拒否された難聴者の訴えが最高裁において退けられた「デイビス判決」、結核を理由に解雇された小学校教師の訴えを感染症差別は障害差別に含まれると最高裁が支持した「アーリン判決」などが示されたという。これらの論争の争点は、「合理的配慮」の定義のみならず、そもそも「障害」とは何か、という根本に視点を向けざるを得なかった。このような公民権運動や連邦裁判所判断の過程を得て、1990 年に制定されたのが、「合理的配慮」を提供しないことが差別になる、と定めた「ADA（障害のあるアメリカ人法）」であった。つまりここでいう「合理的配慮」とは、権利回復のための主張であり、障害者側から社会に働きかけるための手段と言える。

　一方、公民権という理念にそれほど馴染みがあるとはいえない日本においては、この概念の解釈に対する論争はほとんど起きておらず、文部科学省の定義がそのまま受け容れられている。文部科学省が定める「合理的配慮」とは、①教員、支援員等の確保　②施設・設備の整備　③個別の教育支援計画や個別の指導計画に対応した柔軟な教育課程の編成や教材等の配慮　とされており、人的配置、設備、カリキュラムなどの制度面での配慮にしか言及されていない（特別支援教育の在り方に関する特別委員会　第3回平成22年9月6日　配付資料）。さらに、同資料に"障害のある児童生徒等に対する教育を小・中学校等で行う場合の「合理的配慮」は、特別支援学校等で行われているものを参考とすると、具体的には別紙2のようなものが考えられる（強調点筆者）"と記載されるように、これまで特別支援教育で行われている従来の「教育的ニーズ」と呼ばれる概念と同義に扱われている。ここで紹介される「別紙2」では、障害種別ごとに、人的配置、設備、カリキュラムなどの

制度面における配慮の事例が挙げられている[3]。

　以下は、2012年7月23日に出された「共生社会の形成に向けたインクルーシブ教育システム構築のための特別支援教育の推進（報告）3. 障害のある子どもが十分に教育を受けられるための合理的配慮及びその基礎となる環境整備」から「合理的配慮」の部分を抜粋したものである（下線筆者）。

　　○条約の定義に照らし、本特別委員会における「合理的配慮」とは、「障害のある子どもが、他の子どもと平等に「教育を受ける権利」を享有・行使することを確保するために、学校の設置者及び学校が必要かつ適当な変更・調整を行うことであり、障害のある子どもに対し、その状況に応じて、学校教育を受ける場合に個別に必要とされるもの」であり、「学校の設置者及び学校に対して、体制面、財政面において、均衡を失した又は過度の負担を課さないもの」、と定義した。

　　○「合理的配慮」は、一人一人の障害の状態や教育的ニーズ等に応じて決定されるものであり、その検討の前提として、各学校の設置者及び学校は、興味・関心、学習上又は生活上の困難、健康状態等の当該幼児児童生徒の状態把握を行う必要がある。これを踏まえて、設置者及び学校と本人及び保護者により、個別の教育支援計画を作成する中で、発達の段階を考慮しつつ、「合理的配慮」の観点を踏まえ、「合理的配慮」について可能な限り合意形成を図った上で決定し、提供されることが望ましく、その内容を個別の教育支援計画に明記することが望ましい。

　　○「合理的配慮」の決定に当たっては、各学校の設置者及び学校が体制面、財政面をも勘案し、「均衡を失した」又は「過度の」負担について、個別に判断することとなる。その際、現在必要とされている「合理的配慮」は何か、何を優先して提供する必要があるかなどについて共通理解を図る必要がある。なお、設置者及び学校と本人及び保護者の意見が一致しない場合には、「教育支援委員会」（仮称）の助言等により、その解決を図ることが望ましい。

筆者が抜粋した部分の表記からも分かるように、この概念の操作主体は、当事者や保護者というよりも、行政や学校に定められている。国立特別支援教育総合研究所「インクルーシブ教育システム構築支援データベース」では、同様の観点からこれまで蓄積された具体的支援の方法が、「合理的配慮」として検索により参照できるようになっている[4]。以上から想定されることは、文部科学省における「合理的配慮」の観点は、障害のある児童生徒という個別の対象のために設置者側が行う措置としての行政手続きであり、障害種別ごとに一般化された支援（特に環境整備に重点が置かれた）を個人に提供する方策である。つまり、アメリカとは逆に、社会が障害者に対して行う行政措置である。杉野の言葉を借りれば、"環境要因に配慮しつつも、問題の対処においては個人の責任に帰される（杉野 2007: 181）"「リハビリテーション・モデル」であるといえよう。「合理的配慮」は、個々の事情を有する障害者との相互理解の中で提供されるべき性質のもの、とされるが、このようなモデルでは、実施の判断の主導権は設置者側にあるといえる。現に先のデータベースにも、"「合理的配慮」の決定・提供に当たっては、各学校の設置者及び学校が体制面、財政面をも勘案し、「均衡を失した」又は「過度の」負担について、個別に判断することとなる"と明記されている。これらからアメリカ型の「合理的配慮」とは異なる概念とみることができよう。本章では、これを「文部科学省型合理的配慮」と名付け、今後本章で使用する「合理的配慮」概念は、すべてこの定義に基づくものとし、表記も〈合理的配慮〉とする[5]。

　この概念が曖昧であり、かつ設置者が主導する上での個別判断とされる以上、今後、変革を求める声と従来の体制を維持する動きの間での駆け引きが、あらゆる現場で頻出することは容易に想定できる。配慮が必要か否かに際して、また、配慮の程度、対象に対しては、常に線引きが必要となる。誰が障害者で誰が健常者なのかを決める政治的闘争が行われ、その中で「配慮する者」と「配慮される者」の関係が成立する。そこに「権力」が生じ、〈合理的配慮〉はその力を具現する装置となる恐れがある。何が合理的かを決めるのは、その決定権を持った者の判断に依るからである。共生の場が増えることで力の綱引きも増加し、そこにいる人々は皆その権力ゲームに巻き込まれ

ることになるであろう。

　マルクス主義的な階級抑圧論や「行為者がある社会的関係の内部で、他の行為者の抵抗を排除してまでも自己の意志を貫徹するすべての蓋然性」とするウェーバーの定義に代表される狭義の権力は、我々に馴染みがある。しかし、フーコーの提起した「規律型権力」以降、その射程は広がり、至る所に偏在するものとされ、権力は"厳密化しようとすれば、かえって雲散霧消してしまい、あるいは冗長かつ不必要なものにみえてくる（亘 1996：137）"とされるようになった。亘は、権力概念への懐疑論を含め権力論の複雑性・問題性を指摘し、共通の定義に到達する困難さを述べながらも、フーコーの権力把握方法の可能性について論じている。亘の整理に依拠すれば、歴史を主題とするフーコーの権力分析は、主として言説の記述を通して行われる過去の権力関係のみを対象とするため、現に作用している権力については言及できない。しかし、言説の編成を物質的水準で権力作用の痕跡として分析することで、権力関係やメカニズムは解読できる。亘は、時間的距離を最小限とした直近の権力関係を記述する手法として、エスノメソドロジー会話分析やフィールドワークにおけるモノグラフ記述をフーコー論の発展的応用の可能性として挙げ、記述主体が権力関係に巻き込まれることが不可避であることを課題としている（前掲書：189）。これは裏を返せば、関係に埋め込まれている実践的研究者の記録には、研究者主体の関係から生じた作用が痕跡として残されているはずだともいえる。

　そこで本章では、共生を理念とする共同体の「場」における、関係より生じる権力作用の抽出を試みる。さらに、そこでの「合理的」な判断や「配慮」にどのように影響を与えているのかを検討する。把握できるのは筆者自身の「関係の痕跡」に限られるため、筆者の関わり方が分析対象となる。「場」を織り成す要素は無数に存在するため、その抽出は特定の方向性に着目しなければ、可視化は困難である[6]。共生理念に賛同して参画する筆者自身が、規範への抵抗を示しながらも権力を要請し、「排除」をやむを得ないとする〈合理的配慮〉に至る過程を、フーコーとヤングの理論に依拠しつつ、批判的に検証する。

第3節　2つの教育的文化の規範

　これより、共同体が問題と捉えた出来事に対し組織的に協議した上で行われた関わりについて、各データをもとに分析し権力の作用として整理する。インタビューにおいて、Aについて話すスタッフの語りには、大きく分けて2つの方向性が見られた。そこで、教育実践のための共同体を通底する「学び」の下位文化（subculture）として可視化を試みた。ひとつは、専門的知識や常識を有する存在が、そうではない存在に対し変容を求める文化である。そこでは、他者に対して働きかけを行い、相手が変わることが価値とされる。リハビリテーションや学校教育などが持つ文化と近接すると言える。それらは、以下のスタッフF、JのAについての語りからも伺える。

【Fインタビューより②】（I：筆者）
F：▲▲さんも去ったし、何もないんです。出たまんま進展がないです。△△君ってこないだ来ましたけど、（中略）支援したんです、就職させたかったから。彼は就職できて、このあいだ訪ねてきた。私、本来はそういう形で送り出したいと思っているんです。（中略）
I：進展ってどういうことですか？
F：状態がそれ以上悪くならない。少なくとも現状維持ですね。「やろう」という気持ちを持っているということ、何かをね。そこから後退しないということですね。持続してあきらめないでやっていけばと思っているので、それは支援できるんですけど、（Aは）女性をどうかしたいという話しか出てこないですね。（中略）放送大学入りたいっていうんやったら、早く入ったらいいのになぁって。そこ一個踏み越えるべきなんです。過去の人にもそう思ってきたんです。中学校しか出ていないんであれば、何でこの人高校行かないのって思ったし、勉強したいって始めたんやったら、何で途中で投げるのっていうことを思ってます。（中略）□□君にはホント◇◇君（学生スタッフ）がついて、彼がついていたら安心する自分がいて、◇◇君がいなくなって自分が□□君に関わった時に、「わー

っ」って思って。栓も開けれなくって、◇◇君が全部やってたんだ。生活できるようにしてなかったんだってすごいショックでした。(中略) 4年経っても進歩がない。認めてあげたいんだけど、なんだろうな、違うなって。それで過去の事例を見ててハッピーエンドではないので、その辺が私の中で引っかかっている。

I：Fさんの言うハッピーエンドってどういうことなんですか？

F：ハッピーエンドっていうのは、最初に言ったように後退しなくて、やっぱり何かを目指すとかね。そういう状態にいるということです。(中略) 何かをしたいって思ってきたわけじゃないですか。その何かをしたいっていうのは何だったのか、本当に女性と遊ぶために来たのかとかね。実はそうじゃないはずだと私は思っているんです。(中略) そこを克服すべきというか、一歩でも前進すべき、乗り越えてほしいと思うけど、そこで止まっているのはどう？という気がして。

【Jインタビューより②】(I：筆者)

J：彼が上手に子どもと遊べるように持っていってあげたらいいのになって思うところもある。女の人と話をするにはこれくらいの距離で、こんな風に話したらいいよっていうことを教えてあげたらいい。

I：教えたら彼はできるだろうと？

J：ま、繰り返し繰り返しだけど、女の人と仲良く気持ちよく話をするにはこうだよと、彼も望めば。繰り返していかなかったら結局、ストーカーだよそれは、になっちゃうからね。(中略) 小さい子どもたちがいる場では、こういう遊びをしようねって、いうことを覚えていく場、教えてあげたらいい。ケンジ君(仮名)にも、ここでバタバタしたり走り回ったら、子どもたちが怪我するかもしれないから、こういう遊びをしようねって。「それはあかん」って、教えてあげたらいい。教える前に気づかせる前にストップするからこそ身についていかないことが多すぎるなぁって。危険なことやらしたらいい。

　Fは、Aや障害のある参加者に対し就労に向けての努力を要求し、その支

援こそが自らの役割だと述べる。Jは容易に禁止事項を作ることへの反論を、繰り返し「教える」ことへの重要性から語っている。筆者は、このような発言が成員の中でも特に、長期に亘り活動に参加する社会人学生のOB／OGや施設職員、保護者から多く発せられていると捉えていた。これらの成員の多くは、FやJに代表される、活動の立ち上げ時から参画しているベテラン成員である。このように相手の変容に価値が置かれ、その変容にかかわることが自己の存在意義に繋がる組織内文化を「他者変容文化」と名づける。筆者は、この文化の背景には強固な道徳的理性が働いており、組織の中心から周辺にいる成員に向けて、多くの規範を産出していると考えていた。

　一方、ボランティアに来る学生からは、施設が障害のある子どもたちの関わりを通しての「学びの場」であることが示される。彼らの多くは、学業や就職活動の影響により、1～2年で活動から離脱する者がほとんどである。以下は、約一年にわたり活動に参加した二人の学生の語りである。

【Dインタビューより①】
　（Aさんとは）「ふれんど」に行って、最初、結構強烈な第一印象から始まったんですけどね。それ終わった後、母にこういうボランティア初めて行ったって話をして、そこにこんな面白い人がいてねって。そしたら母も「そら、面白いな。あんたいい勉強してるねぇ」って言ってて、「そうやな、ウチもそう思う」って、話をして。（中略）「ふれんど」だからみんなでルール決めたりすることも可能じゃないですか。でも、社会に出た時はAさんよりももっと強烈な人が目の前に現れて、その時は、ルール決めれないかも知れないじゃないですか。ということは、自分でそういう人間関係を乗り越えて行くってのも大人になるってことだし、ちょっとは勉強のつもりもあったかもしれないですね、関わっていく中で。いい勉強したなって思います。

【Eインタビューより②】
　はじめにここに来させてもらったのは、小学校で教員をするにあたって、私は学科が違うので、障害児教育がどういうものかとか、どういう風な触れ合い方をしたらいいのかがよくわからなかったので、そういう風な何という

か実践の場見たりとか、どういう風な子がいるのか見れて、ちょっとでもその、教職についた時に戸惑わないようにと思って始めたんですけど。Aさんから（中略）大丈夫だよって言い続けることが大事なんやなって学びました。

　双方ともAから学びの機会を得たと語っており、Dは社会人に、Eは教員になる上での「学び」を得る場であると活動を位置づけている。これらの実践を自身らの学習と定位する文化では、自らに深い洞察を与えるような貴重な経験を得られることが価値に繋がる。そのため、活動への積極的姿勢や自制を促す禁欲的態度、教えを請うための謙虚さなどが自己に向けられる。このような規範を持ち、自己の変容に価値を置く文化を「自己変容文化」と名づける。

　これらの規範の方向付けにより理念化した文化は、分析過程の筆者の問題意識が反映したものである。複雑に絡み合うグラデーションの中で便宜的に抽出したものに過ぎない。活動理念となる「共生社会の実現」は各成員に共有されており、二つの文化的規範も明確に区別されるものではなく、成員が互いの立場をはっきりと同定しているわけでもない。しかし筆者は、「他者変容文化」が大勢であり、共同体における構成員の行動に強い影響を与えると考えている。それは、この二つの文化が互恵関係になりうることによる。共同体内の蓄積された情報、経験年数、専門知識などからも「他者変容文化」構成員が施設運営を中心的に主導する状況が優先されており、学生主体の活動とはいえ、「自己変容文化」構成員が受動的存在になる構造がある。他者の変化は「他者変容文化」構成員に存在意義をもたらす。異なる文化間に生じる力関係は、常に中心にある「他者変容文化」から外向きに、周辺にいる「自己変容文化」構成員に作用している。中心に行くには「他者変容文化」によって身体を訓化し、場に望ましい主体となる必要がある。そこで橋爪（1996: 1）のいう予期と「了解の円環」による権力の妥当が成立する。権力関係にある当事者は、人々がそれを妥当なものと受け入れるだろうと予期するので権力関係を成り立たせ、一方の人々は権力関係が成り立っているのでそれを妥当なものとみなす。権力を妥当させているのはそれぞれの了解であり、関係は認識され承認される。ゆえに「他者変容文化」は毎年新たな学

生が出入りしても文化を維持し続けることができる。つまりこの区別は、共同体が形成する文化の同一事象を作用の方向性の観点から見た違いに過ぎない。二つの関係は二項対立ではなく表裏一体であり、共同体の両義性を表す関係であるといえる。

共同体に規範があることは当然である。共同体の内と外に明確な境界線を引くことで活動は明確化され、目的を共有し、スタッフは連帯感を持つことができる。一方で、各成員を制限するとともに、関係が固定化しやすくもなる。規範は「場」を成立させる重要な要素である。このように筆者は、研究過程において自らの関心から分節した共同体の教育的文化に、規範的な作用があると考えている。次にその規範の影響を、A及び筆者の共同体内の関係から検討する。当時の筆者が「合理的」と考えていた関わりを分類し、配慮の過程で生じる権力作用を整理する。

第4節 「秩序の維持」に働く作用

1 予防的措置

かつて組織内秩序の外の存在であったAの登場以降、その存在の衝撃により共同体は変質を繰り返してきたと思われる。特に201X年4月以降、彼よりも経験の長い中心的学生数名がいなくなり、Aは「社会人スタッフの代表」を自認するようになる。彼の存在は活動に大きな影響を与えるが、反動として共同体内部から秩序再編とその維持が求められた。

施設内では、乳幼児と母親の活動空間や重度の身体障害のある児童生徒が床に寝る場所、自閉症の子どもたちが活動に没頭できる場所などがある。そこでは、誰もが居心地の良い環境になるよう配慮が求められるが、Aの行為はその場にふさわしくないと判断されることがある。例えば、彼は「子どもを注意するのが大人の役割」とするが、それが大声で怒鳴る、子どもを追い掛け回す、時間だからと活動を無理やりやめさせる行為とみなされる。これらは、子どもや乳幼児、重度障害児が多い施設内では、「逸脱」し「非理性的」な行為とされ、「問題」として認識される。常識的慣行では、施設内では静かにし、走り回らず、大人は冷静に注意をし、子どもがそれに素直に

従うことが望まれる。そこでAに対して、周囲の状況を理解し理性的に振る舞うよう説得が試みられる。また、女性への関心が強いAは、特定の女子学生にメールを大量送信する、大学構内で多数の女子学生に声を掛けるなどの行為がみられる。これらに対しても徐々に規制が加えられる。さらに、別プログラムに参加する若い母親層からの彼への苦情があり、特定箇所への立ち入りが禁止される。

このような規制の背景には、場への安心・安全の確保、衛生の管理、そのための予防的措置が何よりも優先されるとする考えがある。Aの行為は、子どもたちや母親たちにとって脅威であり危険とされ、施設職員やスタッフには、事故や怪我、トラブルを未然に防ぎたいとする意図が働く。実際に小さな怪我はいくつか起こり、Aの大声で乳幼児が泣くという事態も生じている。日常的に聞かれる「何か起きてからでは遅い」という言葉は、「他者変容文化」を中心とした規範意識の代名詞的成句であるといえ、各成員自身が参照することで自己の振る舞いを統制するコードでもある。これはヤングの言う「保険統計的態度（計算と査定によるリスクの評価とその最小化）」と同様である（ヤング, 1999/2007: 168）。規制が行われる以前、多くの成員がAにくり返し状況を説明し、理解してもらうよう努めていた。Aと話し合いを行い、可能な限りAの要求を受け入れる方向性を模索していた。しかし、Aが納得できないことが多くなり、成員の共通理解のもと、組織的な規制が実施されることとなる。つまり、ここではAに対し理解を示しつつも、場における適切な振る舞いを身につけるよう働きかけ、それが身につくまでは、Aを乳幼児や重度障害のある子どもたちから遠ざけることで、場の安全・安心を脅かすリスクを最大限回避するという予防措置的な配慮が行われている。

2　Aへの「自己抑制の要求」

共同体が彼に求めるのは、「自己抑制」と「有用性」である。スタッフとしての働きを期待し、A自身が問題に気づき、修正し、その場にふさわしく振る舞うことを求める。そのために根気強い説得が行われる。それは、「彼自身のため」ではあるが、同時に「場」の安全・安心のためであり、参

加者の不安の軽減を図るためでもある。しかし、この「理性的人間像」の要求は裏を返せば、自らを異常で不自然な存在であることを認め、自己を内部から強制する力を身につけよとする「自己抑圧」の要請でもある。Aは周囲に対し、「おれがおかしいん？」「おれのせいなん？」「おれ嫌われてる？」などと頻繁に訴える。誰も彼にそのような言葉を投げかけてはいないのだが、筆者には「そうでない」「大丈夫だ」と言ってもらうことで安心を得るための言動に思えた。これが自己の正常性を確認する作業であったとするならば、Aは内的な隷属と支配から必死に逃れようとしていたのかもしれない。

　さらに筆者と一部の成員は、スタッフとしての活動を一切行わないAに対し、彼がこれまで周囲に認められる経験に乏しく、低い自己肯定観による自信喪失状態である、と規定する。Aは「役に立っていないと言われる」と憤慨することもあり、自身を社会人スタッフの代表だと言い、学生スタッフのまとめ役として活躍するBをライバル視し、隙を見ては主役（司会）の座を奪おうとする姿を見せていた。そこで筆者らはAに役割を持ってもらうことで、成功体験を通じた承認機会の創出を試みる。Aとの綿密な話し合いの末、かなり要求を受け入れた企画を実施する。Aが発案した企画を共同体内で実施することで、成員として承認されているという自覚を持ってもらう。同時に、ふさわしい振る舞いを獲得して叱責される場面を減少させ、周囲から信頼される関係を作ってほしいとする願いがあった。

　しかしこれは、「役に立つか立たないか」の有用性の視点で彼を捉え、能力により彼を量る関わりであり、道具的理性による線引きを行い、常識的社会への同化を要請する行為ともいえる。結局、彼の企画にもかかわらず、納得いかないと放棄する、実施しても期待したものと違うと訴えるなど、ことごとく失敗する。しかし、そこに思案が及ばない筆者は理解に苦しみ、次第に彼の行動の要因を女性への関心に焦点化するようになる。特定の女子学生に会うために周到に練られた計画であり、目的の女子学生が来るまでは失敗だとして企画を繰り返し行う戦略だと考えたのである。これらの理性的行為を要請し、有用な資源として自他共の位置づけを図る関わりは、Aへの規範の内在化要求であると同時に、固定的な共同体文化の秩序を守る働きともいえる。

　ここでは、共同体の中心からAへ向けての自己抑制を求める強制力を権

力作用とみなした。筆者らはAに対し、彼が発案した企画を実施し、成員として承認されることで自覚を持ってもらうことを期待する。一方で、ふさわしい振る舞いを獲得することで叱責される場面を減少させ、周囲から信頼される状況をつくる、という配慮を行っている。

第5節　筆者の「自己抑圧」

　筆者は、共生理念の賛同を通して活動に参画するが、「他者変容文化」に対しては一定距離を保持したいと望んでいた。しかし、徐々に共同体内部からの期待や圧力があると感じるようになる。

　堂々たる体躯のAは、年齢と経験年数を強く結びつけた独自のヒエラルキーを持つ。彼は、年長者と所属経験の長いスタッフの指示は絶対であり（彼自身が指示に従うとは限らないが）、年下や経験の浅い女子学生にも同様の態度を要求する。しかし、女性であるFは、「その様子は女性にとっては恐怖」と形容し、力の強いAを「私だけでは制止できない」と嘆く。彼より経験年数のある男性スタッフはほとんどいないため、Aより年長の唯一の男性スタッフとして、筆者は彼を統制する役割を周囲から期待されていると考えるようになる。女性に執拗に話しかける彼をその場から引き離し、その行為に対する彼の怒りが鎮まるまで話を聞く役割である。そして筆者も、Aの女性への態度に統制が必要ではないか、と思案するようになる。

　筆者は、常に「他者変容文化」からの「眼差し」を感じていた。Aが別プログラムの場所に入った際に連れ出す、女子学生や若い母親に話しかけている時に間に入る、などが筆者の役割であり、その遂行を要求される圧力としての「眼差し」である。Aのことだけではない。子どもたちが土足でマットに上がらないよう、または靴を履かずにマットから降りて移動しないよう注意しているか、おやつの前には手を洗わせているか、不潔な手で乳幼児の顔を触らないか、歩きながらおやつを食べないよう促しているか、食べ終わったおやつのゴミを本人に片付けさせているか、小学校高学年の女子児童が不適切な身体接触を男性スタッフに求めた際、きちんと拒否しているか……等々。これら安全・安心・衛生のための「子どもたちが身につけるべき

常識」を毅然と求めるスタッフとしての役割を常に求められる「眼差し」であり、活動内のルールを遵守させる道徳性の象徴としての存在の要求である。筆者は、この「他者変容文化の守護者」的態度は、当然求められるものと捉える部分もあったが、過度になることには抵抗を感じていた。しかし、役に立たない、能力のないスタッフとして評価されるのではないか、という不安にも付き纏われる。以下の記録は、筆者が「他者変容文化」の中心にいる受付の施設職員からの「眼差し」を気にする様子を示している。

【201Y.3.29 フィールド記録（24）より】
　Ａさんは、談話スペースでお茶を飲む母親と兄妹に話しかける。まもなく子どもたちの劇が始まるが、私は彼を残して部屋に入るのが不安なので、彼を誘う。しかし、「劇は別に見たくないので、ここにいる」と言って、母親に話しかけるのを止めない。母親は確かに困惑した表情を見せているが、それなりに会話しているようにも見える。時々兄妹にも話しかけている。私は少し離れて見ていたが、受付から白川さん（仮名）ら二人が来られて、Ａさんに部屋へ入るよう促す。強引に後ろから彼を押して誘導する。Ａさんは大声で「なんで俺ばっかり注意されるねん！」と叫んでいる。かなり怒っているように感じられたので私が間に入り、部屋へ連れていく。中ではマットの上にＥさんがおり、その横に行って座ったのでホッとした。私は白川さんたちの行動は強引に感じられた。確かに母親は困惑しているが大きな問題が起こっているわけでなく、安全確保のための未然の措置ということであろうが、繋がりを無理やり断絶させる印象を受けた。（中略）しかしＡさんは、Ｅさんが担当女児に関わりだすとまた部屋から出て行ってしまった。
　今度は別の母親が談話スペースで男の子とテーブルに座っていた。Ａさんが母親に話しかけるとＦさんが近づいて彼を制止しようとする。詳しい状況はわからないがすぐに男の子が泣き出した。Ａさんはあわてて「俺のせいちゃう、俺のせいちゃう、Ｆさんのせいや」と大声で叫ぶ。受付の二人もこちらへ来た。まずいと思った私は、急いでＡさんを部屋に連れて入る。中では劇が行われているが、彼は大声で「俺のせいちゃうねん。なんで俺が言われなあかんねん」と言って緞帳を閉めようとする。Ｂ君が「Ａさん、もう劇始

まっているんですよ」とあわてて制止する。彼がマットに座り落ち着いて観劇することは難しいと感じた私は、部屋から出て、受付から離れた美術スペースと談話スペースの間に二人で立ち、彼を落ち着かすため話を聞くことにした。彼の声が興奮して大きいので「声のボリュームを落として」と言うと少しおさまった。私は受付の方を向きたくなかったので背中を向けた。Aさんに受付を見せることで、事態の緊張感を理解して欲しいという思いもあったが、私が目を合わせたくないのだ。しかし、Aさんをしっかり見ていますよというアピールも受付にしないといけないと思った。しばらくそこで彼の話を聞くことにした。

　筆者は、「スタッフとして期待通りに動いているかを見られているかもしれない」という「眼差し」を圧力として感じている。しかし、実際に見られていたのか、そのような期待されていたのか定かではない。にもかかわらず、筆者が自らそのような「力」や期待を感受していたことが作用の起源となっている点が重要である。このような働きは、いわゆるフーコーの「自律型権力」同様、筆者自身が作用を発生させているとも、させられているともいえる。権力に抗う純真な支援者として自らを定位させたいとする欲求に起因するとの分析も可能である。

第6節　「葛藤の回避」のための作用

1　筆者の不安の増大

　201X年6月、Aは普段から丁寧に話を聞いてくれるEの誕生日が近いため、お菓子のプレゼントを用意していた。しかし、Eが来所せず不機嫌になり、この日初参加だったDにプレゼントを受け取ってもらわないと帰らないと怒り出す。騒動の後、次回の来所時にEに渡すことで事態は収束するが、自身の都合を優先し相手への配慮を全く見せない姿勢や女性への強い執着を筆者が感じる機会となる。Aは、関心ある女性に対して一方的に話しかけてしまい、一緒に移動しながら延々と話し続けることが多かった。相手の都合はお構いなしになる。8月、この日初めて参加した女子学生スタッフ

Hに対しても彼の関心は強かったが、しばらくするとその話しぶりが威圧的に感じられるようになる。筆者らは間に入って止めるのであるが、説得が伝わらず、彼女が年下のくせに生意気だとの主張を繰り返す。その後、Hも一緒に夏キャンプに参加するが、彼の威圧的な態度は激化し、いすを蹴るなどの暴力的行為にまで発展する。結局Hは、Aを理由に活動への参加を見合わせるようになる。筆者は、彼の女性に対する高圧的な態度に強い嫌悪感を抱くようになる。さらに、気になる女子学生が所属する部活動の試合を、Aが観戦に行きたいと話すようになる。この時期、「彼の話は周囲に対する不満や攻撃に終始し、こちらに話す機会を与えないため、聞いていてストレスが溜まる」との筆者の記述が増加する。筆者は、彼に明確なルールを示すことは、彼自身も楽にするのではないかと葛藤している。

　10月には、Aが子どもを注意するとして叩く行為があり、筆者が制止する。この頃から彼を制止し連れ出すという周囲からの役割期待が益々高まっていると筆者は感じる。さらに、複数の女子学生へのメールの大量送信や活動への出欠を確認する連絡をとっている事実が発覚する。この頃の筆者は、彼の行為の要因を女性との接触であると捉え、周囲への承認欲求よりも女性への関与欲求が強いと考えるようになっている。また、自身を自治体首長や政治家に例える話を頻繁にすることで、強い権力への憧憬も考慮するようになる。12月に、大学構内で多数の女子学生に声を掛けるAを目撃した筆者は、彼に不安を募らせる。当時の記録では、彼の周囲への攻撃的言動が目立つことに筆者が怒りを抱く記述が増えている。1月以降、彼の企画した行事に目当ての女子学生が現れず失敗だと嘆くことや、学生時代の不遇な経験を周囲に話し、「青春を取り戻すため、女性と付き合いたい」と語る機会が増える。特定の女子学生に活動への参加を要求し、断ると非難のメールが大量に送られる事態が明らかとなり、筆者を含めた主要スタッフ間で対策が話し合われる。3月には、女子学生に対する恋愛感情や怒りの言動を示すようになる。

　筆者の記録は、Aと筆者の差異が中心的に記述されている。つまりAへの違和感である。当初、気になる日常の出来事を書き留めていたが、次第に女性への執着と権力への憧憬に筆者の関心が焦点化していく。そして、女性に対する大きな問題が起きる前に何とかしないといけないとするAへの働

きかけを、仕方ないと捉えるようになる。筆者の関心は、女性への威圧的態度に向き、Aとは関係のない事柄をも結びつける。Aを統制することの要請に筆者は葛藤するが、そこから逃れるためにとった方策を3つに整理する。

2 筆者の「葛藤」への対処

【方策1】女性を抑圧するA像の構築

　201X年、男性の女性に対する執拗な行動が、重大事件に発展する出来事が世間を賑わしていた。前年12月にも同様の事件があり、さらにこの年に2件の重大事件が起きている。その中には、被害者への大量のメール送信の事実があった。これらの出来事は筆者に対して少なからず影響を与え、記録に「ストーカー」の表現が見られるようになる。既述したJのインタビューにもあるように、筆者ならずともAの行動とストーカー行為を結びつけ危機感を募らせる状況が、当時の共同体にはあった。重大事件の発生件数が増加していないのにもかかわらず体感治安が悪化する要因はメディアにあるとの論説は散見するが、筆者はまさにその影響を受け不安を募らせていたといえる[7]。

　理解が難しいと思われる彼の逸脱的行動を、「発達障害」で括ることはそれほど難しいことではなかった。しかし筆者は、自身が言語上の分類に囚われることへの問題関心から、科学的言説に回収されない理解を模索しようしていた。可能な限りA個人との関係である事を意識し、その世界へ接近したいと思案していた。だが、次第に不可解に思える言動に苦しむようになる。安易な理解を回避するつもりであった筆者の脳裏に、女子学生へのメールの大量送信や出欠確認、学校や部活動に現れる、大学食堂で聞き込みをする、自己中心的な要求や他者への攻撃、などの行為から「ストーカー」という概念がちらつく。彼の行為への働きかけが必要かもしれないと考える筆者が、疲弊し、悩んだ結果、構築したA像が「女性抑圧者」であった。このA像把握のアイデアは、特にFとの会話の中で頻繁に現れていたものであった。以下のFとの会話中にもその痕跡がみられる。

【Fインタビューより③】（I：筆者）
　I：Aさんよく「仲間欲しい」「友達欲しい」っておっしゃるじゃないです

か。(中略)僕はこの「仲間」と「彼女」の差がそんなにないんじゃない
　　か、と感じるところがあって。どちらかというと、「仲間」っていうより
　　「彼女」作りたいっていう方があるんかなって、僕の中では感じていると
　　ころがあるんですけどね。そういう風に僕が見ていることってどう思わ
　　れます？
F：私は「仲間」とは思えなくて。それはなぜかというと、彼は自分が抑圧
　　できるような相手。例えば、色が白くて、なよってしているとか。そう
　　いうタイプがあるんですね、見ていて。
Ｉ：それは、女性、男性限らず？
F：いやいや、女性のタイプ。それはＡさんが（子育て支援参加の）お母さ
　　んに寄っていくときに、すごく強いお母さんには寄っていかないんです。
　　言えない人に寄っていく。だから、私は余計に腹が立つ。それは、人を
　　見ているのかタイプなのか、私にはわかりませんが。例えば、○○ちゃ
　　んとか、一見なよってしているじゃないですか。そういうのがあの人の
　　ターゲットなんです。私、モンスターって表現するのはそこに繋がって、
　　自分の身体が大きいじゃないですか。だから、私はすごく恐ろしいもの
　　を感じる。
Ｉ：(略)僕は(中略)彼の身体つきから恐怖感みたいなものを感じることは
　　ないですけど、女性だったら当然違う感じ方するだろうなっていうのは
　　思います。
F：(略)私、女性、男性の区別なく、「仲間」っていうんだったらOKなん
　　ですけど、選んでいると思うんで、不純なものを感じます。対等性を求
　　めてなくて、自分は男性なんだ、相手はか弱い女性なんだ、そこが見え
　　ちゃうんですね、私には。(中略)そこを威圧的に出るっていうかね。私
　　にとってはホントとても許せないことで。

　このような会話から、筆者は「女性抑圧者」像を構築していく。筆者は、彼が行為を統制されても仕方のない存在であり、そのための筆者の対応も正当化されると考える。筆者の眼前にいるＡは「障害者」ではなく「女性抑圧者」であり、筆者の態度は安全安心のため「危険性」を排除するための緊

急な暫時的対処である。よって、仮に一時的に隔離される状態になっても「障害者」ゆえに排除するのではない。

【方策2】「発達障害」概念への回帰
　しかし、さらに葛藤から逃れたい筆者が取った行動は「発達障害」概念への回帰である。人を交換可能な代用物のように表現する、相手の気持ちを推量せず自身の思いを相手も同様に持っているはずだとする態度などが、「発達障害」を誘引する。そして、人の気持ちが理解困難な「発達障害」であれば、筆者のこれまでの説得は、生産的でないばかりか彼に苦痛を強いていることになるのではないか。彼が自らには非がなく周囲に問題があり、被害者として振舞うのは、筆者らの説得的姿勢に問題があったのではないか。Ａが「発達障害」であれば、彼と通底できないことは仕方ないのではないか。この諦念から、具体的手順を提示し、彼が理解できる方法で関わるのが良いのではないか、と筆者は思索する。このような「他者の本質化」には、①存在論的安心感をもたらす　②特権と差異を正当化する　③他者を責めることを可能にする　④（不快な感覚の）他者への投影を可能にする　といった魅力がある（ヤング 1999/2007: 262-267）。Ａの持つ世界観への探索を諦め、自身の態度を正当化するため思考を停止させた筆者の取った方策が、「安心安全保持のための暫時的方策」であり、「発達障害」のある「女性抑圧者」を統制し、「排除」もやむを得ないとする姿勢であった。

【方策3】権力の要請
　「発達障害」のある「女性抑圧者」像を構築した筆者は、忌避していたはずの「統制する権力」のＡに対しての発動を、活動責任者である大学教員Ｃに請願する。その内容は、共同体の秩序維持のためにはＡの一時的排除も厭わないものである。本質主義は、社会的対立に文化的根拠を与え、問題の責任を逸脱的他者に擦り付けることができる。これは、問題解決のための社会的排除を正当化する。ヤングはこれを「他者の悪魔化」と呼ぶ（前掲書：285）。「他者の悪魔化」には、①他者と距離をとる　②他者に責任を負わせる　③自分たちの正常性を再確認する　という3つの要素が含まれる（前掲書：293）。

【201Y.2.15 フィールド記録（22）より】
　Aさんが帰った後、B君、K君、Fさん、C先生と5人で今後の彼への対策の話をした。Fさんからは、かつて来なくなったある女子学生は、Aさんが原因だという話があった。彼女はAさんを不快に思い無視していたらしい。また、お母さん方がAさんに対して冷たい視線を向けている話がされた。B君からは、実はEさんは、自分が話を聞いてあげようと受け止めたことが、そのうちしんどくなったということが話された。私はとりあえず、Eさん以外の女子学生にも連絡をして、メールの送信数やAさんの態度に不安を感じている人がいないかどうかを確認することをB君に提案した。そして、もし、しんどくなっているようだったら、C先生に厳しく言ってもらう。「セクハラ」や「パワハラ」といったあえて専門的な用語を使い、出入り禁止になるなどの具体的な罰則なども加えて説明することを提案した。それでも来るのではないかという意見もあったが、私は、大学への出入りなどの禁止事項に対しては、今まで守っているから大丈夫ではないかと述べた。

　筆者が教員Cに統制を依頼したのは、Aが重要視するヒエラルキー（年齢と経験年数）でCが最上位にいるからである。これまでも興奮して収拾がつかない彼がCと話をすることで落ち着く場面を目撃しており、確実にAを統制できる存在と定めたのである。しかし、最も大きな目的は筆者自身がその役割から逃避したいためであった。理由は二点ある。ひとつはAとの関係に徒労を感じ、距離を置きたいからである。「発達障害」概念に頼る筆者は、Aは障害があるため話しても伝わらないのは仕方なく、彼への要求は困難である、として「障害者」と「支援者」として関係を変質させ、固定化させたといえる。ふたつ目は、「他者変容文化」からの視線である。役割期待に応えたい反面、その違和感、過度な規律化への疑問などの葛藤があり、さらには共同体内部の人間関係への不安があった。そこで、その役割をCに負わせ、責任から解放されたいと考えたといえる。
　困難を感じている学生に対するAの態度を変容させる取組（対象化した相手を逸脱する「障害者」とし、変容させることで問題解決を図る）を積極的に行い、結果いかんによってはAを共同体から一時的に離脱させることもあり

えるという行為は、一方的な強制であり、そこには共生を踏まえた理念はない。しかし当時の筆者は、これも仕方のない「合理的」な方策であると考えていた。くり返し話し合うがどうしてもAは納得しない。しかし、Aの要求を認めると、今度は利用者、スタッフから何とかして欲しいと苦情が来る。譲歩したことがAの行動をエスカレートさせたと責められ、筆者を含めた関係者が疲弊するという事態から何とか抜け出したかったのである。

　Aを統制できない状態は「他者変容文化」の秩序維持の失敗と捉えることができる。フーコー（1976/2000）は、規範が働かなくなった状態では、"高くつくとともに危険な方法"である強権的方法が秩序維持を行うとして、スターリン体制化の恐怖政治を挙げている（フーコー 1976/2000: 75）。秩序の再構成に失敗した共同体が最終的に要請したのが、彼のヒエラルキー最上位にいる大学教員の強制的支配の発動だったというわけである。この頃の筆者は、「他者変容文化」の権力を無思考に受容していたといえる。従属した筆者は、Aに対して道徳的規範を具現化する主体として形成され、その文化の中心へと身を移していたのである。

3　虚像の瓦解

　次に、筆者が創作した「女性抑圧者」像が「虚像」であった可能性を示す。以下は、特にAと関わりが深かった女子学生2名の談話である。Aについての語りの際、筆者には意外と思える回答が返ってきた。

　【Dインタビューより②】（Ｉ：筆者）
　Ｄ：確かに、何回かの内に困るなって思うことがなかったっていうのは嘘になるんですよ。まあ、なんか今日すごいしつこいなぁとか、今日なんか顔の距離がいつもより近いなぁ、とか。そういうの思う時あったんですけど、確かに助けてもらって、助かったのはあるんですけど、でもそれはうちが嫌だから助けてほしいっていうより、なんか「ふれんど」に行く理由は、子どもと遊んで、そこから学ぶこともあるし、ま、単純に楽しみたいとか、子どもってこうなんだって知りたいのに、ほぼ一日の時間をAさんに取られるっていう時があったから、それは自分でも「うー

ん」って思ってた時もあって、そういうのでちょっと男の人に間に入ってもらえて、うちが子どもと関わる時間がもらえたっていう意味では助かってたと思うんですけど。そんなに助けてよって思ったことはあんまりないですね。
Ｉ：こんなに困ってるのに助けに来てくれないとか思うことは……。
Ｄ：それはないですね。（中略）嫌だ、行きたくないとか一瞬も思ってないと思うんですけど。

【Ｅインタビューより②】（Ｉ：筆者）
Ｅ：メールはちょっとしんどかったですね。
Ｉ：僕が知らない、昨年度とかＡさんが来るから来なくなった人がいるとか、Ｆさんからの話なんだけど。あとＨさんは、Ａさんとのやり取りで来にくくなったって経緯があったけど、そういう人の存在は知ってた？
Ｅ：はい、そういう人がいるっていうことを直接聞いたわけじゃないけど、Ａさんからの話で誰やらも誰やらも俺がいろいろ言ったせいで来なくなったって聞きますし、なんかその人らにもメールとか送ってはるみたいですけど、返事返ってこないみたいなこと言うてはったし、でもまあ気持ちがわからんでもないなって。まあそうなんやろなって（中略）。
Ｉ：Ｅさんは、自分がそういう風になるかもしれないって思うことはなかった？
Ｅ：それはなかったですね。別にＡさんがいても日にちが合えば行ってたし、それはＡさんも気にしてはるやろなって思ってたんで、用事があるときはできるだけ、まあ（メールを）送ってなかった日の方が多かったですけど、会った時は「最近忙しくて、別に「ふれんど」に行くの嫌になった訳じゃないよ」って伝えるようにはしていたんですけど。

　Ｄは、困ったこととして、子どもと関わる時間がなくなることを挙げており、Ａに対する不安や嫌悪はほとんどないと述べている。Ｅは、一日に数十通ものメールが送られた学生であるが、そのことで彼と接触を避けようと考えることはなかったと語っている。つまり、筆者が彼女たちに向けていた

Aに抑圧されているという不安は、杞憂であったといえる。筆者は、安全や安心を脅かす存在としての過剰な位置づけをAに行い、マスコミ報道など彼とはまったく関係のない情報を恣意的に結びつけ、自ら不安を増大させ、虚像を構築していたといえる。勿論、インタビュー前にも彼女たちにAのことを聞く機会はあった。その時の「大丈夫です」という返事でさえ、筆者は「無理しているのではないか」「本当は辛いけれども言えないのではないか」と考えていた。これらの語りからは、Aが彼女たちに多大な迷惑を与えていたという解釈は成立しない。筆者の創作はいとも簡単に瓦解し、「他者変容文化」に埋没していた自身に気づかされる。筆者の「合理的」な判断の危うさが示されたことになる。

第7節　寛容の強制

1　自己排除

　筆者のように「他者変容文化」の中心に向かうスタッフは多く存在する。しかし、学びの機会を求めて参加した学生Hは、Aの影響で参加を見合わせたとされる。AはHに対して威圧的に接する場面が多く、筆者が彼を制止する機会が多かった。しかし、彼女はAが嫌で参加しなくなったわけではないと言う。

　　【Hインタビューより②】（I：筆者）
　　H：あの時はAさんがいるから行きたくないとかじゃなくて、私がいることでAさんを興奮状態にさせてしまっているのかもしれないっていうのがあって、行くのやめようって思ったんですよ。でも、今となったらもうちょっと向き合ってもよかったんかなって思います。別にそのAさんがいるのが嫌とか、そういう意味ではまったくなくて。なんかあの部長の方が男の……。
　　I：学生の？　B君？
　　H：あっ、B君の話はわりとAさんも冷静に聞くというか、やったんですけど、私が行くとなんかすごい興奮状態になってたんで、なんか申し訳な

いと思って。

Ｉ：Ａさんに申し訳ないと思った？

Ｈ：私がいなかったら、みんなともうまくやってるんかなって印象もあって。（中略）私が来ることで興奮状態にさせてしまってるんかなってのがあって、私が行かん方がいいんかなっていう気持ちになって、Ｃ先生にちょっと行けないですって話はしたんですけど。確かにＡさんが原因って言ったら原因なんですけど。何でしょう、Ａさんが嫌とかじゃなくて、私自身が行ったら興奮させてしまったり、（中略）怒られてるみたいな感じじゃないですか。「ふれんど」に来ている人もＡさんいつも怒られてるとか、いつも興奮しているとか、それもなって思ったり。せっかくあそこがＡさんの唯一の居場所やのに、（中略）Ａさんの居場所がなくなるのかもって、なんか考えました。

　ＨのＡに対する誤信（唯一の居場所）はあるものの、結果として、筆者らのＡへの対応が彼女を活動から離脱させたともいえる。Ｈが自ら選択して参加したはずの学びの場から、自らの選択で身を引かざるを得なくなったとすると、これは彼女の彼女自身を排除する理性的選択と捉えられる。秩序を取り戻すことを優先する筆者らの態度は、秩序を取り戻すために自らが去るという自己抑圧的行動を彼女に取らせたことになる。

　このような「自己排除」は、包摂への要求が過剰に働くことにより生じると考えられる。共生を標榜する共同体では、障害者とされる人々は包摂すべき存在と捉えられ、排除が起こらないように留意される。一方、健常者とされる人々に対しては、寛容であることが望まれ、自己の認識を疑い、変容することが求められる、いわば「寛容の強制」が起こる。自己変容文化にあるような内省的傾向は、自己に対して批判的関係をとらせる。そのため、Ｈのように、自らの存在が問題の要因となっていると考えた場合、自身に大きな変容を望むことになる。しかし、既存の自己の否定、自己世界の解体は、深刻な精神的苦痛をもたらす場合がある。そのような傷つきから自己を守るために、その場から主体的に立ち去るという選択がなされる。この排除は、一見、主体的に自らの意志で去ったように見られるがゆえに、組織内での問題

意識は希薄である。また、本人も排除されたとは思わず、自身の忍耐が足りなかったと考え、周囲を責めることはない。そこで、問題が表面化することは希である。立ち去る以外の選択肢をとることも十分考えられる。なぜ、その他の選択肢が取られなかったのだろうか。

2　無関心化

　自己排除を選択し、問題が表面化しない要因として考えられるのは、包摂の際生じる「無関心」である。ヤング（1999/2007）は、存在論的な危機に対する多文化主義的な解決策のひとつとして「無関心化」を挙げている（ヤング 1999/2007: 257）。これは、差異の世界から生じる危機や不安、恐怖の感覚に対する鎧である（前掲書: 439）。他者を包摂する場合においては、共同体内に一気に変化が訪れるのではなく、特定の場所から少しずつ広がってくると考えられる。「無関心」は自己防御である。自らに火の粉が降りかかってこない限り関係しないことで、問題に巻き込まれなくて済む。関係が希薄な分、特定の成員に負担は集中するが、一時的には包摂がうまくいっているように見える。多くの成員が問題に直面しない分、それらは表面化してこない。しかし、簡素な関係に留まっている限り、根本的には他者性に向き合うことはできない。自身には関係がないという態度を取っている成員が大多数を占めている限り、包摂は形骸化しているといえる。業務に忙殺され、自らの保身のために精一杯であるような集団は、周囲への関心（配慮・気遣い）がない。相互作用の網の目のような関係がない組織では、問題に直面し、自身に引き受けている成員に対する逃げ場や責任の分担といったセーフティネットが働かない。その結果、自ら組織から離脱することが容易な選択となる。これが、「自己排除」されやすくなるということである。排除が行われれば、次は別の成員に役割が回ってくる。この作用は、その成員が排除されるまで続き、また、別の成員に役割が回るのである。「無関心」である限り他者の包摂は進むが、「無関心化」できない場所で排除は続く。我々は、障害者とされる存在の排除については焦点を当てるが、その逆の作用には目が向きにくい。しかし、共生への圧力は、別の場所で新しい排除が起こりうる可能性を孕むことを考慮せねばならない。

Hの場合、筆者を含め全くの「無関心」ではなかったと思いたい。しかし、結果的に他の方策を考えることも彼女が立ち去る際に引き留めることもできなかった。彼女が共同体を去る際に相談したのは教員Cのみであり、筆者らはCから伝えられて初めて彼女がいなくなったことを知ったのである。

第8節　社会適応のイデオロギー

本章では、「合理的」な判断の過程において、場の関係から生じるさまざまな作用を、「ある特定の方向に働く力（配慮として働く強制力：権力）」として析出した。まず、筆者が共同体の教育的文化をいかに把握しているかを論じ、2つの規範の作用、及びそれが相互にバランスをとっていることを示した（「自己変容文化」「他者変容文化」）。そのうち、他者の変容に価値を置く文化が、その規格に適合する行為を求め秩序維持のための働きかける作用と、それに応えるための欲求を権力の発動として示した（「予防的措置」「〔Aへの〕自己抑制要求」「〔筆者の〕自己抑圧」）。共同体文化の作用には、外部から抑圧する力と、内部に働きかけ自らを内側から道徳的主体として作り上げる力の双方がある。その作用に巻き込まれた結果、外部からの強制力に反発していたはずの筆者は、文化に適合するふさわしい主体として形成され、葛藤を回避するために、秩序維持行為を正当化する虚像を構築し、排除も厭わない権力を要請するようになった（「虚像の構築」「他者の本質化」「権力の要請」）。そこでは、筆者の合理性の危うさも明らかとなった。また、寛容が強制される場面では、無関心な関係の取り方や自己抑圧的な働きが、自らを排除する作用があることも示した（「自己排除」「無関心化」）。

「合理的配慮」は、何を持って合理的かそうでないかの線引きをするのか非常に判断が難しい概念であるがゆえに、当事者との調整が前提である。しかし、「障害者である」との同定は、配慮が必要な相手であると捉えると同時に、「論理的に説明してもわからないのではないか」「障害に起因する強いこだわりだからキリがないのではないか」「特殊な経験から被害者意識が強いのではないか」などの感情が付帯する危険性がある。また、そこには様々な関係が織り成す人間模様がある。それは例えば、「○○さんがOKなのに、

どうして□□さんはダメなのか」「一度認めてしまえば、ルールがなし崩しになるのではないか」「すべての要求に逐一対応していたらいくら時間と労力があっても足りない」などの軋轢を生む。十分に協議し、双方が納得できる妥協点を見出すことは容易ではない。

　〈合理的配慮〉は力の競合と対立関係の中で成立するといえる。そして、その場には常に権力が作用する。フーコーは、権力を自己の欲求と他者との関係の中で現れる「場」として示したが、本事例においても、安全・安心・衛生の保持を努め、その秩序の持続を求める力が様々な関係の中で発生していた。規律化された現代社会の組織において、権力は集団管理の技術として至る所に存在する。また、構造の安定を求める合理的選択から容易に排除は起こりうる。「障害」を取り巻く抑圧権力は、社会構造として外部にあるというより、むしろ我々自身が生み出し、再生産しているといえる。本章において、筆者がAを「逸脱的他者」「障害者」と規定したことは、そこに生じる葛藤・摩擦を取り除く「問題解決の方法」として、また、秩序維持のための「予防的な措置」として、排除の可能性があることを示した。「過食症社会」の排除が、現在の様々な現象に対応しており、"それは社会のいたるところで機能する選別のプロセス"なのである（ヤング 1999/2007: 167）。このことは、〈合理的配慮〉という聞こえの良い専門概念が、線引きを行う際の「伝家の宝刀」となり、「合理的な排除」を正当化する道具となる可能性を示唆する。もし、特別支援教育において文部科学省型の〈合理的配慮〉がシステム維持に優先的に用いられるとすれば、普通学校に包摂しつつ特別支援学級にて分断し、適切な態度が身につけばまた包摂するという「過食症（過食しながら嘔吐を繰り返す）」といえるだろう。

　本章の「他者変容文化」の源泉には、障害者を社会適応させ、有用性のある存在として承認するイデオロギーが潜在する。これは、社会生活は理性的規律・道徳で成り立っており、規律は服従を強制される主体を作り出すものであり、それに抗うものは治療・排除の対象とする理念と近接する。となれば、障害を治療・矯正するという行為は、社会の問題として対象化するよりも、むしろ我々の道徳性に関わる問題であり、その道徳的態度を問う我々の倫理的問題とせねばならない。つまり、理性的判断とされる「合理性」の危

うさに気付くことが求められる。

　包摂の場で常に排除は起こりうる。本来、「合理的配慮」は、排除が行われないよう、試行錯誤しながらも「共生」することの困難を乗り越えるために定められたはずである。それが権力により排除を正当化する理由として使われる可能性があるということになる。今後、教育／福祉の日常実践においてもこの概念は定着し、地域社会における共生社会構築へ向けての要求と対応の加速が予想される。先に挙げた国立特別支援教育総合研究所「合理的配慮実践事例データベース」や、内閣府のデータ集「合理的配慮サーチ」などで具体事例の知見は蓄積されつつあるが、事象の概要を提示するに留まっている。既述したように、この概念は非常に曖昧であり、実際の判断は当事者間の合意に委ねられる。しかし、研究所や内閣府が参考事例として提示するデータは具体性に乏しく、個々の事例の実相を捉えることはできない。合理性の判断は、関わる人々の障害特性や場面・状況により、複雑かつ多様にならざるを得ない（長谷川 2014、髙橋・髙橋 2015）。杓子定規に方法を当てはめる性質のものではなく、眼前の事態を手探りに進めていくことが重要である[8]。

　本章では、研究の過程を含めた筆者の試みが省察機会となり、権力作用への従属を自覚することになった。肝要なのはその過程の意識化であり、他者性と向き合うことで生じる自らの葛藤経験こそが、抑圧・差別へ対抗する知や倫理的問いへの思惟を示すことができると強調したい。筆者自身が過剰に意識した規範と、筆者内部に生じた権力性との関係については、第 6 章で改めて検討する。

［注］
1 ）平成 22 年の国立特別支援教育総合研究所の研究報告『知的障害者である児童生徒に対する教育を行う特別支援学校に在籍する児童生徒の増加の実態と教育的対応に関する研究』では、小・中・高等学校の在籍者は一貫して減少傾向であり、特別支援学校においては平成 8 年度から一貫して増加傾向であることが報告されている。特別支援学校の在籍者数は平成 8 年度に 86,293 人であったものが平成 21 年度には 117,035 人と、約 3 万人あまり増加している。またその大部分が、軽度の療育手帳を有する知的障害、発達障害の在籍者であり、小・中・高等部と上がるほど増加が著しい。高等部では中・軽度の在籍者の割合が 6 割を占めている。平成元〜 21 年度における小・中学校の特別支援学

級の在籍者数でも、小学校特別支援学級在籍者は、平成 7 年の 43,850 人を最少にその後増加を続け、平成 21 年には 93,488 人に達した。中学校特別支援学級在籍者は、平成 8 年の 22,101 人を最少にその後増加を続け、平成 21 年には 41,678 人に達している。

2）障害者権利条約の批准に向けた国内法整備の一環として、2011 年に改正された障害者基本法により、第 4 条において "社会的障壁の除去は、それを必要としている障害者が現に存し、かつ、その実施に伴う負担が過重でないときは、それを怠ることによって前項の規定に違反することとならないよう、その実施について必要かつ合理的な配慮がされなければならない"。と規定された。

3）初等中等教育段階については、「共生社会の形成に向けたインクルーシブ教育システム構築のための特別支援教育の推進」（中央教育審議会初等中等教育分科会（報告）において、「合理的配慮」を定義している。"障害のある子どもが、他の子どもと平等に「教育を受ける権利」を享有・行使することを確保するために、学校の設置者及び学校が必要かつ適当な変更・調整を行うことであり、障害のある子どもに対し、その状況に応じて、学校教育を受ける場合に個別に必要とされるもの" とされ、"学校の設置者及び学校に対して、体制面、財政面において、均衡を失した又は過度の負担を課さないもの" とされている。

4）インクルーシブ教育システム構築支援データベース：関連用語の解説：合理的配慮とは
http://inclusive.nise.go.jp/?page_id=35

5）長谷川（2014）も、平等を実現するために非障害者中心の社会が生じる支障を除去すべきと考えるアメリカと、障害者は保護すべき対象と考える日本の「合理的配慮」の理論は、まったく異なるアプローチであると述べている。長谷川は、あえて類似点を探り「殊更不安を抱くべきものではない」としながらも、日本特有の雇用システムや労働法制から、単純に欧米における合理的配慮の議論を日本に持ち込むことは困難な場合があると、職務機能やプライバシーの問題から論じている。

　また、国内での「合理的配慮」概念の曖昧さを指摘する論考も多い。清水・西村（2016）は、特別支援教育での教育活動一般を、「特別な措置（配慮）」としての「合理的配慮」として誤って把握する人たちがいるとし、特別支援学校が同一障害カテゴリーの児童生徒のニーズに対応した教育指導を行うのは当たり前であり、それをもって「合理的配慮をしている」と称するのは、「合理的配慮」概念を不明瞭にする議論であると述べる（清水・西村 2016: 87-117）。また、文科省の特別支援教育の在り方に関する特別委員会の「報告」は「一人一人の障害の状態や教育的ニーズにより決定される」と記述しながら、障害種別に例示することで、請求権の権利行使として「合理的配慮」が存在する事実を弱め、障害種別という枠を設けた「サポート」と「合理的配慮」を混同していると論じている（前掲書：65-86）。

　法学者である川島（2016）は、障害者差別解消法の基本方針・対応方針と障害者雇用促進法の合理的配慮指針は、いずれも「合理的配慮」という言葉を用いているが、その間には、それぞれが依拠する法律の規定によって、意味内容に大きく異なる部分が見られると指摘する。そして "つまるところ、基本方針と各指針をただ眺めたところで、差別解消法と雇用促進法における合理的配慮の概念がどのようなものかを詳らかにするのは、そう簡単なことではない。法律上の合理的配慮の意味をめぐっては、よくわからない部分がなお残されているのだ（川島 2016: 41）" と述べている。

何が「合理的な配慮」になるのか、との議論は今後深める必要があるが、現時点で筆者が要点と考えるものに以下の８つがある。①社会的障壁の除去が目的　②個別に対応される　③組織的に実施される　④合議により決定される　⑤一定の拘束力がある　⑥本人からの意志表明があるものだけとは限らない　⑦障害の有無に限らない　⑧過重負担の伴わないもの
6 ）津田（2012）は、「場のちから」を意識した観察は、その無数の要素の整理に途方もない労力を課されるため、観察と記述のほとんどを無駄にしないためには、ある方向性を持った「ちから」に着目することを勧めている。
7 ）ヤング（1999/2007）によると、リスク増大の「顕在化」要因として、マスメディアの増幅作用が挙げられる。「異常性」を売り物に、世界中から集められた犯罪と逸脱のイメージは、大量にばらまかれ、犯罪への恐怖は実際のリスクと比べて不釣合いなほど増幅される（ヤング 1999/2007: 182）。
8 ）本研究は、フィールドが社会教育実践の場であったことから、結果をそのまま公立学校に当てはめることは難しい部分もある。学校における子どもと教師の関係では、権力構造はより強固であり、合理性の判断過程において、子どもの意見よりも教師や管理者側の要求が優先される構造があるかもしれない。また、各学校現場には独自の文化規範が存在し、その中で生じる「合理的な判断」が特徴的であることも予想される。今回、Aがスタッフでありながら配慮される立場であったことも、考察の限界としてある。「合理的配慮」を検討するには、具体事例を詳細に分析し、この概念について法令がどのように解釈され、申し立てが生じるのか、関係者間の意味のズレがいかに生じているのか、また、問題解決の過程を辿ることで、双方の主張が折り合う合理性の根拠がどのように生成されるのかに着目する必要がある。

第6章
専門家像の脱構築

第1節　筆者が捨象したもの

　これまで、障害支援における専門家像の細部を筆者の経験的記述から検討してきた。相手を対象化し、意味づけ、統制する支援の専門家の態度は、理解と関係の流れを止めて凝固させる閉じた姿勢であり、目的合理的な有用性で捉える交換思考である。そこで得られる専門概念を反復して使用することが、主体を専門家として形成し、その態度を磨き上げる。一方、このような言葉の意味作用を鑑みることで、用語の濫用が無自覚な権力性や、自己防御のための暴力性を孕むことに気付く。そこから抜け出すには、無条件に享受する歓待の相互行為に向かわねばならないが、近代社会においては非常に困難であることも提示した。後期近代社会は包摂と排除を同時に行う。障害支援の組織内で容易に起こりうる過程である。合理的な判断の主体となる専門家にとって、権力の誘惑から逃れることは難しい。

　これまでの議論から導かれるのは、必死に自分自身とその世界を守ろうとする筆者の姿である。関係の運動を停止して事象を理解しようとする専門家の方法とは、主体を形成し、自己の世界を立ち上げると同時に、他者なるものと出会いの契機に、主体としての〈私〉を侵食する不安・葛藤・摩擦からいかに自己を守るかという防御の技法でもあった。筆者は、自身に都合の良いA像を構築し、それを周囲と共有することでAを他者化し、自らの世界を守り、その行為を正当化していた。専門的知識を有する支援者としての役割を担い、また秩序維持に対する危機感も持つ理解者という一面も周囲に見せながら主体形成していた。しかし、同僚スタッフとの語りの中で、Aが理性的に振る舞い、自身を統制しながら周囲と関わりあっている姿も多数見

られた。筆者が捨象してきたＡ像である。以下のＨの話題もその一例である（下線は強調のため今回筆者が引いたものである）。

【Ｈインタビューより①】（Ｉ：筆者）
Ｈ：みんなとご飯食べていた時は、Ａさん、結構私に突っかかってきはったじゃないですか。その後、駅まで帰る時に、Ｊさんも一緒に（中略）最後二人になった時に、めっちゃ落ち着いてて、全然興奮とかじゃなくて。「僕、今ハローワークに行っているんだけど、仕事も全然決まらなくて。Ｈさんは、看護士さんなるし、仕事あっていいよね」みたいなしゃべり方で。小学校のときも全然友達いなくて、とか（中略）邪魔扱いされてみたいな。自分の居場所がないみたいなこと言うてはって。Ａさんにとっては「ふれんど」は、いい居場所なんやなぁみたいに感じました。（中略）坂を下って行って、駅近くなって、普通に「じゃあ」みたいな感じで。なんかそんなついて来はるとかそんなんもまったくなくて。
Ｉ：そういう心配はしなかったの？
Ｈ：全然。なんか、なんでしょう。食事の時がピークやって、それが過ぎて。（中略）Ｊさんもうまく言ってくれはって、その後ぐらいからは。
Ｉ：その落ち着いたのは、Ｈさんからしたら、Ａさんが落ち着いたのはなんか理由あると思う？
Ｈ：Ｊさんはお母さんにみたいな人じゃないですか。Ａさんに対しても「そういう言い方してもわからへんよ」みたいな。Ａさんも「あ、はい、はい」みたいな感じで、それで落ち着きはったんかなみたいな。

　記録を詳細に検討すると、このようなＡの様子は筆者の記録にも残されている。「自分で感情をコントロールできない」「相手の気持ちに配慮しない」とされた姿とはまったく異なるＡ像である。感情に任せず、子どもたちとうまく関わるＡの姿を筆者は目の当たりにしていたにもかかわらず、捨象していたといえる。

【201X.8.3 フィールド記録（8）より】

　Aさんは、2：30より少し遅れて来た。C先生から、この日初めて「れすと（仮称：教員Cが関わる学童保育）」に行っていたことを聞いた。他のスタッフに迷惑をかけることもなく、子どもへの関わりも十分に合格点だったという話を聞いた。そういえば、先週行きたいと言っていたのを思い出した。私は、Aさんには申し訳ないが、またトラブルがあったという話ではなく、子どもとうまく関わりスタッフとして活動したと聞いて、意外に思ってしまった。C先生がひいき目に言っているのではないかとか、Aさんが緊張していたからではないか、などと考えてしまった。自分の中にかなり先入観があることを反省しなければならないと思った。

　「れすと」の子どもたちが何人か来ていたようだった。2：30からの打ち合わせの最中に男の子が寄ってきて、手を挙げたり、椅子の下に潜り込んだりしている。私はかわいらしいので、たまに話しかけたり、視線を送ったりしていた。Aさんは、やや強引に男の子を抱えていたが、やさしい手つきであった。男の子は嫌がるそぶりもなく、膝の上に乗り一緒に会議に参加しているような格好になっていた。ここで、「れすと」の話がなるほどと腑に落ちた。Aさんは、「実は子どもが好きなのかも？」とその時思った。

【201Y.1.11 フィールド記録（19）より】

　野球は、アートルームで行うことになった。あえてAさんにピッチャーをお願いした。いつもは私がピッチャーをやり、ケンジ君が打ちやすいようコントロールよく投げる。しかし、今日は時間的余裕があるし、二人のやりとりがどうなるか関心もあった。私は、外野兼打球の判定（ファールかヒットか、ヒットならば何塁打か）を行う。案の定Aさんは、球は速いし、コントロールも悪いのでケンジ君が打てない。敬遠といってわざと打てないところに投げる。そのボールはいちいちケンジ君が拾いに行くことになる。「ちゃんと投げて」とケンジ君が要求する。そうやって、はっきり要求して言えることも少し意外だった。それにそれなりに楽しんでいるように見える。私が投手ならそんな苦労はないだろうが、打ちづらかったり、自分の思い通りいかないことも楽しめているように見える。私と野球の時は、ずっと打者で攻守

を交代することはない。今日はケンジ君が投手もこなす。ケンジ君はうまく投げられないことも多いが、Aさんは強引に打つ。あまり思い切り打つので「大人は加減してください」と私が言う。判定はケンジ君に少し有利なように進めるが、最後は押し出しデットボールでAさんが勝ってしまった。しかし、ケンジ君は点数のことはあまり気にならないようで、負けても全くこだわらない。Aさんは勝って喜んでいるが、4時30分になったので募金に行くといってさっさと野球をやめてしまう。<u>ケンジ君は、また野球しようと言ってくる。私は他のことをしようとボウリングを提案するが、野球が良いという。Aさんを誘ってみればと提案すると「お兄ちゃん野球しよう」と声をかける</u>。しかし、Aさんは「今日は終わり」とそっけない。

【201Y.1.18 フィールド記録（20）より】
　Aさんの話は、○○高校の体罰自殺事件を受けて、体罰にならないように怒り方を考えなければならないという趣旨だった。誰かに対して言っているような口ぶりだったので、「Aさんが、ちょっとこっち来い！とか声かけるのを、気を付けるってこと？」と聞くと、「Aが言ったからといって自殺とかされたら困る」と返答する。自分の関わりとして捉えているようなので、「大きな声を出したり叩いたりせず、冷静に対処することが大事やね」と返した。（中略）カズキ君が何と言っているのかわからないが、Aさんに対して何か悪意のあることを言っているのは伝わる。Aさんは、<u>今日はいつもより声のトーンを落とし、すぐに掴みかかったりはせずに、「おまえ、今何言うた」と繰り返し言う</u>。追いかけようとするのでこちらで腕を引っ張って抑える。<u>打合せの時の話を意識しているようには感じた</u>。（中略）◆◆さんという女の子（近隣小学生）と何か言い合いをしている。<u>◆◆さんがAさんを蹴る仕草をした。Aさんは反撃をしなかった</u>。すぐにこちらへ来て、「ああいう時も叩いたらあかんの？」と言う。「大人が子どもを叩くと体罰と同じになるよ」と返した。

　筆者は、「発達障害」という概念の使用にこだわりを見せていたが、結局は「権力者への同一視」や「女性抑圧者」といった別の概念を作り出し、Aを捉えようとしていた。しかし、そのようにAを把握することは、彼を理

解しようと試み、「ふれんど」スタッフとしての自己を構築していた筆者にとっては、自然な行為でもあった。筆者は、障害支援を含めた20年のキャリアのある教職経験者であり、教育学を学ぶ博士課程の学生でもある。その歴史は筆者を構築する紛れもない事実であって、逃れられるものではない。そのような〈私〉として障害支援と研究の場に参入した筆者は、関係の中でその役割を担い、振舞うことで「ふれんど」での自己を形成し、存在していた。筆者には、自身の内側から権力を作用させる起点があった。それは、集団内の関係の中で自身を良く見せたいとする虚栄心や、評価されたいとする承認欲求、役に立つ存在と思われたいとする有用感を満たす欲求であった。それらは、統制できない他者性との出会いの中で、必死で自己を守ろうとする抵抗でもあった。

　これらは、障害支援という枠組みの中で、組織の一員として生活する以上、逃れられない日常でもある。目の前の相手との関係に困難が生じる時、それらを解消したいと望むことは当然とも言える。しかし、結果として、筆者の関心が前面に出たA像が「図」となり、「地」となったそれ以外の姿が削ぎ落とされたことに、筆者は気づかなかった。筆者が対象化の暴力性や他者を変容させる権力性にこだわり、また、周囲から期待されていると考え、それに応えようとする思いが強かったため、筆者は、同僚スタッフ以上にAを異質な存在に仕立て上げていた。他者性との境界が主体を構築するのであり、相手を「理解」することが、自己を守ることになるのであれば、概念の使用や主体の物象化そのものを問題とするのではなく、概念を用いると同時に、捨象されたものに目を向けることが、新たな側面を見出すことになる。つまり、不安を解消するために筆者が捨象してきたものは、他者性に向き合う姿勢であり、筆者が見なかったこと、見えなかったことに目を向ける態度であったといえる。そこで次節からは、これまでの各章の考察を踏まえ、「概念」「他者への歓待」「権力性／暴力性」に係る論点に絞り、他者と出会うことへの関係のあり方を検討し、筆者の専門家像を脱構築するための総合考察を行う。

第2節 「専門性の権力」の脱構築的解釈

　本研究の問題意識の発端は、教育における専門性の権力であった。そこには、専門家は権力的存在であり、権力は悪であり、暴力的なものを嫌悪し、排除すべきであるとする筆者の揺らがない信念があった。そして、本研究の過程では、専門家としての筆者の姿を検討することで、関係の中で〈他〉と捉えた事象に対し、分節し概念化することや、意味を固定化し関係を硬直化させること、秩序や安全／安心を守ることと権力性／暴力性の関連を示した。しかし一方で、主体の形成と自己の同一を保持し、安定しようとする必然性から自己を守る姿も明示され、そこから逃れず向き合うことは、不可能に敢然と立ち向かう挑戦であり、新たな可能性でもあることが示された。

　他者と出会うこと、「障害」と認識される事象に直面することについて、自己への不安を招来させるものは何か。これまでの議論から言及できることは、主体への揺さぶり、自身が信じていた自明性（例えば、〈私〉には確固とした自己があること、自らが見ている世界こそが真正であり、他者も同様に経験していること）が壊される危機感、平和や安定が崩される恐怖である。得体の知れないもの、未知なものに対する潜在的不安から身を守ることは、自己保存への原的な欲求であり、それらが否定されることは暴力的であるといえる。その他者性が「障害」である場合、筆者はそれを「寛容の強制」と名付けた。実際、日常の至る所に恐怖や身の危険を感じるような状況がある。そして、耐えがたい苦しみに襲われることもある。そのような環境に身を晒すことを強いるのは、暴力ではないかという疑問が生じる。レヴィナスは、他者への暴露を隣人による「強迫」という概念をもって説明する。

　　他者への曝露は内存在性の我執からの超脱であり、近さであり、隣人による強迫である。隣人による強迫とは、自己に反した強迫、つまりは苦痛である（レヴィナス, E. 1974/1999: 141）。

　〈私〉に対面する他者の苦痛を〈私〉が苦しむ時、〈私〉の苦痛は初めて意

味を持つとされる。自らの苦痛から解放されたいとの思いに反して、他者の代わりにその苦痛を苦しむことができないにもかかわらず、その事実に苦しむことは、〈私〉の苦痛に他者への責任という倫理的責任を与える（港道 1997: 351）。この他者からの暴力の事実を乗り越え、他者が負う傷に、苦痛に苦しむ感受性が「可傷性（〔仏〕vulnérabilité）」である。他者の苦痛を前にして逃れず他者を歓待することが、倫理的主体の主体性とされる。しかしこれは、能動的にその要求を捉え、善悪を理性的に判断し、拒絶する自由があるということでない。そのような能動性は他者の他性を対象化するという同化の運動とみなされ、レヴィナスは拒絶する。他者は無限であり、同化され得ない「絶対的受動性」でなければならない。なぜなら、他者との関係は平和的であり、「汝殺すなかれ」と〈私〉に呼びかけてくる他者の顔は、非暴力的なものとされているからである。

  顔において〈他者〉が、絶対的に他なるものが現前する。けれども顔は〈同〉を否定するわけではなく、また思いなし(オピニオン)や権威、超自然的な脅威に充ちたものがそうであるように、〈同〉を蹂躙するわけではない。顔は、それを迎え入れる者の身の丈のうちにとどまり、あくまで地上のものでありつづける。顔において〈他者〉が現前することは、際だって非暴力的なできごとである。私の自由を傷つけるのではなく、私の自由を責任へと呼びもどし、私の自由をむしろ創設するからである。それは非暴力的なものでありながら、〈同〉と〈他〉の多元性を維持する。顔において〈他者〉が現前することが平和なのである。（レヴィナス, E.1961/2005-6 下: 51）

しかし、佐藤義之（2000）は、「強迫」にまで先鋭化された他者の非対称要求は、他者の「強迫」が善なるものだとの前提で成立するのであり、倫理的な当為としての意義を失っていると問題視する。つまり、現実としての「生身」の〈私〉に対し、自らの身を犠牲にせよと迫る「強迫」的な他者性は撤回されるべきであり、「強迫」それ自体の善性を判断するためには、正義に先立つ能動性を〈私〉が有していなければならない。他者の非対称要求を善として把握するための「対象化」が全く否定されてしまう絶対受動は、

反って〈私〉の倫理性を不可能にしてしまうことになる。能動性は倫理に不可欠である（佐藤 2000: 220-221）。

このような批判は「暴力と形而上学」におけるデリダの議論についても同様である。レヴィナスの「幻想」を批判したデリダの批判は、哲学の言葉を使わなくては、哲学批判を行うことはできないというところにあった（中山 1998）。

> ……レヴィナスの思考は、極度なまでに非暴力を要求するなかで存在や概念の契機を経る方途を告発するわけであるが、そうしたことから、たんに法のない倫理学ばかりでなく、文（フラーズ）のない言語までも、われわれに提出してくるのであろう。（中略）素顔は言葉でもあるのだ。しかも言葉にあっては、欲望の叫びを意欲の表現に近づけるのが文（フラーズ）である。ところで規定づけをしないような文などはない。つまり概念の暴力を通らないような文などない。暴力は分節ともに現れるのである。（中略）非暴力的形而上学という言い方そのものが、そもそも自らに背く表現である（デリダ, J. 1967/1977: 286-287）。

ロゴスの暴力を批判し、他者を「他者」として語ること事態がロゴスに訴えることなしには可能ではない。デリダにとっては、言説を組織しながらそのことの暴力性に無知でいることは無責任であり、自らの暴力性に自覚し、暴力に抵抗することこそが問題とされるからである。デリダは、脱構築（〔仏〕déconstruction）においての「決定不可能なものの決定」に言及する。これは、内部の純粋現前を実現するために、決定不可能なものを外部の悪として追放する暴力的決定とは異なり、倫理的意味を持ち、哲学的問いを超えて問われなければならない、「応答」としての「決定」への「責任」である（高橋 1998: 116-177）。デリダは、善／悪の階層秩序的二項対立が設定される以前の「原暴力」として言語の根源的暴力性を指摘する。主体は、名付けるという社会的・道徳的意識により、自己同一存在として差異のシステムに書き込まれ構成され知覚されるが、同時に人格主体の厳密な自己同一性や純粋な固有性は消失する。

　　　　固有なものを抹消し得る社会に、つまり暴力的な社会に、書差行為一般の
　　　実施をいかにして拒否するのであろうか。なぜなら、クラス分けされた固有
　　　なものを差異の戯れの中に抹消することである書差行為は、それ自身根源的
　　　な暴力、つまり「呼びかけ符号」の純粋な不可能性、呼称符号の不可能な純
　　　粋性だからである。(中略)絶対的な固有な呼称は、言語において他者を純粋
　　　な他者として認め、他者をそれがあるがままのものとして要請するが、この
　　　呼称の死はまさしく独自的なものにとっておかれた純粋な特有語の死である。
　　　派生的な、ふつう言われている暴力の、「書くことの教え」が語っているよう
　　　な暴力の偶発性に先立って、その暴力の可能性の空間として、原＝エクリチ
　　　ュールの暴力、差異の暴力、クラス分けの、また呼称体系の暴力が存在する
　　　(デリダ, J. 1967/1985 上: 224)。

　デリダに依れば、言語を持ついかなる社会も暴力的であり、一切の暴力を
逃れた無垢で平和な社会などどこにも存在しない。つまり、他者を経験し他
者と関係するということは、必ず自他を境界づける運動に巻き込まざるをえ
ず、「倫理以前の暴力」、いわゆる「原暴力」が始まっているということにな
る。"人はいやおうなく何らかの境界の内部でいきていかざるをえず、した
がってつねに何らかの暴力を行使したり行使されたりしてもいる。その意味
で暴力とは人間の根底的な条件でもある(上野成利 2006: 57)"。自己と他者
との絶対平和の関係、純粋非暴力の関係は不可能なのである。
　デリダはここで暴力の概念を自らに引き受ける。つまり、自らの言説の暴
力性に無知であってはならないとする「責任」を「問う」のである。一切の
言語を放棄し、コミュニケーションを拒否することのできない我々が暴力に
抵抗する唯一の手段は、「暴力に抵抗する暴力」としての言説である。デリ
ダの脱構築的言説の暴力は、ロゴス中心主義の暴力に抵抗し、また、アナー
キーなニヒリズムの暴力にも二重の意味で対抗する。

　　　　論と暴力の切り離しは、つねに到達できない地平としてあるといえまいか。
　　　非暴力とは論の目的であって、その本質ではないのではないか。(中略)論の
　　　開始のあとでなければ戦いはなく、論の終わりをもってしなければ戦いは消

滅しない。(中略) 言語は自らのうちに戦いを認め、これを実行することによって際限なく正当性のほうにむかうほかはない。それは暴力に対抗する暴力である。(中略) 光が暴力の境位なら、最悪の暴力、つまり論に先行し論を抑圧する無言と夜の暴力をさけるために、ある別の光をもってこの光と戦わねばならない。(中略) 最少の暴力として選びとられた暴力なのである（デリダ , J.1967/1977 上 : 225-226）。

　デリダは、脱構築は他者性への肯定的な応答であるとする。つまり、意味の統一としてのロゴスへの「まったき他者」の侵入に応答することが、責任の構成に繋がるという。主体が全面的に不在であっても（主体が死んでも）機能する記号であるエクリチュールは、空虚な「反復可能性」を持つ。この主体の権威への異議申し立ては、一方で意味の同一性とも受け取れるが、「引用可能性」による反復は意味の変容可能性でもあり、潜在的には無限である他のコンテクストによって意味は変容する。すなわち、意味の同一性とは理念型である。言葉は他者の侵入を常に受け入れており、他の意味に開かれている。しかし、デリダは意味の物象化や普遍化も生じるとして、理念化（イデア化）の可能性も否定しない。反復可能性とは、差異の反復であり、他者性に向かって開放されていると同時に、同一性の危険性も孕む。我々は、他者から呼びかけられる開かれた意味に対し、常に「決定＝解釈の責任＝応答可能性」の構造の中に位置づけられる。それは、原－受動的、原－他律的なものとして根源的には他者への責任であり、「応答することからはじめなければならない」とされる。

　言語の暴力としての「原エクリチュールの暴力」がある限り、言葉の純粋な非暴力はありえない。非暴力を追及するという行為がそれ自体暴力となり、暴力の構造に回収されてしまうような運動、あるいはそうした暴力の偏在の一般的システムを、デリダは「暴力のエコノミー」と呼ぶ。では、純粋非暴力の幻想を斥け、原暴力である言語において他者の呼びかけにどのように応答すればよいのか。その方途が「暴力に抵抗する最少の暴力」や繰り返しを他者性に結び付ける「反復可能性」の論理であった。

　デリダの理論が錯綜し、難解だといわれる所以は、その主題が「アポリ

ア」の探求だからである。そのためにパラドクス（逆説）やアンチノミー（二律背反）、ダブル・バインド（二重拘束）といった用語が多用されるのであるが、デリダは他者との経験こそが「アポリア」であるとする。他者を知るためには他者を〈私〉の一部とし、理解可能な地平に取り込む必要がある。しかし、これは他者を内化・同化することになるから、そのとき他者は「まったき他者」ではなくなる。他者は到達不可能なものとして到達されねばならず、他者を知るためには他者を知ってはならないことになる。「責任」も「正義」も「アポリア」である。目の前の他者に絶対的に責任を負おうとすれば、他の他者には無責任にならざるを得ず、すべての他者を「まったき他者」として尊重するという正義の要請は、不可能なもの、つまりアポリアな経験として維持される。高橋（1998）は、「差延（〔仏〕différance）」の運動（およそあらゆる同一者は、他者との差異においてのみ、またその自身の反復においてのみ同一なものとして構成される）や「反復可能性」も、アポリアの経験の構造を形式化していると述べる（高橋 1998: 315）。

　高橋に依れば、差異を含んだ反復可能性は、同一物の反復である形而上学的反復とは異なり、他化を目指し「決定不可能なもの」の次元を開く。ゆえに、脱構築は他者の肯定の思想であるとされる。脱構築は、脱構築不可能なものがあるからこそ生じるとされ、脱構築とは脱構築不可能なものの肯定であるとされる。「可能なもの」の次元では、人は自己自身の可能性を展開するだけで、他者に出会うことはない。それは計算であり、プログラムであり、テクノロジーとしての「決定」として、「知」あるいは「技術」に適応されてしまう。「まったき他者」の到来は、予見不可能な出来事として「不可能な経験」でなければならない。この経験こそが「アポリア」である。しかしデリダは、「決定不可能なものの経験における決定」こそが「正義」であり、決定不可能なものの試練のなかで決定することが責任ある決定であると強調する。矛盾する要求を放棄せず、原暴力の行使やその反復を忘却せず、計算不可能なものを考慮しつつ計算すること、つまり計算不可能なものを「計算に入れる」ことを求める。現前化し得ない絶対他者性の経験に向かうことが「正義」とされるのである。

　他者との経験が「アポリア」であるとするならば、筆者がこれまで「障

害」として捉えてきた矛盾や両義性を孕んだ経験を引き受け、「決定不可能」なものを肯定しつつ決定することが「責任」となる。筆者は、これまで専門概念を通した他者把握の暴力性や非対称な関係から生じる権力性に問題を見出していた。権力が付帯する「理解」による分節や同化の暴力性は「悪」だと決定してきた。しかし、それが純粋非暴力の要請であり、突破困難なものであるとするならば、むしろ、計算し、決定を行い、概念を通して世界を理解することが問題なのではなく、それが自明の存在として固定化されることに問題があり、硬直化し、問い続けないこと、つまり、責任ある決定がなされないことの問題を考えねばならない。脱構築的な読みとは、「対象」たるテクストに、対立や敵対するものではなく、当のテクストがあたかも自分自身を脱構築するかのような解釈を示してみせる読みだとされる。筆者は、Aとの出会いを通じてテクストと対峙し、また同僚他者との対話を得て、自身の専門家の権力性に対する脱構築こそが必要ではなかったのかと考えるに至った。では、他者との出会いというアポリアな経験の中で、つまりは、決定不可能な試練のうちで決定を行うことが支援の専門家の責任である、とするならば、それを自覚し、忘却せず、運動し続けるためにはどうすれば良いのか。そこでまず、「障害」の意味をずらすところから出発する。

第3節　関係論的障害観

「障害」概念についての立場に関する提示は、序章において述べた。そこでは、「医学モデル」および「社会モデル」の二つの障害観があり、国際的にはその統合が試みられていることを示した。さらに、それらのうちの医学的心理学的障害観が主流を占め、個体に還元する強い傾向が問題であることについても既述した。本節では、「障害とは何か」との問いに新たな観点を提起するため「障害」概念の脱構築を試みる。

障害支援においては、「個別の（教育的）ニーズ」が最も重要視される。当事者個人への「理解（障害理解）」はそのために行われるといっても過言ではない。アセスメントなどはその典型であるといえる。しかし、三井（2011）は、「個別のニーズ」の存在を前提として構築される支援のあり方

は、"実質的には当事者を他者との関わりから切り離してしまっている（三井 2011: 10）"として疑問を呈す。三井は、障害当事者にニーズがあることを前提としたときに、重要な視点が見失われるとして以下の2点を挙げる。

　まずは、支援する側自身が相手とどう関わっているのかとする視点が欠ける点である。「ニーズ」とされるものに支援者を含めた周囲の人間がどのように関わっているのかという問いを立て、本当に「ニーズ」を有するのは当事者なのか、と周囲の人たちの態度やふるまいに目を向ける姿勢である。もうひとつは、当事者に関わる主体として、主に親か特定の支援者しか視野に入らなくなる点を挙げる。つまり、「個別のニーズ」に応えるためには、教員などの特定の支援者による支援が必要だとみなされ、ニーズに応えられる人しか関わらないほうが良いとみなされる傾向があるいうことである。当然、他の子どもたちや地域の人との関わりは希薄になる。このように「個別のニーズ」視点は、特定の見方による特定の人との限定的な関係を生じさせる。本来の他者との関係における「わからない」ながらも、互いの思いを探り試行錯誤をくり返す関係は生じないため、支援者と当事者の関わりをひとつの意味に特定してしまう。"「これがこの人の個別ニーズだ」と言ってしまうことで、何が支援になり、何が支援にならないかを確定し""意味を固定化し、事態を一方向に捉えてしまう（前掲書: 22）"。

　しかし、相互の関係の中で自らの関わりを問い直し、常に意味を探索し続けることが重要であると述べた。「障害」が所与として存在するのではなく、関係の中で回収不可能な事象に直面した際、それを「障害」と認識することで自己世界の安定を図ることが、「障害」の本質であるとするならば、「障害」とは関係において事後的に成立するものである。本論では、障害を個人や社会構造に還元してしまい、そこに特定の要因となる「もの」があると考えるのではなく、我々のミクロな関係の中で生じる事象「こと」であると考える[1]。「障害」を実体化して問題とするのではなく、「障害」という言説に関わる人々の主体としての現れ方に問題があると捉える。「障害」とは、ものやひととの関係に生じる「歪み」であり、関係網の水路の中で、特定の場所の流れが滞る事象である。そこで生じる関係に「正常／異常」があるとすることは、流れを固定し、「決定」する権力の誘惑に巻き込まれる危険性が

あることを自覚する必要がある。その上で、関係の中にいる人々がそれぞれに「望ましい」と考える関係のあり方（変容可能性を前提とした）を、常に模索し調整する営みがある中で、流れが堰き止められる状態や淀み、枯渇した状態を問題とみなす。つまり、関係の恒常的流動性を妨げる状態を「歪み」とみなすのである。

　例えば、ものとの関係は、ものの存在がその使用者に対して要求する使い方と、使用者がその目的に沿った環境への働きかけができない状況を障害とみなす。車いす使用者と階段の関係は、駅のホームに行くという運動の切断に繋がるが、関係の改善にはいくつかの方法が考えられる。絶対的な要因があるのでもなければ、唯一無二の解決法があるわけでもない。しかし、使用できない自身を不幸と感じながら関わる主体が現れることや、そのような構造を作り出す社会に対して大きな不満を持つ主体が形成されることは、関係が障害を生じていると捉えられる。ひとの関係でいえば、相手との望ましい関係、と互いが考える状態を妨げるすべての要素が障害である。相手を不当に傷つける「いじめ」や「虐待」は勿論のこと、権力関係を利用した「ハラスメント」や、極端に関係の網の目が断裂した状態である「ひきこもり」なども関係から生じた障害と見なすことができる。このような観点からは、社会や周囲に関わる自己の在り方が問題であるばかりでなく、形成される主体との関係についても大きな影響が考えられる。

　この見方では、障害は従来のものより広義となり、また特定の要因を抽出した精緻な目標設定は、それほど重要ではない。むしろそのように関係を単純化し、矮小化することこそが問題と見なされる。個人にあるとされる機能不全や社会システムの欠陥は二次的に産出されるものであり、一次的には我々のミクロな関係の網の目の中で複合的往還的に生じる問題だということである。そこに気づくことで、我々自身の身近な関係の調整により、結果として、個人や社会の問題が解消すると考える。これにより、問題を障害者とされる存在に還元し、一方的に変化を要求するのでもなく、社会に還元することで自身の問題とは切り離し、抽象的な議論に終始する、といった課題にも対処できると考える。重ねて述べるが、関係網の中に障害が生じると考える以上、素朴な因果律に基づいて原因を特定し、焦点化して働きかけること

はそれほど重要ではなく、むしろ、別の新たな問題が生じる恐れもある。関係の調整が周囲の様々な場所で行われる結果として、障害が解消することに繋がるのであるから、柔軟で可変的、複雑で繊細かつ寛容性のある対処が望まれる。それは、非合理的でもあり、長期的で広範な視野が必要ともなり、明確な回答や一般化が可能な合理的方法とは対極に位置するものでもある。その関係の歪みを調整することが、支援の専門家の重要な仕事になると考える。

　このような考え方に依れば、昨今進行中のインクルージョンにおける問題点も見えてくる。問題は、現在の障害があるとされる人々を、「障害者のまま包摂する」という方策にある。例えば、障害者であることで雇用される「障害者雇用促進法」の場合や、障害があることで特別な措置が受けられる「特別支援教育」におけるインクルーシブ教育が該当する。他者化された人々を他者として閉じたまま包摂するという行為は、固定化された本質的差異をそのまま異質な共同体の中に内包するという発想に基づく。異なる存在は、「特別な存在」であるからこそ、配慮され包摂されるのであって、互いに開かれた存在としてではなく、特別なまま受け容れられる。この存在は、それまでの差別的対応を補完されるかのごとく特別な扱いを受け、特に再び排除されることがないよう気遣われる。

　しかし異質な存在は、共同体内の規範や文化、関係性に変質を要求する。それは、これまで共同体内にいた成員に対し変容を求めることになる。その際、本質化された自己認識を持つ人々にとって、変容を要求されることは苦痛を伴う。これまで検討してきたように、関係の硬直化は、既存の自己認識や世界観を防御する態度に伴って生じる。「無関心化」もその典型である。合理化、効率化を維持するために、教育現場では特別支援学級に抽出され、障害者雇用は、障害者専用の部署が設置される。そこで障害者と関係を持つものは一部に限られ、ほとんどの成員はこれまでの生活世界を保持することができる。

　この一見緩やかな隔離（段階的なインクルージョン）は、一部の人々の負担を増大させる。「無関心化」せず、この負担を引き受けるのは、自身が変容することを肯定的に受けとめる人々である。しかし、このような人々は、関

係に生じる問題を自己に対して批判的に向ける傾向がある。さらに、「無関心化」した周囲から協力が得られない場合は、関係調整のための負担は局所的に増大する。結果、自己保存のための防御（例えば、自身を守るために概念を駆使すること。これを本論では「専門家化」と名付ける）がなければ、自己抑制のために心身に影響が出ること（例えば、自身を守るため、緩衝機能として概念操作を行なう。障害概念で自らを説明する自己規定であり、これを本論では「障害者化」と名付ける）や、共同体から出ることで役割を放棄する「自己排除」に繋がる。組織のシステム上、権力的にその役割を担わされる人々であっても、問題を異質な存在に還元することで自身を守らなければ（つまり、専門家化）、自己が破綻することになる。

　この関係は、障害／健常、正常／異常の本質化された固定的差異の上に成り立つ関係であり、硬直化した関係である。つまり、「障害」のある歪んだ関係のまま包摂を行うことで、新たな関係の歪みが生じ、結果、別のところで新たな排除が起こるという連鎖になる。この問題を突破するには、固定的な障害観を捨て、ミクロな関係の問題として自らに引き受けることはもとより、自己完結した概念や一貫したアイデンティティの存在を疑い、恒常的な解体と生成が同時に行われる、流動的可変的な世界観の価値に気づくことが条件となる。これは同時に、不安定、混沌、葛藤を生み、非合理的、非効率的、不明瞭性、不可視性に身を晒すことでもある。このような不安を引き受けられるような社会を構築していくことが、今後の課題となる。専門家の存在は、そのような困難に向けられてこそ認められるのであり、自らが産出する専門知の暴力性に対抗する倫理的責任でもある。

　デリダの「アポリア」を主題とする理論において「パルマコン」という概念がある。「パルマコン」は、一方では薬、医薬、治療薬を表し、他方では毒、毒薬のことである（高橋 1998: 59）。良きものであると同時に苦痛を与えるものでもあるという、善と悪、快と不快双方に関わるものである。そして何よりも、「パルマコン」は人工的、人為的であるがゆえに、必ず自然の生命を損なわせるという有害性を持つ。「パルマコン」は治療薬として働くときも、不可避的に毒薬の機能も発揮してしまうという、流動性、決定不可能性を本質的に有するものであるとされる（前掲書: 68）。デリダは、この両義

性こそ「エクリチュール」の本質であるとする。

　筆者は、「障害」とは「パルマコン」であると考える。「障害」との出会いは、〈私〉の世界を揺さぶる苦痛を生み、主体の解体という生命の危機に瀕する恐れもある毒薬である。しかし一方で、他者との出会いは自己の構築の前提でもあり、他者がいなければ〈私〉も成立しない。他者との差異があるからこそ、自己の反復可能性がある。「まったき他者」との出会いは不可避である。だとするならば、「障害者」として他者を同定し、異質な存在として「決定」することは、他者性の同化であり、そこには他者との出会いはない。自己を専門家として固定することも障害者として定位することも同様である。しかし、他者へ晒されることの無条件な受容も不可能である。ならば、この毒をうまく生かすための関係のあり方を考えねばならない。関係網から離脱せず、「障害」を決定するとしても、決定不可能な試練の中の責任ある決定であるための関係である。

第4節　支援の専門家に求められる関係

　本節では、障害支援の専門家像を脱構築するために、これまでの抽象論を咀嚼し、専門家の実践としての具体的な関係と役割を検討したい。

1　他者性との出会いを「引き受ける」とは

　NPO法人で介護コーディネーターという肩書きを持つ末永（2008）は、障害者である利用者が自ら何かできるようにすること、きちんとした生活ができるようにすることを介護者（ヘルパー）の専門性だと考えている人がいるが、それは介護者が優位な位置関係の中で行う「指導」や「誘導」に過ぎないという。

　　このような誘導によるその場しのぎを良い介護だと説明するのは明らかに
　　間違っている。専門家といわれる人たちは一言ですぐに「こだわり」などと
　　言って片付けてしまいますが、その利用者があるものにこだわっているとし
　　ても、その物にいつどのような場面で誰と出くわすかによって、事態は毎回

同じように見えても実は少しずつ違っているはずです。その違いを大事に見ることができないので、「ある物にこだわるとそこから離れない」「無理に離そうとするとパニックを起こす」などと、その人の変わらないところばかりが自閉症の障害として語られてしまうのです（末永 2008: 194）。

　末永は、"それよりも、毎週長い時間を一緒に過ごし、利用者に必要な介護が提供されて、しかもお互いが心地良い時間を過ごせるとしたら、それこそが介護者の非常に特殊な専門性だといえる（前掲書: 193-194）"と述べ、「他人に対して開かれている」というあり方が非常に重要だという。自らもこれからどうなるかわからないし、相手もこれからどうなっていくかわからないという捉え方の中で、お互いの関係を作っていく。その日の介護はどういう展開になるかは、行って見なければわからない。しかし、一見ダラダラとした時間の中でも、常に、次に利用者がどうなるか何を求めてくるかわからない緊張感を持ち続ける、という関わり方を要求する。

　末永は、ヘルパーに対し、事前に利用者についての説明をほとんどしない。支援者に最低限危険が無いようなところの説明だけして、身体障害の利用者の場合は「あとは○○さん（利用者）に聞きながらやって下さい」、知的障害の利用者の場合は、「あとは○○さん（利用者）の様子を見ながらやって下さい」としか言わないという。さらには、当事者に安易に質問しないことや、言葉だけに頼らないコミュニケーションをすることを薦めている。末永の求めるのは「だらけていてかつ緊張感のある関係」である[2]。

　本節にて、支援の専門家に求める姿勢とは、固定化された関係を解きほぐし、ひとが本来持つ可変態としての運動を取り戻す環境を整えると同時に、他者性を引き受け、関係の中で専門家自身も常に流動化する教育的態度である。しかし、変化を受け容れることは、安定性を欠き、時には傷つき、疲弊する。他者性に晒されることへの要求は、自らが傷つく経験に耐えることを意味する。このような場合に、避難場所、離脱しても復帰できるような環境を整えることが望まれる。レヴィナスの「住まい（家）」は、自己を反省する分離と自由を手に入れ、外に再び関わるための撤退である（港道 1997: 95）。関係のあり方を変えるためには、一時的に関係を固定化することも時には詮

方ない態度となる（例えば、専門家化や障害者化）。自己防衛のための自己排除に至らないため、もしくは、撤退後の復帰が円滑にできるための場が望まれる。

　煩わしい人間関係からの離脱は、有害なこととは限らない。関係を見直す契機にもなり、充電期や転換期となる可能性もある。寛容さが中心となる社会を築き上げなければならないとする理念型は、関係が流動的で常に変化している以上、どこか別の所で、別の人を傷つけている恐れがある。そこに気づかなければ、完遂不可能な理想を追い求めて、支援の専門家たちは疲弊してしまう。多様化による差異は、固定観念が解体する魅惑的な場所であると同時に、存在論的不安や恐怖の感覚から、無関心を引き起こす場所でもある（ヤング 1999/2007: 439）。個々それぞれが殻に閉じこもってしまい、「無関心化」や関係が断絶する状況を避ける環境を設営せねばならない。それが専門家の仕事であり、専門家自身を守る手段でもある。無関心により多様性を受容するのではなく、固定観念を解体し、他者との出会いを魅力的な経験とできるか、混沌の中に身を置き、複雑さを教育の契機とできるか、が支援の専門家の仕事にかかっている。筆者には、このような環境には緩やかな秩序が必要と考えられ、ある程度の意図を持った空間の構築が専門家の仕事となると考えている。

2　専門家を守る緩やかな秩序

　筆者は、この他者性との出会いの葛藤を引き受けるための秩序という、ある意味逆説的な規範の構築を提案したい。斉藤（2009）は、近年、精神疾患全体の軽症化が進んでおり、ひたすら広く薄く拡散していると述べている（斉藤 2009: 182）。これは、関係論的障害観の観点から述べれば、社会における我々の関係のあり方が、短期間の変化や細分化、精緻化、複雑化しているにも関わらず、明確に安定する本質化した存在に答えを求める傾向が強まっている矛盾から生じるといえるが、社会的文化的価値観の変化に影響を受けていることは言うまでもない。人づきあいが苦手なことを、自ら「コミュ障（コミュニケーション障害の略語）」と名乗ったり、感情の起伏が激しいこと、情緒不安定なことを「メンヘラー（メンタル・ヘルスが必要な人という意

味：mental health に -er をつけた略称)」と呼んだりすることなどが、ネット環境を中心に若者に流行っていることからも、「障害」への抵抗の希薄化が伺える。もはや「スティグマ」ではなく、自己を着飾る便利な記号として消費されているといえる。

　このように障害者と呼ぶ／呼ばれる人々が拡散すると、ひたすら成果が強調され、自身の価値が比較対象とされる物象化社会では、自らにとっていかに優位な関係を築くかに腐心するあまり、障害者という立場すら利用価値があるという考えも生じる[3]。精神疾患が軽度化し、拡散しているとされるのであれば、障害／健常の境界は薄れ、もはや明確な線引きはできない。障害者は、社会の様々な階層・地位にいて、決して社会的弱者だけではなくなっている。インクルージョンによる「寛容の強制」が起これば、「権力を持つ障害者」によって意図的に排除される人々が出る可能性も否定できない。

　第5章で提示したHのように、自律型権力を内在する人は、問題の原因を自己に見出し、周囲に迷惑をかけないよう努める。つまり、周囲に遠慮して自ら関係を切る「自己排除」を行う。問題の要因を他者に求めるような存在が身近にいれば、まさに排除されてしまうことになりかねない。混沌の放置は不安を増大させる。不安は秩序を求めようとするのは、第5章で示したとおりである。共生を理念に掲げると、そのような葛藤を引き受けなければならない。しかし、実際は、傷つけられるのを耐えるしかないという過酷な状態が生じる可能性もある。

　ここから言及できるのは、固定化された関係を流動化させるには、自らが他者性を引き受け、葛藤ができる空間が必要であり、その過程で無防備に傷つけられないよう秩序が求められる、という「アポリア」が生じる、ということである。常に他者に対して身体を開き、変化を受け容れる態度を保つことは困難である。しかし、安定した空間の中で、時折葛藤や軋轢に向かい合い、自己の変化を試みる契機が訪れる瞬間がある。その領域を守るためのある程度の秩序が必要ということになり、それこそが専門家の役割であると考える。この「アポリア」を引け受けつつ、葛藤しながらも秩序を作り、時には傷ついた人を癒したり、守ったりする必要がある。それは、「人を傷つける障害者」の存在を認めるのではなく、そこにある関係に障害が生じている

以上、その支援が「障害支援の専門家」の役割だということである。

　共生空間において包摂と排除が同時に起こる以上、「寛容の強制」により、自分自身を責めて傷つける人が増えることは看過できない。主体は、他律的に形成されるだけでない。能動的な他者性の迎え入れが倫理の可能性となる。自己を守り、主体を維持できる環境も求められる。そのためにも、葛藤と秩序の双方がなければならない。関係が流動化することで運動は維持できるが、ある程度の淀み、まとまりを維持していく空間は安心をもたらす。安心は変化を受け容れる土壌ともなる。そして、解体した後は主体の変容が訪れ、再構築される。拡散した後は収束させる必要がある。その繰り返しが自己形成の運動であり、教育の過程だといえる。そしてそれは、第3章で見た、繋がったり繋がらなかったりする関係や、末永のいう「だらけていてかつ緊張感のある関係」とも共鳴する。

　筆者は、専門家は「境界に立つ人」であると考える。「生と死」「陰と陽」「日常と非日常」「混沌と秩序」「自己と他者」といった、境界線上に立ち、自身がその間を往復しながら、それらの間で彷徨う人の境界の出入を「支援」するのが役割である。ここでの「支援」とは「動と静」「拡散と収縮」「解体と構築」「消滅と生成」の往還運動が停滞しないよう後押しすることである。そのためには、時にはある人の他者となりうることもある。そして、自身も迷い、葛藤するが、悩みつつも周囲と関係を築き、自らも支えられ、支え合いながら「支援」の役割を果たすのである。

第5節　葛藤できる「場」の構築

1　「場」の力

　専門家一人ひとりが自らの態度を自覚することは必要である。しかし、本論では無自覚な暴力性や、自覚していても拘束される権力性など、意識していてもそこから逃れられない状況が常に関係に内包されていることも示した。個々が自らに働きかけることと同時に、身近な他者を一方的に変化させるのではなく、社会／文化や規範／制度との関係のあり方に着目し、結果としての状況に付与される意味の変容を期待したい。本節では、その具体的な試み

を提起する。
　三井（2012）は、"ケアや支援は本当にケア提供者の行為だけに還元できるのだろうか"と問い、個別の行為とは異なる視点として「場」の力に注目する。三井が示すのは、ある人を取り囲む「場」の持つ力である。

> 一人ひとりのケア提供者の配慮は、それ自体はささやかなことに過ぎず、単独ではその人をケアすることにはならないかもしれない。それらが積み重なっていくことが、一人ひとりの限界を超えて力になっていく。人だけではなく、風景や夕食の音など、さまざまなものが〈場〉の力を構成する。それらが一体となって、その人の気持ちをやわらげたり、孤独を癒したり、元気づけたりすることがある（三井 2012: 16）。

「場」の力は、"その人がその人として他者とかかわる力をはぐくむ（前掲書：16）"とされる。誰かと同じ「場」にいるということがエンパワメントに繋がる。さらに、「ケア提供者のケア行為の基盤」ともなり、「多様な意味空間」となっているとされる。それは、"一人ひとりのケア提供者の行為や能力には還元できない、さまざまな人やモノが織りなすことで生まれる（前掲書：18）"ものである。「場」の力は、眼で見てわかりやすいものばかりではないが、これまでも仕組みや工夫が議論されてきたとして、三井は次の3つの点を挙げている。

①物理的な空間配置
　建築学的観点や配置されるモノの持つ力も軽視できない。しかし、最も重要なことは、現場にいるケア提供者がその空間をどう活用できるのかであり、物理的な空間配置に利用者や患者自身が関わることである。ケア提供者だけでなく、利用者もその「場」を構成する主体であり、物理的空間配置は、専門家による議論の蓄積も重要だが、そこにいる利用者も参加して作り上げてこそ、場を豊かにする。
②人数
　人数が場に影響を与えるのは確かだが、多ければいいということでもなけ

れば、少なければいいということでもない。そこにいる人たち、その間の関係性、これらによってそのつど適正な人数も決まってくる。

③構成メンバー

利用者が一律に規定されていれば、利用者はいつでも「ケアされる側」であり、ケア提供者は常に「ケアする側」である。しかし、利用者に高齢者だけでなく子どもや障害者がいたり、あるいはスタッフの中にもさまざまな背景をもつ人がいたりすれば、利用者は時に「ケアされる側」だけでなく「ケアする側」にも立つことになる。そうした多様な立場を取ることのできる場が、個々の利用者に大きな力を与える。しかし、ただ様々な人を同じ場に置けば成立するというものではなく、その内実は、そこにいる人たちがどのような状況下にあるのか、どのような個性を持つのか、などによって異なってくる。

"ここでいう「場」とは、ある特定の空間における、さまざまな人やモノが織りなす関係性である。空間だけで定義できないのは、そこにおける人やモノの関係こそが重要だからである"と述べられている。であるにもかかわらず、特定の空間に限定するのは、"かかわりや関係性として一般化してしまうと、ケアや支援を必要とする人たちが自由に空間移動できず、その人たちにとって特定の空間が大きな意味を持つことが看過されてしまう（前掲書：25）"からだという。「場」の力に注目するということは、「人」に注目することでもある。構成する主体である利用者やケア提供者との関係を捉えるだけでなく、どのような人たちがそこにいるのか、によって「場」の力を育むための工夫や仕組みとして何が望ましいのかも決まってくるからである。「場」が固定的でないのは、構成する人が常に入れ替わり、また、状況や状態の変化によって同じ人であっても変わるからであり、構成主体が変化するゆえ、「場」も常に変化する。しかし、"それでもある程度の一貫性や同一性が存在するのも確かである（前掲書：26）"ともされる。「場」の力はとらえどころがないが、それでもやはり一定のリアリティあるものとして実感されているのである。

つまり三井は、一人ひとりの利用者や患者の相互作用として「場」を捉え

ている。「場」への注目ではあるが、それは単なる集団ではない。「場」の発想は、個別のケアの思想との連続であり、個々の利用者や患者に目を向けてこそ、「場」という発想も成立するとされる。それは、"具体的な行為レベルに表われたものだけでとらえたり、相手の全人的な理解・把握であるかのようにとらえたりする議論"や"ケア提供者とケアの受け手（＝利用者や患者）との関係が中心のレベル"とは、はっきりと差異化される（前掲書：29）。そして、この発想の転換は、ケア行為だけに注目していては閉塞してしまうような状況において、重要なブレークスルーになるとされる。誠実であろうとするケア提供者は、眼前の利用者への理解がうまくいかない時、しばしば無力感や徒労感、疲労感で押しつぶされそうになる。このような時、相手を「困難な事例」とみなし、その人たちにケアや支援をしなくてはならないことを「困難な状況」とみなすことから抜け出せなくなる。しかし、空間や関係のあり方など、「場」への働きかけに視点を移すことで具体的試行錯誤への道が開けるとされる。

　しかし、「場」はケア提供者の自由になるものではない。つまり、望ましい働きかけといった回答が出せないし、一律な正答は存在しない。三井はさらに、"ケア提供者はある程度以上「場」を管理・統制しない方がよい"、"場を大切にするのであれば、逆説的なようだが、あまり「作り込み」過ぎないほうが良い"とする（前掲書：34-35）。生活という営みは、本来管理・統制しきれない、秩序化されない要素を多く持つゆえ、常に「作り込み」がなされれば、その「場」は利用者や患者にとって息の詰まる空間になっていく。よって、"あまり配慮しすぎず、少し離れて座視するような姿勢こそが、利用者や患者が自ら他のモノとかかわっていく余地を与える（前掲書：35）"とされる。「場」は管理・統制を超えたところでこそ力を持つ。つまり、"決めてしまった時点で重要なものが削がれてしまうようなもの（前掲書：39）"である。このような「場」では、専門家の高い専門性や能力がケアの質を高めるのではない。ケアや支援の質を高める可能性があるのは"多様なケア提供者の存在を許すような仕組み（前掲書：41）"とされている。

　このような「場」の実践は、いくつかの報告がなされている[4]。脳性麻痺の身体障害者であり、医師である熊谷晋一郎（2011）は、自身の診療スタイ

ルを立ち上げられた「試行錯誤が支援される空間」について、不確実性の高い環境で求められるのは、"管理マニュアルを遵守するというより、探索的にその都度、目の前の状況にあったやり方を見出すようなスキルだった（熊谷 2011: 148)"と述べている。

　　誰かに自分なりのやり方が見つかった時は「面白いね！」とみんなで喜ぶ。絶大な支援をしてくれる固有のキーパーソンがいるわけではないが、場全体が支援を可能にしてくれるような環境であった。そこは、誰もが一人ではうまく回せないということを皆が熟知しており、いつもそばにいるスタッフたちに「手が足りていますか？」「助けてくれる？」と声を掛け合い、支援しあうことが当たり前になっている空間だった。画一的に管理された空間では人材を取換可能にするために、どのスタッフに対しても同じ技術が求められがちだが、そこでは、（中略）各々の得意不得意が周囲に把握されている。そんな中では、私の障害も特性に過ぎなくなる。そして現場では「こういう事態にはあの先生とあの先生を組み合わせたらうまくいくかも」といった判断がその都度なされるのである（前掲書：148)。

　熊谷がかつて経験した「野戦病院のような環境」は、意図的な管理やリスク回避が不可能な状況であったと思われる。そこは、"試行錯誤をともに楽しみ、各々のスタイルを有機的に繋げて回す空間"となっており、「正しいスタイル」ではないが「熊谷のスタイル」が承認された場であったという。つまり、"自分の身体に合ったオリジナルの診療スタイルの立ち上げと共有を医療現場が支援していくには、組織の中に試行錯誤と失敗が許される実験的な「余白」が必要"なのだとする。しかし、工学的なリスク管理技術への信仰が高まりつつある医療の現場では、障害を持った医師の医療行為に対して風当たりが厳しい、と熊谷は述べる。また、自身だけでなく、徹底された管理空間に適応できなかった患者の例も挙げている。彼のいう「余白」が広がることは、リスクの増大と同一視されやすい。しかし、熊谷は、"システムが洗練されていくと余白はなくなり、試行錯誤に対する許容度が減ってルールが自己目的化していく。すると、組織全体を見渡せるスタッフが少なく

なるため、かえって突発的な事態が生じた際のリスクが高くなる"という。つまり、余白がリスクの原因なのではなく、適度な余白がリスクを低減させるのである。熊谷は、本来の意味での支援が可能になるためには、"組織の中に「余白」と更新可能性を維持し続ける条件"を考慮する必要があると提起している（前掲書：148-149）。

2　「場」の力と専門家の関係

　実践の現場は、対立と矛盾に満ちている。その混沌とした複雑性に巻き込まれつつ自らに引き受け、かつ暴力的支配的規範への抵抗の可能性を生起させるには、現在構築され、自らもその一端を担う社会的世界に対する批判的態度が要請される。そのためには「痛み（自己批判）」は不可欠であり、他性（偶然性・不確定性・決定不可能性・予見不能性）と向き合い、わかろうとし続ける態度（反復可能性）こそが、支援の専門家としての主体形成過程には重要である。わからないものを無理やりわかったことにするのではなく、わからないことを受け容れる。「わからない」ことの可能性を大切にする。本論で求める専門家像は「わからない」と言える専門家である。

　そして、本論で求めるのは、そのような専門家によって保持されつつも、支援－被支援の固定関係を乗り越えながら利用者と専門家が共に育つための、緩やかな秩序のある「場」である。そこでは、目的的な効率化を求める分業ではなく、柔軟に対応する役割分担がある。役割は恒常化されず、変更可能であり、緩やかに繋がる関係を目指す。じっくりと時間をかけて関係を紡ぐことが求められる。試行錯誤や失敗が許容され、問題は共有される。葛藤は新しいものを生む可能性として承認される。自然に任すことは望ましいが、社会的共同体やその中にある規範や制度は人の手によるものである。それにより我々の日常は安定を得て守られている。人工物では、流れに淀みや歪みが生じる。人と人の関係が動くような環境を保つには、常に手を入れなければならない。解体と生成が同時に起こる連関の流動性の守人が専門家である。必要以上に管理／統制しないが、下支えし、調整する存在である。そして専門家自身も不安から眼を背けず、自らが作り出す世界の自明性を疑い、常に変化することを志向する。

強い絆や関係でなくて良い。それらはむしろ関係を固定化する可能性がある。常に繋がる状態は、固定的関係となる危険性を孕む。相手への配慮や気遣いは、四六時中必要ない。少し声を掛けるだけで良い。無関心でないことを伝えること、「気にかけているよ」「あなたのことを見ているよ」と言葉に出さなくてもそれが伝われば良い。時折、関係が繋がり、関わりが見えたり見えなかったりする。問題を共有できていれは、本当に困った時に声を掛け合い、手を差し伸べられる。多くの交通により、関係の網の目というネットを張り巡らす。常態化した特定の人との強いつながりではなく、繋がっているかどうかわからないぐらいの心許ない関係ではあるが、いくつもの異なる質の関係が人の周りにたくさんあることが大切である。一重のネットではなく、縦にも横にも繋がること。関係が一時的に切れ、離脱しても帰って来られる環境にすること。境界を跨ぐ出入りも簡単にする。それだけでもセーフティネットになる。誰かに身を開くことを強いるのではない。強さを求めるだけでは限界がある。何でも話せる雰囲気や「だらしない中でも緊張感がある」。そういう関係を作る「場」の中で仲間たちと共に専門家は専門家として育てられる。

　以下は、このような「場」の萌芽となる関係が「ふれんど」の中でも存在していたと思われる会話の一部である。Hは、困惑した時の周囲のメンバーからの助言により、「救われた」と述べている。

【Hインタビューより②】
　BくんとかEさんとか他のメンバーから、初めてきた人には（Aさんは）毎回こんな感じやからみたいな言葉に、結構救われたというか。私だけ？って思ったんですよ。B君とかが、「Aさん！」って言ったら聞いてくれるのに、なんでウチが冷静にしゃべろうとしても聞いてくれへんのやろって思ったんですけど。周りの人から、初めてきた人には毎回こんな感じやから大丈夫って言われた時は、あ、私だけでなくて、初めてきた女の子にはこんなんなんやって、割り切れたっていうか。

　また、以下の会話は、Aと密接な関係があった3人が、それぞれ筆者が

間に入ったり、助けに行かなかったりしたことについての質問への回答である。Hは、介入があったことで「助かった」と述べている。

【Hインタビューより③】（I：筆者）
I：周りのスタッフの対応ってどうでした？　Aさんがだんだんテンション上がってくるみたいな状況やった時に。
H：あー、上がり過ぎて、村田さんやB君が助けてくれるっていうか、そういうのは助かりました。
I：自分でAさんに対応しようって時に、僕らが間に入ったら余計なことをしてるんちゃうかなみたいに思ったんよね。
H：あー、でも結構、そんなにすぐに入りはったんじゃないじゃないですか。Aさんに「常識ないね」って言われて、ひと目めで、「そんなん言ったらいかんよ」的なことではないじゃないですか。興奮して、私がいくら言っても、どんな声返しても無理やってあきらめた頃に声掛けてくれはるんで、それは別の人によってもタイミングとか違うと思うんですけど、私としては、はい。
I：そのうち誰か、フォローに来てくれるみたいな意識があった？
H：入ってくれれば嬉しいなぐらいには。

　このように、周囲が助けに入ることは、筆者には「余計なこと」かもしれないという危惧があり、実際に介入しない場合も多くあった。しかし、物理的な助けはなくともそのような自身に対する周囲の「関心」により、安心できる空間が構築されていたことも記録から読み取れる。D、Eとも、「ふれんど」にあった「気遣い」や雰囲気に言及している。

【Dインタビューより】（I：筆者）
D：でも、周りの人がまったく考えてくれなかったらまた違ったかもしれないですよね。ずっと、誰も間に入ってくれなくて、Aさんと二人っきりでずっとしゃべっていたら、もしかすると、私がAさんのなんか逆鱗に触れて、禁止ワードが私の名前になってたかもしれないですけどね。

Ｉ：あー、攻撃対象みたいに。
Ｄ：そう。みんなが間に入って、ちょっと緩衝材にみたいになってくれたから、まだそんなに怒られるっていうか、いっぱい言われる対象にならなかったかもしれないし、それはわからないですけどね。
Ｉ：（略）Ｆさんは、結構早めに間に入りはるのね。だけど、僕は行った方がいいかどうか悩んでしまって。男性と女性とか距離のとり方で、感覚違うのやろうなって思うし。
Ｄ：もちろん、あの「ふれんど」っていう空間だから、ウチも行けていたのかも知れないですけどね。例えば、この部屋で二人とかだったら、恐怖心とか感じていたかもしれないですよ。「ふれんど」の、あの何ていうんですか、和やかーな雰囲気で。でも、みんな常に周りを気にしてる雰囲気もあって、なんかすごい問題が起こるような所じゃないから、そういう意味で、ウチも安心感があったからかもしれないんで。（中略）
Ｉ：「ふれんど」では、いつでも周りの人が自分のことを気にしてくれてて、何かあったときは誰かが来てくれるって思える空間だったっていう感じね。
Ｄ：それを感じているから、あの、そんなに助けを求めてないんだと思うんですよ。そんなに、すごい自分が危険だと思っている所だったら、「すぐ、来てください」って言って、「Ａさんをウチに近づけないでください！」って、もしかしたら、言ってたかもしれないけど、わかんないですけど。ま、みんなが周りを気にしてくれているし、っていう所だからっていうのもあると思いますけど。

【Ｅインタビューより①】（Ｉ：筆者）
Ｅ：（略）Ａさんが私に話をしたいって思ったら、誰が何をやろうとも私に話をしてくるじゃないですか（笑）。だから、そうやって横からＡさんに話しかけてくれはって、フォローしてくれはって、私は一瞬ホッとするんですけど、でもその後、Ａさん、さらにイライラして、混乱した話をする時間が延びる時もあるんで、（中略）「そうやね、そうやね」ってＡさんの話を聞いてあげたら、私の所に来る時もあるし、Ｆさんのところ

に行く日もあるし、B君の所に行く日もあるし、今日、あの人に話した
　　いなって思う日が、人の数だけできるんやったら、人の数だけ負担は分
　　散するんじゃないかなって思ってたんで。(中略)私も「ホンマに無理」
　　ってなったら、Aさんに言ってたんで、聞いている間は大丈夫なんです
　　けど、そういう人がいっぱいいたらお互いに楽かなって思っていました。
Ｉ：(略)そうかぁ。じゃ、僕が気にして、助けにとか、フォローに入らなく
　　て良かったってことやね。
Ｅ：そうですね。でも、すごい感じてたのは、皆さんが、あ、またAさんが
　　私の所に行っているわ、とか(笑)。助けに行かなアカンのちゃうかな
　　って気持ちとか、雰囲気とか(笑)。
Ｉ：Fさんは二人のすぐ後ろに座ってはったりするもんね(笑)。
Ｅ：それとか、Aさんが私の傍に行こうとすると「こっち、こっち」って呼
　　んでくれはったりとか。そんな、みなさんの心遣いはすごく感じてたんで。
　　なので、放っとかれているとかそういう意識は全然なかったんで。なん
　　か見守られている感じで(笑)。それは良かったです。

　このような「関心」が醸し出す、見守られているという緩やかな秩序が、「ケアの空間」として「ふれんど」を成り立たせているといえる。また、Eからは、Aも「ふれんど」に関係の広がりの可能性を見出していたと思われる様子が語られた。以下は、AがEとの関係に固執していると感じていた筆者が、「Aから特別視されていると感じたことはあるか」との問いに答えた内容である。Aの対人把握の特性やEへの好意としてその行動を把握していた筆者は、Eから全く異なる解釈の可能性に気づかされる。

　【Eインタビューより②】(Ｉ：筆者)
Ｅ：ちょっと怖い人やし、話すと長くなるし、めんどくさい人やってなるのが、
　　私から見てもわかるんですけど、他の子やったら…。止まって、相槌を
　　打って、「どうなんですか？」って、私からもAさんの話を聞き出した
　　いなってやっているから、あの子がいると他の子とも関われるじゃない
　　かっていうのが、たぶんAさんの中にあると思うんです。

I：Eさんと関われたら、自分がまた他の子とも関われるようになる？
E：私を間に挟んで、他の子と私が関わっている事で、その子とAさんも私が間に入ることによって仲良くなれるんじゃないかなって思ってる、と思うんです。だからその、「アヤカナ」とか「アヤユミ」とか言ってますけど、一緒に企画する時に私が入るのは、私が呼んだら来てくれると思っているのもひとつやと（Aは、女性の名前を複数繋げて企画名にすることがあり、ここでは例えばEの名前を「アヤ」と仮定すると、上記のような企画名になる）。（中略）私を通して他の人と繋がろうとしてるんかなって思う。私とAさんが話していたときに、（中略）B君が「え、その話どういうこと？」って入ってきてくれることがあって、その時は仲間が増えた、話が広がったみたいに嬉しそうに、いい感じに最後話が終わったんで、話を聞いてくれて、他の人と繋がりを持っている私と、できれば繋がっていたいんじゃないかなって思います。（中略）だから私にも「誰々ちゃん知ってる？」って、知ってるかどうかの確認をされて、「知らないです」って言ったらいろいろ教えてくれて、必ず私との共通点を教えてくれて、「A型」とか何月生まれとか、なんか大学生とか弟がいるとか見つけ出して、だから友達になれるよね、みたいな感じで言ってきはるので。（中略）
I：彼の好みのカテゴリーだと思っていたけど、それよりはEさんと一緒の点にこだわってたってことか。
E：たぶん何か共通点があれば、何かができるって思ってはるんです。だからAさん、初めて会ったときに共通点を見つけようと思いはるし、見つけたらすごいそれにこだわりはるし、誕生日の日付が一緒ってことからも一緒っていうのをすごい大事にしはるんかなって。
I：よく、ピタパ（近畿圏の交通系ICカード）とかの話が出て、相互乗り入れの話なんか出てくるんだけど、鉄道で行けなかったところが使えるようになると、繋がるでしょ。そういうので、女の子同士を繋げるみたいな。女の子同士も相互乗り入れできた方が良いでしょ、みたいな感じで言うのよね。彼の頭の中に友達の関係の路線図みたいなんがあって、どんどん広がっていくみたいなんかなって。

E：そうやと思います。ハブみたいなんが私で（笑）。

第6節　関係に埋没する

　第3章で検討したK君に、筆者は歓待の態度を見ていた。他なるものを迎え入れることは、「障害」や「支援」の問題のみならず、人間社会におけるあらゆる次元の道徳的・倫理的問題の基盤に繋がる議論と言える。そこで本論の最後に、筆者の態度から他者を歓待することの可能性を模索したい。
　佐藤義之（2000）は、レヴィナスの絶対受動としての他者の「強迫」を撤回しても、〈私〉の能動性の回復による他者の対象化の罠に陥らないための第三の道として、「ケアの倫理」に注目している。ケア倫理は、レヴィナスとは思想的背景は相当異質であるが、対面での他者の倫理的現出から倫理を構築している点、自他の対称性が欠けた場面で他者のためになされるものである点（ケアする－されるの関係）で、相似する部分が多いとされる（前掲書：222）。
　フェミニズムの見地から従来の倫理学への批判を展開したノディングスは、他者における「受け容れ（reception）」を強調する。ノディングス（1984/1997）のいう「共有される感情」は、従来の「共感」の定義である"自分の人格を何ものかに投げ入れる力能、さらに凝視している対象を十分理解し、それに自分の人格を投げ入れる力能（ノディングス 1984/1997: 46）"ではなく、「受け容れ」であるとする。他者との関わりにおいて"問題の定式化や解決を出発点とするのではなく、感情の共有を出発点とするのである（前掲書：48）。"

> 　いわば、他のひとの実相を客観的な与件として分析し、それから「そういう状況でなら自分はどのように感じるのであろうか」と問うような形で、その人の身に自分を置いて考えるのではない。それどころか、分析し、状況に応じた構図を組み立てたいという誘惑を退けるのである。他のひとに対して投げ入れを行っているのではなく、自分自身の中に他のひとを受け容れ、そしてそのひとと共に見たり感じたりするのである。その際には二面性が生じる（前掲書：46）。

> 受容的な態度を採っているとき、この場合、わたしは他のひとを対象として捉えていない。知識について主張しているわけではない。受け容れるときに誤ることがある。こうした誤りについての主張は、知識にかかわる問題ではない（前掲書：50）。

> その対象の現われるがままに静かに身を委ねることを許す。わたしたちは、感情の様態を採るようになっている。しかし、それは、必ずしも情動の様態ではない。そうした様態では、わたしたちは評価したり、見積もったりせずに、およそ可能なかぎり、存在するものを受け容れるのである。（中略）世界を変容しようとしているのではなく、自分が変容されるのを許しておくのである（前掲書：53）。

ノディングスは、「自己移入」に基づいて感情を想像する知的操作や、問題解決的な意図的関わりは、他者に部分的にしか関わらない分析的介入であり、相手も〈私〉も全人格として関わる「受け容れ」と対比する。ノディングスは「受け容れ」における「専心没頭（engrossment）」を、全てのケアに生じなければならない不可欠な条件として挙げている（前掲書：27）。〈私〉は、片手間に相手と関わるのではなく、人格全体でケアするのであり、関係に入り込み集中している。専心没頭は、相手のためになされているのであって、〈私〉のためではない。

> ケアするとき、わたしたちは、他のひとの観点や、そのひとの客観的な要求や、そのひとがわたしたちに期待しているものを考察する。わたしたちの注意、心的な専心没頭は、ケアされるひとについてであって、わたしたち自身についてではない。（中略）もし、わたしたちが自分自身に夢中になっているとしたら、つまり、自分自身のア・プリオリな準拠枠を、本当は少しも離れていないとしたら、わたしたちの行いの理由は、わたしたちに返ってくるのであって、外にいるケアされるひとには向けられていない。ケアするひととして考えられたいというときでも、わたしたちは、しばしば、自分に対するそういう信用を容易に守るような仕方で、型どおりにふるまう。（中略）ケ

アすることは、定まった規則によってではなく、愛情と敬意によって行為することである。したがって、ケアするひとの行為は、規則に縛られたものであるよりも、変化していくものである（前掲書：38）。

　ここで述べられた関わりは、まさに第3章でのKの様子に当てはまるものである。佐藤（2000）は、この「受け容れ」に、絶対受動性とも他者の対象化的関係とも異なる「他者との非対象化的関係」の可能性を、現実の倫理的関係として見出している（前掲書：237）。この文面に筆者のAへの関わりを当てはめてみる。筆者は、研究者や支援者としてだけでなく、友人としても関係を変化させながら関わっていたと分析したが、それは結局「役割」としての部分的関わりでしかなく、全体としては関われていなかったといえる。それは、筆者が研究者として「ふれんど」の「場」に在ることや、専門性のあるメンバーとしての期待に応えたい、と思うことと無関係ではない。筆者は、筆者自身に一生懸命であり、Aに丁寧に関わっていたつもりが、実は自身にしか目が向いていなかったといえる。筆者は、博士課程の学生であり、「ふれんど」にいる目的は、論文のためのデータを収集することであった。常に周囲を対象化し、Aを特別な存在に仕立て上げねばならない状況に迫られていたともいえる。結局はそれが、第3〜5章における筆者の関わりが、自身を守ることで精一杯であった関係と思われる要因のひとつかもしれない。

　しかし、筆者が「専心没頭」していると思われる記録も、わずかではあるが確認できた。残念ながら、それはAではなく、子どもと関わっているときに生じている。第2期のある時期、筆者は記録が書けずに悩んでいた。筆者は、書けない理由を子どもとの関わりに集中しているからだと考えている（下線部は強調）。

　　【201X.9.28 フィールド記録（11）より】
　　　やはり私は、関わった子どものことに集中しすぎて、<u>Aさんに関心が向いていなかった</u>ように思う。これが（記録が）書けない理由の一つのように思われる。この日は、学生の演じる劇の上映があった。5：30からスタートで、

第6章　専門家像の脱構築　217

カイくん（仮名）』が劇を見てから帰るということだったので、カイくんのことが気になって、Ａさんの動きはほとんど見なかった。劇の内容にも関心があったので、<u>Ａさんが C 先生の横でおとなしく劇を見ている姿を何度か確認した。途中でいなくなったが、どこに行ったのかわからない</u>。しかし、<u>劇の最中に大きな声で話したり、私が気になるような行動は一切見受けられなかった</u>。6：30 劇が終わったあと、演者に何か大きな声で話かけていたように記憶しているが、話している内容まではわからない。（演じた学生に）「勘違いしたらあかんで」と言っていたように思う。

【201X.11.3 フィールド記録（14）より】
　この日も高田さん（仮名）を見た直後から落ち着きがなくなり、テンションが高くなった行動を見せるようになった。大きな声を出して飛び跳ねるような動きは<u>一度しか見なかった</u>が、頻繁に高田さんたちの所へ行き、話し掛けている。後で聞くと、自分でも行動が抑えきれなくなると言っていたが、「自分の行動がおかしいと感じるなら、高田さんに近づかなければ良いのに」とこちらが思ってみても、そんなに簡単ではないようである。しかし、紙芝居や人形劇が行われたが、<u>それ程Ａさんの行動が目立ったという印象もなく、彼なりにセーブしていたのではないかと思う</u>。部屋の電気を「半分だけでも節電」と言って消すのは勘弁してもらいたいと思った。時々間違えて電気をすべて消してしまうことがある。この日はタロウ君の担当で、タロウ君の行動に集中していたので、<u>あまりＡさんを観察することができなかった</u>。

【201X.11.9 フィールド記録（15）より】
　ケンジ君が作業している後ろで、Ａさんは C 先生と話し込んでいた。何かに対して怒っているような様子であったが、話の端々には政党「○○」の話が聞こえてきた。ケンジ君が帰った後は、<u>片付けをしたのでＡさんの様子はわからない</u>。

　ここでは、筆者の世界からＡは見えなくなっている。しかし、まったく気にしていないわけではない。その存在を気にかけつつ、しかしそれほど関

心が向いているわけでもない。この時期（第2期）は、筆者は「ふれんど」に馴染み、自身を特別な存在とする構えがなくなった頃である。Aの存在も「場」で当たり前となり、特異な存在として際立って現れるわけではない。そのような時は、「障害者」であるA像は後景に退き、筆者の関心は向いていないため印象に残らず、結果的に観察できずに悩んでいる。つまり、Aも筆者も関係の中に埋没しているのであり、筆者は目の前の出来事に集中している。関係網の中で、流れに身を任せている状態であるともいえ、「障害」が起きていない。この埋没からAが筆者の意識下に現われるのは、走り回って静寂が破られ、子どもがおびえた表情を見せ、大きな声で怒号が飛び交うような状況、つまり「障害」が起きた場合であり、その日常性が崩れる瞬間に、「障害者」としてのA像が眼前に現れることになる。しかし、この頃にはそのような喧騒にも慣れ、余程のことがないと意識が向かなくなっている。

　ノディングス（1984/1997）は、ケアをする人の様態を大きく二つに分けている。ひとつは、「分析的-客観的様態」と呼ばれており、もうひとつは、「受容的-直観的様態」である。

> 　問題解決の状況では、意識の独特な様態は、通常、合理的な客観性のある様態である。この様態は自己を対象へと向ける思考の仕方なのである。この思考の仕方は、その対象に襲いかかって同化してしまう（ノディングス1984/1997: 52）。

> 　受容的-直観的な様態は、十分には理解されていない過程を通じてわたしたちに対象を受け容れることを許す。言い換えれば、その対象の現われるがままに静かに身を委ねることを許す。（中略）そうした様態では、わたしたちは評価したり、見積もったりせずに、およそ可能なかぎり、存在するものを受け容れるのである（前掲書：53）。

　ノディングスは、この二つの様態は移行可能であり、その重要性を指摘している。ケアにおいては、「分析的-客観的様態」は「退化」した意識とみ

なされ、専心没頭から抽象的思考への移行は、質的に異なる劣ったものへの移行とみなされる。しかし、直ちに不適切であるのではなく、恒常的な「分析的－客観的様態」や時期を逸した移行が問題とされるのである。重大なことは分析的な相と受容的な相を行き来し、そ

図6-1　ウサギとアヒルの錯視図

の場にふさわしい様態がその都度支配的であるように、切り替えることだと述べている（前掲書：54）。

　日常における自然的態度がいかに構成されているか、というシュッツの視点に倣い解釈をするならば、「研究者」や「支援者」として事象を捉える場合は、専門家としての関わりが前景に出る自然的態度であり、概念を通した合理的目的的態度で振舞うことが、生活世界として構成されているということになる。しかし、それは常時ではなく、一方では、別の日常的な関係（例えば、筆者とAの関係でいえば、互いが当たり前の存在として「場」に溶け込んでいるような）から構築される生活世界がある。「ウサギとアヒル」の錯視図（図6-1）のように同時に出現することは不可能だが、切り替え可能であり、両義的である[5)]。これは関係の質の違いであり、表裏一体であるともいえる。また、意図的に行えるものではなく、結果的にそのようなふさわしい様態に移行するのだと思われる（誰が判断するのか難しいが）。

　筆者の場合、研究者として場に入ることが多かった時期は、当然Aを観察して記述する意図があったため記録は書けるが、専心没頭する関わりは困難であったといえる。むしろ、記録を書けなくなっている時期こそが、Aを対象として捉えず、彼に専心できていたのかもしれない。このような理念型による二項対立形式は、臨床実践の場では単純に過ぎるとの批判もできよう。おそらく、純粋な科学的態度や友人的態度などはなく、デリダの言葉を使えば、不純物が混じり合うものである。しかし、本論では大きな問題とはしない。本論では個人の態度に還元するのではなく、このような切り替え可能な「場」や、複数の関係がある空間構築の可能性に焦点を当てている。

　筆者がAではなく、目の前の子どもに集中できたのは、彼に対応する他のメンバーの存在を知っていたからであり、筆者が関わらなくとも誰かが

Aと向き合っている状況が「ふれんど」の場にできていたからと考えられる。このような「場」は、前節でEが述べていた「誰とでもAが繋がっている関係」が形成される兆しであったともいえる。目の前の相手の全体に向き合い、〈私〉の全人格を持って関わるには、周囲のメンバーとの折り重なった関係が不可欠である。そのような環境では、それぞれの時間は僅かかもしれないが、様々なメンバーの質の異なる関係性による関わりが可能であり、専心没頭して接することもできる。重要なのは、形式化された同質の関わりでなく、幾重もの多元的な関係が折り重なっていることである。また、ノディングスは、"その場にふさわしくない様態を切り替えることができない場合には、意識の退化について語ることは適切だろう（前掲書: 54）"と述べている。自身の関わりの不適切さを顧慮することは困難かもしれないが、信頼できる同僚との関係があれば、自己を語ることで、自身の関わりが状況にふさわしくないと気づくきっかけを得ることにもなるであろう。専門家の専門性は、このような切り替えの意識のきっかけと、「場」の構築に用いられることが望ましいと考える。

［注］
1）ここでの「社会構造」とは、存在論的にいえば、相対的反復性や出来事の単調性であり、認識論的にいえば、予測可能性であり、蓋然性が規則的に配置された空間のことを指す（バウマン 1989/2006: 278）。関係よりも先験的に構造がモデルとしてあり、あたかも実体として存在するかのごとく措定されたものとする。
2）山田冨秋（2000）も、常識から予想されることを先取りするのではなく、その場その場で状況に即して対応することが重要だと述べる。

　　行動することに常識では予測できなかった意外な展開もありうるのだ。そしてそれは「いいかげん」なことではなく、常識の予想を超えた「他者」の行為に対して責任を持って答えることでもある。最初から何らかの常識的な決まりを押しつけることは簡単であり、それは相手の行動をあらかじめ封じることにつながっていく。ところが、それをなくしたとたんに、相手に応答するためには、相手のつぎの行動を慎重に観察せざるをえなくなるからだ（山田 2000: 9）。

3）中嶋（2012）は、傷病手当や障害年金などの経済的利権と「新型うつ病」「発達障害」「PTSD」などについて述べ、「生」の一部である不安やうつを「症状」にしてしまう傾向や、病名の有無が利害に直接的に影響する社会的風潮を問題視する。

4）例えば、地域に根差した障害者施設の成功事例として有名な北海道浦河の社会福祉法人「浦河べてるの家」や、「障害のあるなしに関わらず、誰もが地域で共に生きる」ことを願い、「子どもたちどうしの関係づくり」を目指して設立された市民団体である東京都多摩市の「たこの木クラブ」の実践。

5）出典　竹内龍人（2010）『だまし絵練習帖——基本の錯視図形からリバースペクティブまで』誠文堂新光社

終　章

第1節　本論の総括

本論の目的は、教育の視点から「専門性」に付帯する権力について論究するために、「自己」と「他者」の原初的関係からその暴力性について検討し、「障害」や「支援」のあり方の再考を試みるものであった。そこで、筆者の個別具体的な関係性に焦点を当て、筆者自身の障害支援の専門性を議論した。他者との出会いを普遍的な教育の契機と捉えたからである。「障害」の問題は、決して障害者とその周辺の人たちの問題ではなく、我々の生きる日常に潜む道徳／倫理的問題であり、人間に象徴的に現れる経験を逆照射しているに過ぎない。特に差別や偏見に係る重要で喫緊な議論であることを念頭に置いている。

本論の研究主題のひとつは、主客の問題を乗り越える研究のあり方であった。専門家としての研究者態度の問題性を自覚するならば、研究する - されるという非対称な関係性から生じる権力の問題や、異他性を否定し研究対象として隔離する暴力性などについて、その倫理的議論が必要となる（本書では、紙幅の関係で必要最低限に留めた）。さらに、支援の専門性とは何かという問いに迫ることがもうひとつの主題であった。主体を独立した個ではなく、分離する以前からすでに関わりあう関係にあることを前提として論ずることで、新たな専門家のあり方を探るのが狙いであった。

筆者は、「専門性の権力」の負の側面（暴力性）のみに目を向けており、関係網の中で役割を担い、主体保持や秩序維持へ作用する両犠牲を認識していなかった。そこで、関係論的障害観を提示し、関係網の運動を停滞させる淀みを取り除くことを専門家の役割とした。さらに、対立と矛盾に満ちた実

践現場の構造に、巻き込まれつつ自らに引き受ける「責任ある決定をする専門家像」と専心没頭する受容的関係への可能性も提示した。そして、主体同士の支援する‐されるではなく、「場」の空間的支援として、他者の暴露から守られる「緩やかな秩序のある葛藤空間」の構築を提起し、支援の専門性の脱構築を試みた。

　しかし、課題もある。研究者として現場に在りながら支援を行うということの困難さが改めて浮き彫りとなった。三井（2015）は、支援の発想は結局どこかで差別に基づき、自己矛盾を孕むものだという（三井 2015: 70-71）。目の前の関係に没入する時、意図的な観察は不可能となる。言語で把握することの暴力性を自覚するならば、研究者や支援の専門家としての関わりだけでなく、時にはそのような関係を忘れる機会が必要となるはずである。しかしそれは、規範や組織の役割がある以上、専門家を苦しめるかもしれない。忘我の経験は、自他の境界を揺るがし、主体変容の運動を誘発する。その経験こそ教育の契機となるが、それは同時に組織や社会を攪拌する運動となり、異なる他者による抵抗を生み出す連鎖を引き起こす。その新たな抵抗を前に、我々は常に更なる方途を求めて模索していかねばならず、終わりはないのかもしれない。他者を歓待することの問題は、あらゆる社会問題に繋がる課題である。現在も人種や民族の問題が頻発しており、ますます激しさを増しているように感じる。インクルーシブや共生が問題になるとき、分離した個人が共にあることを目指すよりも、原初的な関係において、我々は常に共に在るという事実に目を向けていくことが大切ではないだろうか。

　また、各章での分析過程の一部を開示することに限界があったことも示しておかねばならない。それでも、本論を目にする「ふれんど」スタッフの中には不快に感じる同僚もいるかもしれない。このような緊密な関係の中で研究をするということが、いかに不安定であり、困難なものかを実感することとなった。研究者として支援の場に参入し、それを成果として開示せねばならないという営みそのものに、矛盾や両義性があることを研究に携わる者（特に人に関する研究）は直視せねばならないのだろう。本論が開示されることで、筆者を取り巻く関係もまた大きく変化することになる。筆者は、それを引き受けねばならない。

第2節　おわりに

　本論の執筆を悪戦苦闘していた折、戦後 70 年の節目を迎えた。特に安全保障法案の成立に係る重要な時期でもあり、メディアを通して戦争関連の話題を見聞きすることが多かった。その中で、筆者が気になったものに、ナチスの障害者虐殺計画に関するものがあった。ギャラファー，H.G（1995/1996）によると、当時、20 万人以上のドイツ市民が医者たちの手で「計画的に」「効率良く」殺害された。彼らの多くは、施設に収容されていた精神障害者、重度障害者（肢体不自由を指す？）、知的障害者、結核患者であった。しかし、この計画（暗号名：T4 計画）は、ナチスの計画として片付けるのは誤っている、とギャラファーは言う。この計画の生みの親は、その大多数がナチス党員でなかった医師であり、ドイツの指導的立場にあり、国際的にも定評がある医学教授や精神病理学の権威だった。殺人を正当化したこの計画の基礎は、ドイツだけでなく欧米で幅広く受け入れられた、優生学、遺伝学、生理学といった、「いわゆる科学的原理」である。しかし、ギャラファーは、極悪非道な行為を行った怪物のような医者に焦点を当てるのは誤りであり、本質から目をそらす結果になるとする。殺人計画において重要なのは、"ドイツ医学界、科学界が時間をかけ患者殺害を実行に移した用意周到で体系的な手法"なのである（ギャラファー，H.G 1995/1996: 6-14）。

> 　自分たちこそは科学者として、患者の福利とドイツ民族総体の浄化に配慮していると信じていた。近代科学技術が医学に飛躍的な革新、リハビリテーション可能な障害者はリハビリテーションし、残りの「治療不能」な場合は抹殺するという治療の過激化の機会を提供したと信じたのである。善意であったのは疑いようもない。しかし、自分自身の驕りによって判断不能になった殺人者だったのも疑う余地はない。科学への信頼と医学という職業の威信が生み出す驕りはドイツだけの特性では決してない。世界共通であり、世界のどこでも危険なものである。果てしなく人を虜にしてしまう（前掲書：14）。

ギャラファーは、狂犬のような医者よりも"人類を完璧にするためには殺人も許されるという思考"、"「進歩」の追及は集団殺人を正当化できるとする機械論的信仰"に焦点を当てるべきだという。それは、驕り高ぶった専門職集団が他人の権利、生命への干渉を歓迎したことによると述べられている。この体系化された手段と方法がそのままユダヤ人大量虐殺に用いられたのは有名な話である。ナチス最初のガス室は、精神病院の中に設けられている（小俣 1995: 2）。
　小俣によると、戦後、この「安楽死」計画における裁判が多くなされたことで、多数の証拠・証言が公にされたが、医学（特に精神医学）においては（一部の研究者を除いて）、この事実に目を閉ざし、正面から取り上げられなかった。1980 年代以降になってから、精神病院での資料修復や保管が行われるようになり、旧西ドイツの精神病院の殆どには犠牲者の慰霊碑が建てられるようになったという。ナチスの問題に向き合うドイツの話題を聞くとき、果たして現在の日本の態度は、このままで良いのかと真剣に思う。
　筆者は、論文執筆中に鹿児島知覧にある陸軍の特攻隊の悲惨さを示す記録の数々を見学する機会を得た。彼らの多くは、20 歳前後の若者であった。零戦は、機体の軽量化を優先するため、操縦士を銃弾から守るための鉄板などの装備が施されていなかったと言われている（対するアメリカのグラマンF6F ヘルキャットには、防弾フロントガラスの他、96kg に及ぶ防弾装甲がコクピットに備えられた、とされる）。彼らは戦闘に優位性をもたらすための部品であり、消費物に過ぎなかった。また、障害者は戦争に役に立たない存在と疎まれ、「穀潰し」と蔑まれた。このように人を武器として扱い、有用性で判断する価値観は、戦時中の特異な精神構造なのだろうか。否である。簡単に人を「もの」のように扱い、消費する社会のあり方は、現代においても何ら変わらず続いており、人が数に還元される思考が支配的である昨今、むしろ先鋭化していると危機感さえ覚える（本論文執筆後の 2016 年 7 月 26 日に発生した相模原事件について、我々は問い続ける必要がある）。出生前診断や臓器移植の問題は、議論が技術に追いついていない。政治家は、経済を中心にしか語らず、その関心は、国際競争をいかに勝ち抜くかである。そして、相手を固定化し、範疇化し、一人ひとりの顔を見ずにあたかもすべての国民がそう

であるかのごとく、相手を批判する、このような風潮が広がりを見せているように思う。この少しずつの積み重ねが、知らず知らずのうちに戦争へと向かうことは必定、と思うのは杞憂だろうか。

　しかし、そのように言葉でひとくくりにし、切り取り、捨象し、認識することで我々の世界の均衡が保たれており、その揺らぎを必死で繋ぎとめなければならないことも事実である。管理・統制されることで我々は「生かされる」。それを見えないようにする、見ないようにすることで、我々の生活の大部分が成り立っていることに気づくとき、生きることが苦難でなく、喜びが見出せるような社会であってほしいと願う。自らがその中にいることを自覚しながら、身近にいる人たちとの関係から、対話を深め考えていきたい。生きることは、矛盾であり、複雑であり、不明瞭なことである。向き合わねばないが、いつも覚醒しているのは難しい。忘れて単純に考えることも必要であるし、簡単に成熟しなくても良いのではないかとも思う。しかし、その暴力性に無自覚になるとき、人は残酷になる、ということは忘れてはならない。研究の過程で「人を範疇化すること」は、痛みを伴うことだと知った。その痛みを自らに引き受けることが専門家としての倫理だと述べた。勇気を持って自己を示したと思いたいが、執筆中も結果的に痛みから逃げてしまった部分が多い。しかし、それでも本論を契機として、筆者の変化は続く。また、続けねばならない。筆者の新たな自己形成は今まさに始まっており、筆者は今を生きねばならない。

> 　「おのずから」というのは、単に何かがありのままのありかたで存在している状態を言っているのでなく、何らかの始まりが、ある起源からの発出の運動が、行為者の意図によって曲げられることなく、ひとりでに、動きのままに、そのつど始まっていることを指している。（中略）この生命の根拠は客観的に認識することのできないもの、ただそれとの実践的・行為的な関わりを通じて「生きる」以外にないものである。しかしわれわれが生命を与えられた身体としてこの世界に生存しているかぎり、この「始まり」、この「起源」は、一瞬ごとにわれわれの身体を貫いて、そのつど新たに「始まり」続けている。（中略）自己が主体として生きるということは、一方では生命一般の

根拠の「おのずから」の動きに関わると同時に、他方では間主体的世界へと向かって、自己を非自己から区別しながら、自己と非自己との「あいだ」で「みずから」の交換不能な存在を維持するということである（木村敏 2005: 183-184）。

　本論執筆中に詩人の吉野弘が亡くなったとニュースが流れた。筆者はこの詩人をそれまで知らなかったが、その後、詩の何遍かを繰り返し読むようになった。最後に、その吉野の詩『生命は』で、本論を締めくくる。

　　　生命は
　　　　　　　　　吉野弘

　　　生命は
　　　自分自身だけでは完結できないように
　　　つくられているらしい
　　　花も
　　　めしべとおしべが揃っているだけでは
　　　不充分で
　　　虫や風が訪れて
　　　めしべとおしべを仲立ちする

　　　生命はすべて
　　　そのなかに欠如を抱き
　　　それを他者から満たしてもらうのだ

　　　世界は多分
　　　他者の総和
　　　しかし
　　　互いに

欠如を満たすなどとは
知りもせず
知らされもせず
ばらまかれている者同士
無関心でいられる間柄
ときに
うとましく思うことさえも許されている間柄
そのように
世界がゆるやかに構成されているのは
なぜ？

花が咲いている
すぐ近くまで
虻の姿をした他者が
光をまとって飛んできている

私も　あるとき
誰かのための虻だったろう

あなたも　あるとき
私のための風だったかもしれない

謝　辞

　本書は、神戸大学大学院人間発達環境学研究科へ提出した学位論文「障害支援の関係論的研究——専門家像の脱構築試論」を、出版にあたり全体量を大幅に削減し再編したものです。本書は、研究に快くご協力くださったＡさんの存在なくして書くことはできませんでした。感謝の念にたえません。また、インタビューに応じてくださった６名の同僚スタッフの皆さま、並びにスタッフとして長期間受け容れていただいた施設関係者の皆さまにも御礼申し上げます。ありがとうございました。

　そして、本研究に関し、終始ご指導ご鞭撻を頂きました指導教員である津田英二先生に心より感謝申し上げます。また、博士論文をご精読頂き、厳しくも温かいご指摘をいただきました立命館大学の森岡正芳先生、神戸大学の伊藤篤先生、松岡廣路先生、橋本直人先生に深謝いたします。さらに、短い期間ではありましたが、北海道大学の白水浩信先生にもご助言いただきました。白水研究室出身で友人である兵庫教育大学の平野亮氏からも多くの刺激と示唆を得る機会をいただきました。博士課程共同研究室の皆さま、津田研究室の同期・後輩の皆さまにも支えられました。みなさま、本当にありがとうございます。

　最後に、出版事情が困難な今日、本書を出版していただいた生活書院の髙橋淳氏に心より感謝申し上げます。

2017 年 12 月

著　者

【付記】本書は、平成 29 年度科学研究費助成事業（科学研究費補助金）（研究成果公開促進費）「学術図書」の助成を受けて出版されるものである（課題番号：17HP5220）。

初出一覧

第 1 章 「障害支援の専門家はいかにして作られるか――研究者の批判的自己形成の実践」『神戸大学大学院人間発達環境学研究科研究紀要』第 10 巻 1 号：31-49（2016.9）

第 3 章 「相互教育における主体形成の関係論的再考――発達支援記録の実践分析研究として」『生涯学習・社会教育研究ジャーナル』第 7 号：59-79（2014.3）

第 4 章 「関係に着目した『発達障害』概念の様相」『質的心理学研究』第 15 号：84-103（2016.3）

第 5 章 「共生の関係から生じる『権力』と『合理的配慮』の一考察――障害支援の包摂と排除の現場から」『神戸大学大学院人間発達環境学研究科研究紀要』第 11 巻 1 号：81-93（2017.9）

引用文献

アドルノ，T 1966/1996『否定弁証法』木田元・徳永恂・渡辺祐邦・三島憲一・須田朗・宮武昭（共訳）作品社 Adorno, Theodor W, *Negative Dialektik Suhrkamp Verlag*, Frankfurt am Main, 1966

相澤伸依 2011「フーコーのパレーシア」東京経済大学人文自然科学論集 130: 55-69

オルポート，G.W 1968/1977『心理学における人間』依田新・星野命・宮本美沙子（共訳）培風館 Allport, G.W, *The Person in Psychology, Selected Essays by Gordon Allport*, Addison-Wesley Press,1968

アメリカ精神医学会編 2000/2004『DSM-IV-TR 精神疾患の診断・統計マニュアル』高橋三郎・大野裕・染矢俊幸（訳）医学書院 *Diagnostic and statistical manual of mental disorders, fourth edition text revision* American Psychiatric Association, c2000

アメリカ精神医学会編 2013/2014『DSM-5 精神疾患の診断・統計マニュアル』日本精神神経学会（監修）高橋三郎・大野裕・染矢俊幸・神庭重信・尾崎紀夫・三村將・村井俊哉（訳）医学書院 *Diagnostic and statistical manual of mental disorders, fifth edition* American Psychiatric Association, c2013

アレント，H 1969/1994『イェルサレムのアイヒマン——悪の陳腐さについての報告』大久保和郎（訳）みすず書房 Arendt, Hannah, *Eichmann in Jerusalem: a report on the banality of evil*, 1969

オースティン，J. L 1960/1978『言語と行為』坂本百大（訳）大修館書店 Urmson,J.O（Ed.）Austin,Jon.Langshw, *How to do things with words*, Oxford University Press, 1960

綾屋紗月・熊谷晋一郎 2008『発達障害当事者研究——ゆっくりていねいにつながりたい』医学書院

安積遊歩 1996「障害児教育を超えて」岩波講座現代社会学第 12 巻『こどもと教育の社会学』岩波書店：105-113

バーンズ，C・マーサー，G＆シェイクスピア，T 1999/2004『ディスアビリティ・スタディーズ——イギリス障害学概論』杉野昭博・松波めぐみ・山下幸子（訳）明石書店 Barnes, C,Mercer, G & Shakespeare, T, *Exploring Disability: A Sociological Introduction*, 1999

バウマン，Z 1989/2006『近代とホロコースト』森田典正（訳）大月書店 Bauman, Zygmunt, *Modernity and the Holocaust*, Polity Press, 1989

ベッカー，H. S 1963/1978『アウトサイダーズ』村上直之（訳）新泉社 Becker, H. S, *Outsiders: Studies in the Sociology of Deviance*, New York: The Free Press, 1963

バーガー，L＆ルックマン，T 1966/1977『現実の社会的構成——知識社会学論考』山口節郎（訳）新曜社 Berger, Peter L and Luckmann, Thomas *The Social Construction of Reality : A Treatise in the Sociology of Knowledge*, New York, 1966

バトラー，J 1990/1999『ジェンダー・トラブル——フェミニズムとアイデンティティの攪乱』竹村和子（訳）青土社 Butler, Judith, *Gender trouble: feminism and the subversion of identity*, New York & London : Routledge, 1990

―――― 2005/2008『自分自身を説明すること――倫理的暴力の批判』佐藤嘉幸・清水知子（共訳）月曜社 Butler, Judith, *Giving an account of oneself*, New York, Fordham University Press, 2005

デリダ，J 1967/1977「暴力と形而上学」川久保輝興（訳）『エクリチュールと差異（上・下）』若桑毅・野村英夫・坂上脩・川久保輝興（訳）法政大学出版局：151-299　Derrida, Jacques, L'écriture et la difference éditions du seuil〔collection《Tel Quei》〕, Paris, 1967

―――― 1967/1985『根源の彼方に――グラマトロジーについて（上・下）』足立和浩（訳）現代思潮社 Derrida, Jacques, *De la grammatologie*, éditions de Minuit, 1967

フーコー，M 1963/1969『臨床医学の誕生――医学的まなざしの考古学』神谷美恵子（訳）みすず書房 Foucault, Michel, *Naissance de la Clinique: Une archéologie du regard medical*, P.U.F., 1963

―――― 1966/1974『言葉と物――人文科学の考古学』渡辺一民・佐々木明（訳）新潮社 Foucault, Michel, *Les mots et les choses: une archéologie des sciences humaines*, Gallimard, 1966

―――― 1972/1975『狂気の歴史――古典主義時代における』田村俶（訳）新潮社 Foucault, Michel, *Histoire de la folie à l'âge classique*, 1972

―――― 1976/2000「ソ連およびその他の地域における罪と罰」蓮實重彦・渡辺守章（監）小林康夫・石田英敬・松浦寿輝（編）『ミシェル・フーコー思考集成Ⅵ』筑摩書房：75-90 Foucault , M "Crimes et châtiments en U.R.S.S. et alilleurs…" entretien avec K.S.Karol, Le Nouvel Observateur, n0585, 26janvier-1er février：34-37

―――― 1975/1977『監獄の誕生――監視と処罰』田村俶（訳）Foucault, Michel, *Surveiller et punir: naissance de la prison*, Gallimard, 1975

―――― 1983/2001「構造主義とポスト構造主義」蓮實重彦・渡辺守章（監）小林康夫・石田英敬・松浦寿輝（編）『フーコー思想集成第Ⅸ巻』：298-334　Foucault, Michel, Structuralisme et post- structuralisme：entretien avec G. Raulet, Telos, vol.XVI,n0 55, printemps, 1983: 195-211

―――― 1984/1986『快楽の活用』田村俶訳 新潮社 Foucault, Michel, *L'usage des plaisirs*, Paris：Gallimard ,1984

―――― 2001/2003『真理とディスクール――パレーシア講義』中山元（訳）筑摩書房 Foucault, Michel, *Fearless speech*, Semiotext(e), 2001

フランセス・大野裕 2012「〈インタビュー〉DSM-5 をめぐって - Dr. Allen Frances に聞く」『精神医学』54（8）：819-827

フリードソン，E 1970/1992『医療と専門家支配』進藤雄三・宝月誠（訳）恒星社厚生閣 Freidson, Eliot, *Professional Dominance: The Social Structure of Medical Care*, Atherton Press, Inc., 1970

外務省 2014「障害者の権利に関する条約」（略称：障害者権利条約 Convention on the Rights of Persons with Disabilities）

ギャラファー，G. H 1995/1996『ナチスドイツと障害者「安楽死」計画』長瀬修（訳）現代書館 Gallagher, Hugh, Gregory, *By trust betrayed：patients, physicians, and the license to kill in the Third Reich*, Vandamere Press, 1995

ゴフマン，E 1959/1974『行為と演技――日常生活における自己呈示』石黒毅（訳）誠信書房 Goffman, E, *The Presentation of Self in Everyday Life*, Doubleday & Company, Inc, 1959
―――― 1963/2009『スティグマの社会学――烙印を押されたアイデンティティ』石黒毅（訳）せりか書房 Goffman, E, *Stigma: Notes on the Management of Spoiled Identity*, Prentice-Hall, Inc, 1963
ハッキング，I 1999/2006『何が社会的に構成されるのか』出口康夫・久米暁（訳）岩波書店 Hacking, I, *The Social Construction of What?*, Harvard University Press, 1999
ハンソン，N. R 1969/1982『知覚と発見（上・下）』渡辺博・野家啓一（訳）紀伊國屋書店 Hanson, Norwood, Russell *Perception and Discovery Freeman*, Cooper & Company, 1969
半澤嘉博 2012「合理的配慮とインクルーシブ教育」『特別支援教育からインクルーシブ教育への展望』渡邉健治編著 クリエイツかもがわ: 28-48
長谷川珠子 2014「日本における『合理的配慮』の位置づけ」『日本労働研究雑誌』No.646: 15-26
橋爪大三郎 1996「権力の可能条件」岩波講座現代社会学16『権力と支配の社会学』岩波書店: 1-22
ハイデガー，M 1927/2003『存在と時間Ⅰ・Ⅱ・Ⅲ』原佑・渡邊二郎（訳）中央公論新社 中公クラシックス Heidegger, M. *Sein und Zeit Tübingen*, Max Niemeyer Verlag. C 2001, 1927
廣松渉 1982『存在と意味 事的世界観の定礎 第1巻』廣松渉著作集第15巻 岩波書店 pp.v-xvii, 460-480
―――― 1997「『疎外革命論』の超克に向けて」『廣松渉著作集 第14巻』岩波書店: 403-433
―――― 2007「物と事との存在的区別――語法を手掛かりにしての予備作業」『もの・こと・ことば』ちくま学芸文庫: 15-60
廣瀬由美子・東條吉邦・加藤哲文 2004『すぐに役立つ自閉症児の特別支援Q&Aマニュアル――通常の学級の先生方のために』東京書籍
ホッグ，M. A, &アブラムス，D 1988/1995『社会的アイデンティティ理論――新しい社会心理学体系化のための一般理論』吉森護・野村泰代（訳）北大路書房 Hogg, M. A, & Abrams, D *Social identifications: A Social psychology of intergroup relations and group processes*, 1988
本郷一夫 2005「臨床発達心理学の専門性とはなにか:現状と課題」麻生武・浜田寿美男（編）『よくわかる臨床発達心理学』ミネルヴァ書房: 16-17.
堀家由妃代 2012「特別支援教育の動向と教育改革:その批判的検討」『佛教大学教育学部学会紀要』第11号: 53-68
保坂展人&トーキング・キッズ編 1990『先生、その門を閉めないで――告発・兵庫県立高塚高校「圧死事件」』労働教育センター
細見和之 1996『アドルノ――非同一性の哲学』講談社
細谷俊夫 1990「教育と権力」細谷俊夫（編集代表）『新教育学大事典』第一法規出版
藤田英典 2000「教育政治の新時代――岐路に立つ公教育」藤田英典・志水宏吉（編）『変動社会のなかの教育・知識・権力――問題としての教育改革・教師・学校文化』新曜社: 235-260
藤田和弘 1997「運動障害児の特性」佐藤泰正（編）『障害児教育概説（三訂版）』学芸図書株式会社: 141-148

イリイチ, I 1977/1991「現代的な意味での貧困――〔依存〕欲求の歴史に向けて」桜井直文（監訳）『生きる思想――反＝教育／技術／生命』藤原書店: 55-67 Illich, I. *Introduction to Toward a Histry of Needs*, Pantheon, 1977; Bantam Books, 1980

―――― 1978/1984「専門家時代の幻想」山本哲士・樺山紘一・栗原彬（監修）尾崎浩（訳）『イリイチ・ライブラリー 4 専門家時代の幻想』新評論: 9-52 Illich, I. *Disabling Professions*, Marion Boyars, Boston, 1978

今田高俊 2000「支援型の社会システムへ」支援基礎論研究会（編）『支援学』東方出版: 9-28

石川准 1999a「あとがき」石川准・長瀬修（編）『障害学への招待――社会、文化、ディスアビリティ』明石書店: 313-317

―――― 1999b「障害、テクノロジー、アイデンティティ」石川准・長瀬修（編）『障害学への招待――社会、文化、ディスアビリティ』明石書店: 41-77

石尾絵美 2008「障害の社会モデルの理論と実践」『技術マネジメント研究』7: 37-49

石塚謙二 2005「キーワード：教師の専門性」全日本特別支援教育研究連盟『発達の遅れと教育』569: 45

岩橋誠治 2008「それぞれの自立生活への道と自立生活獲得のための支援」寺本晃久・末永弘・岡部耕典・岩橋誠治（共著）『良い支援？』生活書院: 72-144

海津亜希子 2002「使えるテスト・チェックリスト」『LD & ADHD』4: 62-65

掛谷英紀 2005『学問とは何か――専門家・メディア・科学技術の倫理』大学教育出版

加國尚志 2012「メルロ＝ポンティ哲学における文学と両義性」『立命館文学』625: 90-103

神田橋條治 2013「ほんとの対話　青木省三著『僕らの中の発達障害』書評」福田正人（編）『こころの科学』168 日本評論社: 104

加藤正仁 2011「発達支援の意味と課題」全国児童発達支援協議会（編）『発達支援学その理論と実践――育ちが気になる子の子育て支援体系』協同医書出版社: 2-9

加藤哲文 2004「特別支援教育における「行動コンサルテーション」の必要性」加藤哲文・大石幸二（編著）『特別支援教育を支える行動コンサルテーション』学苑社: 2-15

河合隼雄 1995『臨床教育学入門』岩波書店

川合紀宗・藤井明日香 2012「特別支援学校（知的障害）教員の専門性獲得に関する調査研究：特別支援学校教諭免許状保有状況に関する調査から」『広島大学大学院教育学研究科紀要』第一部 学習開発関連領域 61: 179-187

川島聡 2016「差別解消法と雇用促進法における合理的配慮」川島聡・飯野由里子・西倉実季・星加良司『合理的配慮――対話を拓く対話が拓く』有斐閣: 39-67

木田元 1984『メルロ＝ポンティの思想』岩波書店

キルケゴール, S 1920-31/1996『死にいたる病』枡田啓三郎（訳）筑摩書房 Kierkegaard, Søren *Sygdommen til Døden*, Samlede Værker, Anden Udgave, 14 Bd., Kkøbenhavn, 1920-31

木村敏 1972『人と人との間――精神病理学的日本論』弘文堂

―――― 2005『あいだ』ちくま学芸文庫

小林隆児 2010『関係からみた発達障碍』金剛出版

小林敏明 2008『廣松渉――近代の超克』講談社

─────2010『〈主体〉のゆくえ──日本近代思想史への一視角』講談社選書メチエ
国立特別支援教育総合研究所 2004a『注意欠陥 / 多動性障害（ADHD）児の評価方法に関する研究』
─────2004b『通常の学級の先生へ──自閉症児の支援マニュアル（改訂版）』
─────2007『ICF 及び ICF-CY の活用 試みから実践へ──特別支援教育を中心に』ジアース教育新書
─────2010『研究成果報告書 知的障害者である児童生徒に対する教育を行う特別支援学校に在籍する児童生徒の増加の実態と教育的対応に関する研究』
─────インクルーシブ教育システム構築支援データベース http://inclusive.nise.go.jp/?page_id=15（最終アクセス日 2015/9/30）
厚生労働省 2010『障害者相談支援ガイドライン作成とその効果的な普及・活用方策のあり方検討事業報告書（平成 23 年 3 月）』
子安増生・二宮克美（編）1992「発達段階」『発達心理学』新曜社 : 50-53
鯨岡峻 1999『関係発達論の構築』ミネルヴァ書房
─────2005『エピソード記述入門』ミネルヴァ書房
─────2006『ひとがひとをわかるということ──間主観性と相互主体性』ミネルヴァ書房
熊谷晋一郎 2009『リハビリの夜』医学書院
─────2011「支援の条件」『支援』vol.1 生活書院 : 144-149
熊野純彦 1999『レヴィナス──移ろいゆくものへの視線』岩波書店
栗田広 2013「自閉症概念の変遷」滝川一廣・小林隆児・杉山登志郎・青木省三（編）『そだちの科学』21: 8-13
黒田洋一郎・木村-黒田純子 2013「自閉症・ADHD など発達障害増加の原因としての環境化学物質──有機リン系，ネオニコチノイド系農薬の危険性（上）」『科学』83（6）: 693-708
レイヴ, J & ウェンガー, E 1991/1995『状況に埋め込まれた学習』佐伯胖（訳）産業図書 Lave. J & Wenger. E, *Situated learning*, Legitimate peripheral participation, 1991
レヴィナス, E 1961/2005-6『全体性と無限（上・下）』熊野純彦（訳）岩波書店 Lévinas, Emmanuel *Totalité et infini, essai sur l'extériorité*
─────1974/1999『存在の彼方へ』合田正人（訳）講談社 Lévinas, Emmanuel *Autrement qu'être ou au-delà de l'essence*, Martinus Nijhoff,1974
リップマン, W 1922/1987『世論（上）（下）』掛川トミ子（訳）岩波書店 Lippmann,W *Public Opinion*, 1922
McPartland, J, Reichow, B, & Volkmar, F 2012 "Sensitivity and Specificity of Proposed DSM-5 Diagnostic Criteria for Autism Spectrum Disorder" *Journal of the American Academy of Child & Adolescent Psychiatry*, 51（4）: 368-383
マルクス, K・エンゲルス, F 1996『〔新訳〕ドイツ・イデオロギー』服部文男（監訳）新日本出版社
丸山圭三郎 2012『ソシュールを読む』講談社
松岡廣路 2006『生涯学習論の探求──交流・解放・ネットワーク』学文社

メルロ＝ポンティ, M 1945/1982『知覚の現象学』中島盛夫（訳）ウニベルシタス叢書112 法政大学出版局 Maurice, Merleau-Ponty, *Phénoménologie de la perception*, Gallimard, 1945
─── 1968/1999「自然について（自然の概念）」中山元（編訳）『メルロ＝ポンティ・コレクション』ちくま学芸文庫：168-196 Maurice, Merleau-Ponty, "Résumés de cours," *Collection TEL*, Gallimrd, 91-121.
─── 1969/1989『見えるものと見えないもの』滝浦静雄・木田元（共訳）みすず書房 Maurice, Merleau-Ponty, *Le visible et l'invisible*, suivi de notes de travail, 1969
港道隆 1997『レヴィナス──法−外な思想』講談社
三井さよ 2011「かかわりのなかにある支援──「個別ニーズ」という視点を超えて」『支援』vol.1 生活書院：6-43
─── 2012「〈場〉の力」三井さよ・鈴木智之(編著)『ケアのリアリティ──境界を問いなおす』法政大学出版局：13-45
─── 2015「就学運動から学ぶもの」『支援』vol.5：59-72
宮崎隆太郎 2004『増やされる障害児──「LD・ADHDと特別支援教育」の本質』明石書店
宮澤康人 2004「教育関係の誤認と〈教育的無意識〉」高橋勝・広瀬俊雄（編著）『教育関係論の現在──「関係」から解読する人間形成』川島書店：39-85
文部省 1981「特殊教育」『学制百年史』第二編第二章第七節 帝国地方行政学会：957-961
文部科学省 1999「学習障害児に対する指導について（報告）」
─── 2003「今後の特別支援教育の在り方について（最終報告）」
─── 2004a「小・中学校におけるLD（学習障害）、ADHD（注意欠陥／多動性障害）、高機能自閉症の児童生徒への教育支援体制の整備のためのガイドライン（試案）」
─── 2004b「特別支援教育を推進するための制度の在り方について（中間報告）」中央教育審議会
─── 2007「特別支援教育の推進について（通知）」
─── 2010「特別支援教育の在り方に関する特別委員会（第3回）配付資料」http://www.mext.go.jp/b_menu/shingi/chukyo/chukyo3/044/siryo/1297408.htm〈最終アクセス日2015/9/30〉
─── 2012a「通常の学級に在籍する発達障害の可能性のある特別な教育的支援を必要とする児童生徒に関する調査結果について」
文部科学省 2012b「共生社会の形成に向けたインクルーシブ教育システム構築のための特別支援教育の推進（報告）」
森岡正博 1994「自立の思想には限界がある」「自己コントロール論の人間学」「『生からの疎外』と虚構」「『訴えかけ』と『自己』」森岡正博（編著）『「ささえあい」の人間学』法藏館：76-86, 120-134, 175-184, 212-220
森力・道田泰司 2013「小学校教師の専門性形成へのライフヒストリー的アプローチ──付属小学校在任期間中の変化に焦点を当てた事例研究」『琉球大学教育学部教育実践総合センター紀要』第20号：179-187
守屋朋伸・沖中紀男・坂本裕 2012「特別支援学校において経験の浅い教員が継承したい、経験

の浅い教員に継承してほしい専門性に関する一考察」『教師教育研究』8: 93-98
村上陽一郎 1994『科学者とは何か』新潮社
永井均 1998『これがニーチェだ』講談社現代新書
中島一憲 2003『先生が壊れていく――精神科医のみた教育の危機』弘文堂
中嶋聡 2012『「新型うつ病」のデタラメ』新潮新書
中岡成文 1996『ハーバーマス――コミュニケーション行為』講談社
中山元 1996『フーコー入門』ちくま新書
―――― 1997「レヴィナスにおける哲学と宗教――レヴィナス『神と哲学』を読む」 http://polylogos.org/philosophers/levinas/#religio（最終アクセス日 2015/12/10）
中山元（編訳）1999『メルロ＝ポンティ・コレクション』筑摩書房
ニーチェ, F 1877/2009『道徳の系譜学』中山元（訳）光文社古典新訳文庫 Nietzsche, Friedrich Wilhelm, *Zur Genealogie der Moral*, 1877
―――― 1993『権力への意志（上・下）』原佑（訳）筑摩書房 Nietzsche, Friedrich Wilhelm, *Der Wille zur Macht*, Taschen-Ausgabe, 1901
ニキリンコ 2002「所属変更あるいは汚名返上としての中途診断――人が自らラベルを求めるとき」石川准・倉本智明（編）『障害学の主張』明石書店: 175-222
西平直 1993『エリクソンの人間学』東京大学出版会
ノディングス, N 1984/1997『ケアリング――倫理と道徳の教育－女性の観点から』立山善康・林泰成・清水重樹・宮崎宏志・新茂之（訳）晃洋書房 Noddings, Nel *Caring : a feminine approach to ethics & moral education*, University of California Press, 1984.
能智正博 2011『質的研究法』東京大学出版会
小川利夫 1973『社会教育と国民の学習権』勁草書房
岡崎勝 2011「学校現場から『発達障害』を考える――シンポジウム１『発達障害』概念を問い直す――教育・精神医療の変化の中で」社会臨床雑誌 19（2）: 3-6
小俣和一郎 1995『ナチスもう一つの大罪――「安楽死」とドイツ精神科医学』人文書院
オング, W. J 1982/1991『声の文化と文字の文化』桜井直文・林正寛・糟谷啓介（訳）藤原書店 Ong, W. J *Orality and Literacy: The Technologizing of the Word*, Methuen, 1982
大庭健 1989『他者とは誰のことか――自己組織システムの倫理学』勁草書房
大野光彦 2003「『支援』をめぐる情況と課題――記号だけが一人歩きする社会の危うさ」『社会臨床雑誌』11（1）: 39-43
太田信子・西岡有香・田畑友子著 竹田契一監修 2000『LD児サポートプログラム』日本文化科学社
オリバー, M 1990/2006『障害の政治――イギリス障害学の原点』三島亜紀子・山岸倫子・山森亮・横須賀俊司（共訳）明石書店 Oliver, M *The Politics of Disablement*, Macmillan, 1990
小沢牧子 2002『「心の専門家」はいらない』洋泉社
Petrina, S 2006 "The Medicalization of Education: A Historiographic Synthesis," *History of Education Quarterly* Vol. 46 No. 4: 503-531
サックス, H 1979/1987「ホットロッダー」山田富秋・好井裕明・山崎敬（編訳）『エスノメソド

ロジー——社会学的思考の解体』せりか書房：21-37 Sacks, H "Hotrodder: A Revolutionary Category" in G. Pathas (ed.) *Everyday Language: Studies in Ethnomethodology*, Irvington Publisher: 22-53

サックス，O 1985/1992『妻を帽子とまちがえた男』高見幸郎・金沢泰子（訳）晶文社 Sacks, Oliver, *The man who mistook his wife for a hat*, 1985

最首悟 1996「教育における自立と依存」岩波講座現代社会学第12巻『こどもと教育の社会学』岩波書店：97-104

斉藤環 2009『心理学化する社会——癒したいのは「トラウマ」か「脳」か』河出文庫

―――― 2013「占いと天気予報」青木省三・塚本千秋（編）『こころの科学』171：81-83

齊藤由美子・横尾俊・熊田華恵・大崎博史・松村勘由・笹本健 2013「重複障害教育に携わる教員の専門性のあり方とその形成過程に関する一考察——複数の異なる障害種別学校を経験した教員へのインタビューを通して」『国立特別支援教育総合研究所研究紀要』40：147-175

坂部恵 1997「解説」廣松渉著作集第15巻『存在と意味第一巻』岩波書店：565-578

坂爪一幸 2012「発達障害の増加と懸念される原因についての一考察 診断——社会受容、あるいは胎児環境の変化？」『早稲田教育評論』26（1）：21-32

サリー，S 2003/2005『ジュディス・バトラー』竹村和子・越智博美・吉川純子・山口菜穂子（共訳）青土社 Sara Salih, *Judith Butler*, Routlege, 2003

佐藤学 1997『教師というアポリア——反省的実践へ』世織書房

佐藤満雄 2005「総論：養護学校の地域における特別支援教育のセンター的役割」全国肢体不自由養護学校校長会（編著）『特別支援教育に向けた新たな肢体不自由教育実践講座』ジアース教育新社：16-20

佐藤信夫 1996『レトリックの意味論』講談社

佐藤義之 2000『レヴィナスの倫理——「顔」と形而上学のはざまで』勁草書房

ショーン，D 1983/2001『専門家の知恵—— 反省的実践家は行為しながら考える』佐藤学・秋田喜代美（訳）ゆみる出版 Schön, Donald A, *The Reflective Practitioner : How Professionals Think in Action*, Basic Books, 1983

シュッツ，A 1932, 1960, 1974/2012『社会的世界の意味構成——理解社会学入門（改訳版）』佐藤嘉一訳 木鐸社 Schütz, Alfred, *Der sinnhafte Aufbau der sozialen Welt: eine Einleitung in der verstehende Soziologie*, Verlag Springer, Wien, Suhrkamp, Frankfurt a. M. 1932, 1960, 1974

清水貞夫・西村修一 2016『合理的配慮とは何か？——通常教育と特別支援教育の課題』クリエイツかもがわ

白水浩信 2011「教育・福祉・統治性——能力言説から養生へ」『教育学研究』第78巻第2号：162-173

スペルベル，D. & ウィルソン，D 1995/1999『関連性理論——伝達と認知』内田聖二・中逵俊明（訳）Sperber, Dan & Wilson, Deirdre *Relevance: communication and cognition*, 1995

末本誠 1993「社会教育概念理解（把握）の方法をめぐってについて」『日本社会教育学会紀要』29：8-10

末永弘 2008「当事者に聞いてはいけない——介護者の立ち位置について」寺本晃久・末永弘・

岡部耕典・岩橋誠治（共著）『良い支援？』生活書院：184-222
杉野昭博 2005「『障害』概念の脱構築――『障害』学会への期待」『障害学研究』1: 8-21
――― 2007『障害学――理論形成と射程』東京大学出版会
杉山登志郎 2011『発達障害のいま』講談社
宿谷晃弘 2012「国民の教育権論批判の現状と修復的正義――戦後教育学・教育法学の批判的継承に向けて」『東京学芸大学紀要　人文社会科学系Ⅱ』63: 201-223
鈴木文治 2010『排除する学校』明石書店
鈴木敏正 1992『自己教育の理論――主体形成の時代に』筑波書房
高橋勝 2004「人間形成における『関係』の解読――経験・ミメーシス・他者」高橋勝・広瀬俊雄（編著）『教育関係論の現在――「関係」から解読する人間形成』川島書店：1-38
高橋哲哉 2008『デリダ――脱構築』講談社
高橋知音・高橋美保 2015「発達障害のある大学生への『合理的配慮』とは何か――エビデンスに基づいた配慮を実現するために」『教育心理学年報』Vol.54: 227-235.
竹田契一・里見恵子・西岡有香 1997『LD児への言語・コミュニケーション障害の理解と指導』日本文化科学社
田中雅一 2002「主体からエージェントのコミュニティへ――日常性批判への視角」田辺繁治・松田素二（編）『日常的実践のエスノグラフィ』世界思想社：337-360
田中智志 2003『教育学がわかる事典』日本実業出版社
――― 2012『教育臨床学――〈生きる〉を学ぶ』高陵社書店
滝川一廣 2008「発達障害をどう捉えるか」松本雅彦・高岡健（編）『発達障害という記号』批評社：44-56
玉永公子 2013『「発達障害」の謎――知的障害、自閉症、LD、ADHDとは何か』論創社
立川健二・山田広昭 1990『現代言語論』新曜社
The New York Times 2012 A version of this article appeared in print on January 20, 2012, on page A1 of the New York edition with the headline New Definition of Autism Will Exclude Many, Study Suggests
千田有紀 2001「構築主義の系譜学」上野千鶴子（編）『構築主義とは何か』勁草書房：1-41
竹林寺毅 2014「小学校特別支援学級担任者の専門性向上に関する調査」『広島大学大学院教育学研究科附属特別支援教育実践センター研究紀要』12: 75-82
寺町晋哉 2014「『ジェンダー教育実践』が生み出す葛藤と変容――教師へのインタビュー調査から」『教育学研究』81: 3
寺崎弘昭 1997「教育と学校の歴史」藤田英典・田中孝彦・寺崎弘昭（共著）『教育学入門――子どもと教育』岩波書店：85-176
戸波江二 2001「国民教育権論の展開」日本教育法学会（編）講座現代教育法1『教育法学の展開と21世紀の展望』三省堂：107-125
戸恒香苗 2011「発達障害の現在と問題」『社会臨床雑誌』19（1）：71-84
當島茂登 2004「子供も教師も感動する授業づくり 肢体不自由教育」『肢体不自由教育』164: 12-19

津田英二 2012「『場の力』を明らかにする」『日本福祉教育・ボランティア学習学会研究紀要』Vol.19: 34-43
塚本千秋 2013「私たちが得たもの・背負ったもの」青木省三・塚本千秋（編）『こころの科学』171: 92-98
津守真 1997『保育者の地平——私的体験から普遍に向けて』ミネルヴァ書房
上野千鶴子 2005「脱アイデンティティの理論」上野千鶴子（編）『脱アイデンティティ』勁草書房 : 1-41
――― 2011『ケアの社会学——当事者主権の福祉社会へ』太田出版
上野一彦 2003『LD と ADHD』講談社
上野成利 2006『暴力』岩波書店
浦河べてるの家 2002『べてるの家の「非」援助論——そのままでいいと思えるための 25 章』医学書院
Volkmar, Fred. R. 2012 "Autism spectrum or autistic disorders: implications of DSM-5 for research and practice." Future Medicine Ltd. *Neuropsychiatry*（2012）2（3）: 177–179
鷲田清一 2003『メルロ＝ポンティ——可逆性』講談社
亘明志 1996「権力の記述と文体」岩波講座現代社会学 16『権力と支配の社会学』岩波書店 : 173-193
WHO（世界保健機関）2001 国際生活機能分類——国際障害分類改訂版（日本語版　厚生労働省社会・援護局障害保健福祉部企画課（訳）
ウィトゲンシュタイン,L 1953/1976『ウィトゲンシュタイン全集 8　哲学探究』藤本隆志（訳）大修館書店 Wittgenstein, L *Philosophische Uutersuchungen Anscombe.G.E.M,Rhees.R.*（*Eds.*）Philosophical Investigations, Oxford.: Basil Blackwell & Mott.Ltd, 1953
山田正行・熊谷真弓・小林繁・三輪健二・村田晶子・柳沢昌一 1992／社会教育基礎理論研究会（編）『叢書生涯学習Ⅳ　社会教育実践の現在（2）』雄松堂
山田富秋 2000『日常性批判——シュッツ・ガーフィンケル・フーコー』せりか書房
横須賀俊司 2011「障害者にとってソーシャルワーカーは必要か——「専門職」の限界と自己改革」松岡克尚・横須賀俊司（編著）『障害者ソーシャルワークへのアプローチ——その構築と実践におけるジレンマ』明石書店 : 25-54
ヤング，J 1999/2007『排除型社会 ——後期近代における犯罪・雇用・差異』青木秀男・伊藤泰郎・岸政彦・村澤真保呂（訳）洛北出版 Young, Jock, *The Exclusive Society: Social Exclusion, Crime and Difference in Late Modernity*, SAGE Publications, London,1999
湯野川礼 2011「『発達障害』という病名の用法についての一考察」『社会臨床雑誌』18（3）: 106-109

本書のテキストデータを提供いたします

　本書をご購入いただいた方のうち、視覚障害、肢体不自由などの理由で書字へのアクセスが困難な方に本書のテキストデータを提供いたします。希望される方は、以下の方法にしたがってお申し込みください。

◎データの提供形式＝CD-R、フロッピーディスク、メールによるファイル添付（メールアドレスをお知らせください）。

◎データの提供形式・お名前・ご住所を明記した用紙、返信用封筒、下の引換券（コピー不可）および 200 円切手（メールによるファイル添付をご希望の場合不要）を同封のうえ弊社までお送りください。

●本書内容の複製は点訳・音訳データなど視覚障害の方のための利用に限り認めます。内容の改変や流用、転載、その他営利を目的とした利用はお断りします。

◎あて先
〒160-0008
東京都新宿区三栄町 17-2 木原ビル 303
生活書院編集部　テキストデータ係

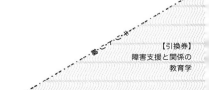

[著者略歴]

村田観弥
（むらた・かんや）

　1970年兵庫県生まれ。神戸大学人間発達環境学研究科博士課程後期課程修了。博士（教育学）。中学校、特別支援学校などで18年の教員経験がある。現在、神戸大学附属ヒューマン・コミュニティ創成研究センター障害共生部門研究員。

　主要論文に、「相互教育における主体形成の関係論的再考——発達支援記録の実践分析研究として」（『生涯学習・社会教育研究ジャーナル』第7号 2014.3）、「関係に着目した『発達障害』概念の様相」（『質的心理学研究』第15号 2016.3）がある。

障害支援と関係の教育学
―――専門性の権力をめぐって

発　　行―――― 2018年2月28日　初版第1刷発行
著　　者―――― 村田観弥
発行者　―――― 髙橋　淳
発行所　―――― 株式会社　生活書院
　　　　　　　　〒160-0008
　　　　　　　　東京都新宿区三栄町17-2 木原ビル303
　　　　　　　　ＴＥＬ 03-3226-1203
　　　　　　　　ＦＡＸ 03-3226-1204
　　　　　　　　振替 00170-0-649766
　　　　　　　　http://www.seikatsushoin.com
印刷・製本―――― シナノ印刷株式会社

Printed in Japan
2018 © Murata Kanya
ISBN 978-4-86500-078-8

定価はカバーに表示してあります。
乱丁・落丁本はお取り替えいたします。

生活書院 出版案内
（価格には別途消費税がかかります）

物語としての発達／文化を介した教育──達障がいの社会モデルのための教育学序説
津田英二【著】　　　　　　　　　四六判並製　280頁　本体2300円

「問題のある人」「迷惑な人」を特定する社会のあり方、特定の人たちにとって過剰に生きにくい社会のあり方にこそ問題は潜んでいる。他者との葛藤をノイズとしか考えられない生き方、寛容を忘れかけている社会のあり方にメスを入れ、発達障がい者を生きにくくさせているものとは何かを考えるために、発達を関係の物語として捉え、人間と文化との相互作用こそが教育だという観点を導入する教育学の新たな模索。

アスペルガーだからこそ私は私──発達障害の娘と定型発達の母の気づきの日々
白崎やよい、白崎花代【著】　　　　四六判並製　208頁　本体1500円

診断がついて、娘と母とのすれ違いの日々は気づきの日々へと変わった！！他者との関わりの中で気づいた障害特性、起こしやすいトラブル、苦手なことを補うための工夫……自分の特性を知って暮らしやすくなるために必要なこととはなにか。具体的なエピソードを娘と母それぞれの視点からとりあげるなどの工夫もこらした、自分自身周囲の人たちもともに障害への理解を深めるための一冊。

発達障害チェックシート できました──がっこうの まいにちを ゆらす・ずらす・つくる
すぎむら なおみ＋「しーとん」【著】　　B5判並製　184頁　本体2000円

苦手なこと、困っていることを知って、適切な支援を受けるために、そして得意なことを発見して自分自身を認め、好きになるために…「発達障害」をもつ子どもたちが、いきいきと学校で学び生活するために、現場の養護教諭7人が一から作り上げた「チェックシート」本体と、その理論的背景が1冊の本に。読み書きが苦手な子どもたちのための、LL（やさしくよめる）ページも導入し、すべての人に開かれた本をめざす。

ことばのバリアフリー──情報保障とコミュニケーションの障害学
あべ　やすし【著】　　　　　　　　A5判並製　208頁　本体2000円

すべての人に知る権利を保障し、だれもが意見や情報をやりとりすることができるようにすること。だれも社会から排除されないようにするということ。そのように目標を設定し、いまの現状と課題を整理すること。将来の展望をみすえること──知的障害者入所施設での生活支援、身体障害者や知的障害者の訪問介助といった経験の中で考え続けてきた「ことば」と「障害」をめぐっての問題。

生活書院 出版案内
（価格には別途消費税がかかります）

ズレてる支援！──知的障害／自閉の人たちの自立生活と重度訪問介護の対象拡大
寺本晃久・岡部耕典・末永弘・岩橋誠治【著】　　四六判並製　376頁　本体2300円

『良い支援？』刊行から７年。使わせてと訴えた「重度訪問介護」の対象拡大が実現する中、あらためて問われているものとは何か！支援を使って、地域で自立した暮らしをしている人がいること。集団生活ではなく一対一の支援をモデルにすること……「支援」と「当事者」との間の圧倒的なズレに悩み惑いつつ、そのズレが照らし出す世界を必死に捉えようとする「身も蓋もない」支援の営みの今とこれから！

良い支援？──知的障害／自閉の人たちの自立生活と支援
寺本晃久・岡部耕典・末永弘・岩橋誠治【著】　　四六判並製　296頁　本体2300円

知的障害／自閉の人の〈自立生活〉という暮らし方がある！　当事者主体って？　意志を尊重するって？　「見守り」介護って？　常識に凝り固まった支援は通用しない！「大変だ」とされがちな人の自立生活を現実のものとしてきた４人の著者による、歴史と実践のみが語りうる「支援」と「自立」の現在形。

パーソナルアシスタンス──障害者権利条約時代の新・支援システムへ
岡部耕典【編】　　　　　　　　　　　Ａ５判並製　312頁　本体2600円

パーソナルアシスタンスを、意思決定支援・成年後見制度のオルタナティブへ！　障害者権利条約批准後に残された最大の課題としてある、「重度訪問介護の発展的継承によるパーソナルアシスタンス制度の創設」。「介助者手足論」や「自己決定による自立」を超える当事者主体の共同決定／共同責任という新たな支援論にも接続されるその営みをどう現実のものとしていくか。海外そして国内の実践に学びつつ、その射程と展望を理論づける待望の一冊。

支援　Vol.1～Vol.7
「支援」編集委員会【編】　　　　　　　　A5判冊子　本体各1500円

ケアや支援を行うにあたって、支えられる側と支える側との関係や〈つながり〉をどのように、どこまでとりむすんでいけばいいのか？最新号Vol.7の内容は、特集１：〈つながり〉にまよう、とまどう／特集２　着る、住む、買う／トークセッション：ケアする子どもと若者たち／ロングインタビュー：『そよ風のように街に出よう』の三八年　ほか